반찬등속,
할머니 말씀대로 한과 하는 이야기

강신혜 지음

반찬등속
충청북도 유형문화재 제381호

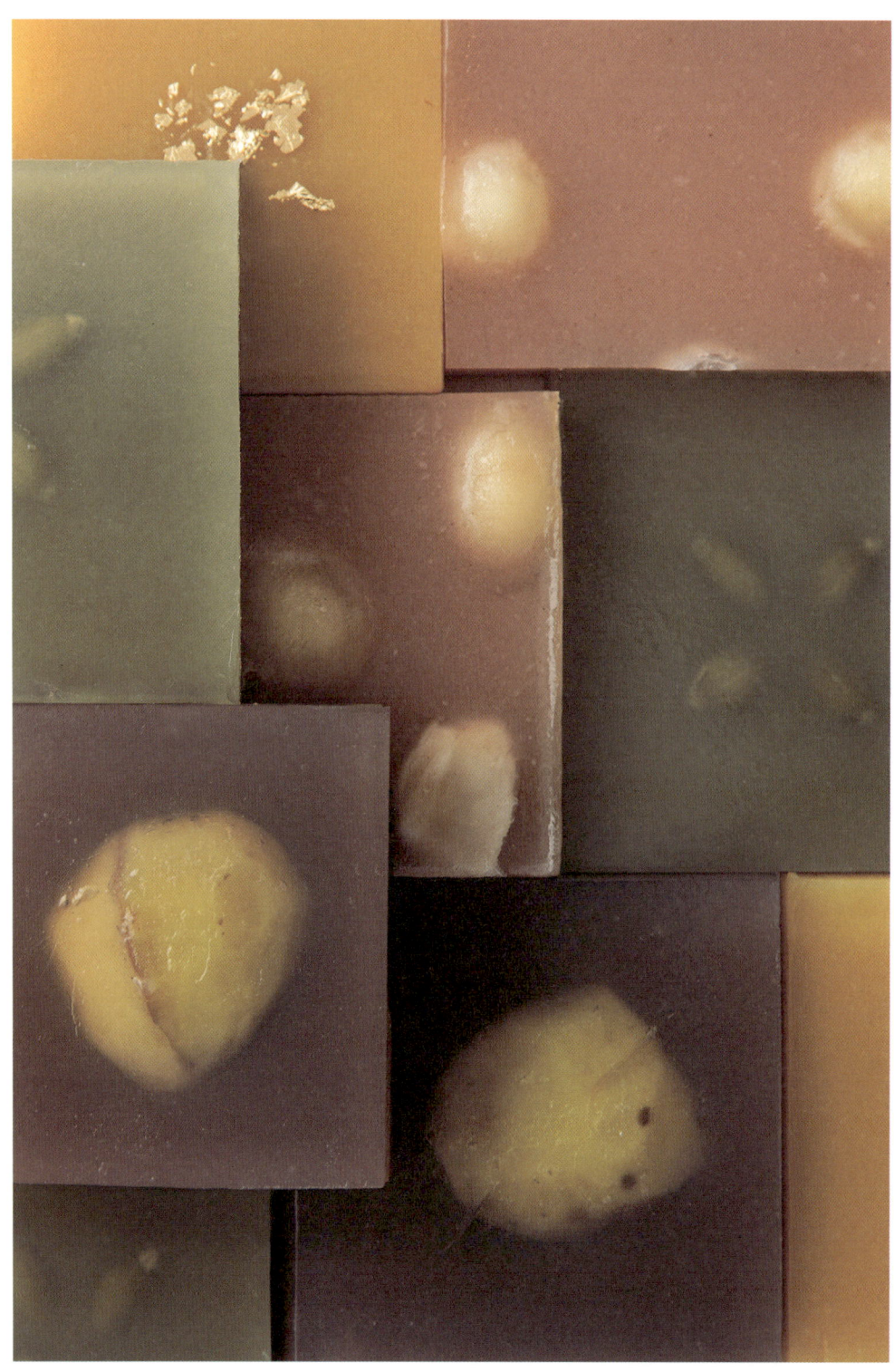

1913년 청주, 음식 이야기가 시작되었다.

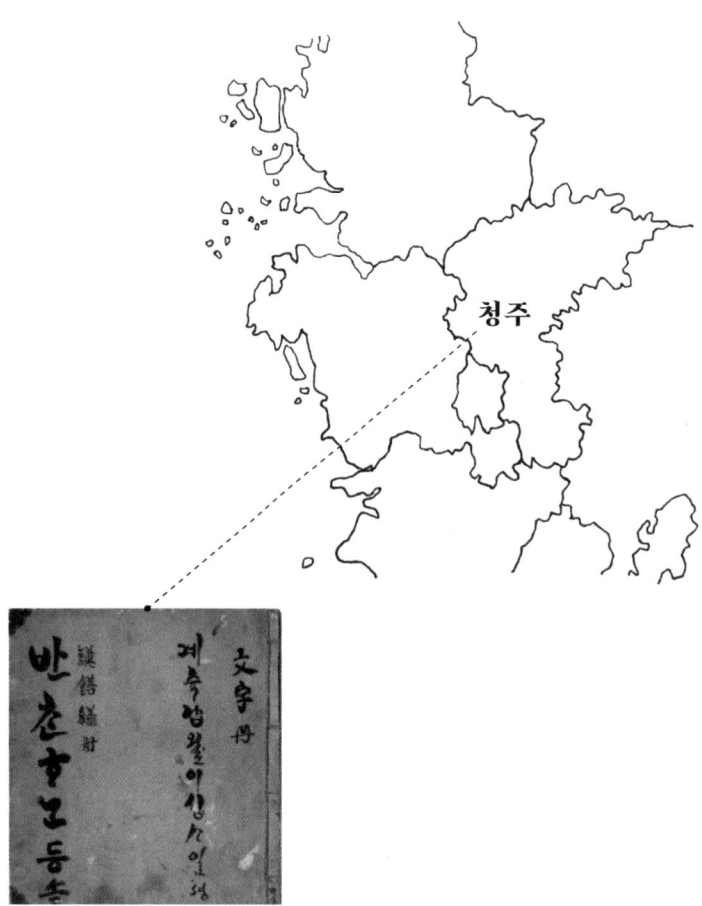

〈반찬등속〉은

1913년 편찬된 충북 지역 유일의 필사본 조리서로, 전체 32장이며 조리서와 문자집으로 구성되어 있습니다. 조리서 부분에는 김치와 짠지, 떡, 한과, 술 등 음식 47종의 조리법이 실려 있고 문자집 부분에는 식재료와 음식, 집과 가구, 의복의 명칭과 사자성어가 실려 있어 1910년 전후 청주 지역의 음식 문화와 생활상을 알 수 있는 귀한 자료입니다. 저자는 진주 강씨 집성촌인 청주 상신동에 거주했던 강씨 문중 며느리 밀양 손씨(1841~1909년)이며, 할머니가 생전에 기록한 내용을 사후 손자 강규형이 한 권의 책으로 엮었습니다. 2019년 7월 5일 충청북도 유형문화재 제381호로 지정되어, 현재 국립청주박물관에 소장되어 있습니다.

반찬등속보존회는

〈반찬등속〉의 저자 밀양 손씨 후손들로 구성되었으며, 할머니의 뜻을 계승해 청주 지역을 중심으로 우리 전통 음식을 복원하고 현대화하는 작업을 하고 있습니다.

이 책은 이렇게 만들어졌다

1 2년 전 '어떤 일이든 <반찬등속>에 관련된 일을 하라'는 아버지의 유지를 따르는 첫걸음으로 <반찬등속, 할머니 말씀대로 김치 하는 이야기>란 책을 냈다. 3년여 동안 낮에는 도서관에서 자료를 찾고, 밤에는 온갖 김치를 담그면서 준비했다. 당시 머리를 맴도는 의문이 있었는데, 책을 완성할 즈음 답을 찾았다. 오랜 역사 동안 김치의 모습이 늘 한결같지 않았다는 사실이다. 김치는 각 시대의 기술과 사회의 변화를 흡수하면서 끊임없이 진화했다. 그것이 김치가 가진 역동적이고 강인한 생명력이다.

 한과를 공부할 때도 마찬가지였는데, 도대체 전통이란 무엇이며 어디까지가 전통일까 하는 의문이 생겼다. 어떤 한과는 삼국 시대에 탄생했고, 어떤 한과는 고려 시대에 이미 전성기를 누렸다. 그런가 하면 당연히 전통 한과라 생각했던 일부 한과는 역사가 50년 혹은 100년도 채 되지 않는다. 역사가 짧아도 우리 전통 한과일까. 아니면 오래된 것만 우리 것일까. 전통은 시간일까, 기법일까, 전달일까, 사회적 인정일까. 아니면 타 집단과 구분되는 고유성일까. 이도저도 아니라면 인간문화재나 명인의 지정일까. 아직 해답을 찾지 못했다.

2 이 시점의 나는 한과 명인도 장인도 아니다. 이 책에 몇십 년 갈고닦은 솜씨가 들어 있지도 않다. 고조할머니의 <반찬등속>에 나온 한과를 출발점으로, 한과를 이해하고 내 것을 찾아가는 과정일 뿐이다. 고조할머니는 당신의 할머니나 어머니, 시어머니, 혹은 집안 어른께 직접 배웠을 것이다. 우리 세대는 다르다. 책이나 강좌, 또는 매스미디어나 소셜미디어를 통해 배운다. 어린 시절 할머니나 어머니 혹은 집안 어른들이 만들던 한과에 대한 기억은 이해를 슬며시 도울 뿐이다.

 무엇보다 한과 전반을 이해하고 싶었다. 그래서 고조할머니의 <반찬등속>뿐 아니라 다른 옛 조리서를 공부했다. 나중에는 일제강점기에 나온 조리서부터 광복 후, 심지어 1970~1980년대에 발간된 요리책까지 찾아봤다. 지금 만들고 있는 한과가 우리 전통 음식 신에 처음 등장한 순간을 찾고 싶었기 때문이다. 그렇게 수천 조각의 그림 퍼즐을 맞추듯 전후좌우로 <반찬등속> 한과를 이해했다. 그다음엔 약과 반죽에 기름을 먹이는 이유, 유과가 팽창하는 원리, 밥이 조청이 되는 과학을 이해하고 싶었다. 그래서 조리과학책과 한과 관련 논문을 읽었다. 원리를 이해하니 실패할 때마다 이유를 알고 해결법을 모색할 수 있어 마음이 편했다.

3 "어떤 음식이든 사십 번 이상 하면 자신만의 방법이 생긴다." 10여 년 전 우리 음식을 배우기 시작할 때 이말순 선생님께서 하신 말씀이다. 이후 김치건 한과건, 처음 만나는 요리를 배울 때 철칙이 되었다. 그래서 찰벼를 부풀리는 일이나 깨 볶기 같은 사소한 기술뿐 아니라 유과를 반죽해서 팽창시키는 핵심적인 조리법까지, 무엇이든 마흔 번 이상 하려고 노력했다. 선생님에게 요리를 배우기 시작했을 때 마치 새로운 세계가 열리는 것 같았다. 기회가 아니라 지식의 의미로 말이다. 선생님의 한국 음식은 참 인문학적이다. 음식의 조리법만이 아니라 세상과 역사, 인간을 이해하는 어떤 단서를 배운다. 선생님께 감사드린다. 그때 선생님께 요리를 배우지 않았으면, 지금쯤 나는 타고난 역마살대로 지구 어딘가를 헤매고 있었을 것이다. 매일 오늘은 무엇을 먹을지 고민하면서 말이다.

 이 책의 원고를 거의 다 썼을 즈음 궁중병과연구원에 정길자 원장님의 한과 고조리서 수업이 있다는 소식을 들었다. 개강 하루 전에 간신히 등록하고, 1년 동안 강의실 한구석에 그림자처럼 존재감 없이 앉아 공부했다. 그러면서 써놓은 원고의 크고 작은 오류를 걸러냈다. 내 그릇이 작아 선생님의 넓고 깊은 지식을 다 담을 수는 없었다. 생각해보니 한과 만드는 실력이 체바퀴 돌듯 한계에 부딪쳤을 때도 그곳의 한과 과정을 밟아 고비를 넘겼다. 정말 감사드린다. 모든 수업이 좋았다.

반찬등속보존회 연구모임
강신혜

이야기하는 순서

013 〈반찬등속〉, 반찬등속보존회 소개
015 이 책은 이렇게 만들어졌다

1913, 100년 전 할머니의 한과
020 과줄
026 중박기
032 주악
038 산자
044 정과
052 박고지정과

〈반찬등속〉 문자집 한과
060 다식
066 강정
072 빙사과

078 **참을 인 자 둘, 100년 전 할머니의 손 기술**

090 **2024, 100년 후 손녀의 한과**

오늘도 변신하는 중, 약과
094 약과의 역사와 원리
098 전통 꽃약과
102 켜 있는 모약과
106 진격의 약과
110 귀염뽀짝 만두과
114 주악 아닌, 주악 같은 주악
118 바삭하고 아삭한 매작과
126 꽃 같은 요화과

몸에 좋거나 혀에 좋거나, 정과
132 정과의 역사와 원리
136 시간과 정성이 만든 인삼정과
140 쫄깃하고 영롱한 도라지정과
144 볼 빨간 홍옥정과
146 희안하게 맛있다, 금귤정과
150 빨간 맛, 배오미자정과
152 여러 색 편강

율란, 강란
156 어른의 맛, 쫄깃한 강란
160 아이의 맛, 보슬한 율란

아무도 밟지 않은 함박눈 같은, 유과
168 유과의 역사와 원리
174 손가락 강정 만들기
178 반죽의 모양에 따라 이름이 달라진다
182 고물에 따라 이름이 다르다

하늘하늘, 과편
186 과편의 역사와 원리
190 시트러스 과편 만들기
194 미니사과과편, 창면, 팥앙금편
196 한천으로 만든 과편, 우무푸딩
200 우리 것의 경계선, 양갱

전통과 정통의 틈새, 엿강정
208 엿강정의 역사
210 그림같은 깨엿강정 3
214 임금님의 엿강정, 잣박산과 마카다미아박산
218 무늬깨엿강정
222 무궁무진 건강엿강정 *feat.* 김
224 쌀엿강정 *feat.* 과일건정과
230 오도독 호두강정

정직하고 소박한, 다식
234 다식의 종류
238 흑임자다식 만들기
240 녹말다식 만들기
242 다식 문양에 기원을 담다

주머니 혹은 단지, 또는 쌈
246 대접의 진수, 유자쌈
250 고급스러운 단맛, 곶감쌈

위대한, 조청
258 조청의 역사와 원리
262 엿기름, 싹을 틔우다
258 엿기름 키우기
266 기본 멥쌀조청 만들기
268 곡물조청
272 열매와 뿌리로 만든 조청

276 〈반찬등속〉의 저자 밀양 손씨와 편저자 손주 강규형 이야기
280 참고 도서

1913, 100년 전 할머니의 한과

전통의 탄생

일찍이 외아들 부부를 먼저 떠나보내고 직접 손주들을 키운 고조할머니께서는 당신의 죽음을 2, 3년 앞두고
〈반찬등속〉을 쓰셨다. 당신께서 어머니와 시어머니 혹은 집안 어른께 직접 배우거나 스스로 깨우친 음식 만드는 법을
고스란히 담았다. 이것은 단순히 음식 조리법만을 전한 것이 아니라, 조상에게 물려받은 정신과
기술을 후손에게 전달하는 일인 동시에 그들을 향한 무한한 축복이자 사랑이었다. 이렇게 할머니의 전통은 시작되었다.
〈반찬등속〉 조리서 부분에는 6종의 한과가 나오고 문자집 부분에는 3종의 한과가 이름만 실렸다.
이 책에서는 주악까지 포함해 고조할머니의 한과 10종을 다시 살려냈다.

과줄

과줄른 밀가루을 고흔체에 두시 나리여 꿀물에 반쥭을 알맛치 흐여셔 즈근 감만치 흐여 두식판에 박아니여 기름에 눗허 쌔삭 조리여 터지도록 조리라.

과줄은 밀가루를 (체에 내려 참기름에 비벼) 고운체에 다시 내려 꿀물에 반죽을 알맞게 한다. 작은 감 크기로 만들어 다식판에 박아내어 기름에 넣어 바삭 터지도록 조려라. (꿀에 집청한다.)

(체에 내려 참기름에 비벼)를 추가한 이유
뒤에 '다시 내려' 라는 문장이 있어 이미 체 친 밀가루를 다시 체에 내리는 것으로 해석했다. 그럼 왜 다시 체에 내렸을까? 〈반찬등속〉보다 200여 년 앞선 〈음식디미방〉과 〈요록〉 〈잡지〉부터 비슷한 시기에 나온 〈시의전서〉 〈언문후생록〉까지, 약과의 반죽에는 모두 참기름이 들어간다. 밀가루에 참기름을 먹이는 것은 약과의 필수 과정이다. 〈반찬등속〉 외에 참기름을 언급하지 않은 문헌은 1600년대 말의 〈주방문〉 하나다. 그래서 〈반찬등속〉 약과에 참기름을 먹이고 체에 내리는 과정을 추가했다.

(꿀에 집청한다)를 추가한 이유
〈산가요록〉과 〈주방문〉을 제외한 대부분의 옛 조리서에서 약과를 기름에 지진 후 꿀 또는 조청 섞은 꿀에 넣거나 담갔다. 일부 문헌에서는 특정 재료를 밝히지 않고 그저 집청하라 했다. 즉 약과에는 집청이 필수다. 〈반찬등속〉은 집청 과정이 누락된 것으로 보고, 이 과정을 추가했다. 집청 재료는 꿀로 했다. 별도의 언급이 없어 계피나 후추, 생강은 넣지 않았다.

과줄은 약과다

〈반찬등속〉의 과줄 만들기

반죽 밀가루 200g, 참기름 18g, 꿀 70g, 물 25g, 소금 2g
집청 꿀 280g, 물 20g
튀김 기름 적당량

1. 집청용 꿀과 물을 섞은 후 한소끔 끓여 집청을 만든다.
2. 밀가루와 소금을 섞어 고운체에 내린다.
3. 밀가루에 참기름을 넣고 손바닥으로 고루 비벼 중간체에 다시 내린다.
4. 꿀에 물을 붓고 잘 섞어 반죽용 꿀물을 만든다.
5. 기름 먹인 밀가루에 꿀물을 붓고 고르게 섞어 반죽한다.
6. 반죽을 작은 감 크기로 떼어 다식판에 꼭꼭 눌러 박는다.
7. 150℃ 기름에 약과 반죽을 넣고 숟가락으로 뒤집어가며 속까지 익힌다. 몸이 터지도록 바싹 튀긴다.
8. 갈색빛이 나면 건져 따뜻할 때 집청용 꿀물에 담가 집청한다.
9. 꿀물이 약과 속까지 스며들면 꺼낸다.

표 1. 옛 조리서에 나온 약과

시기	문헌	만드는 법					
		주재료	반죽	성형	튀기기	집청	기타
1450년경	산가요록	볶은 밀가루 1말이면	꿀 1되 5홉을 잘 걸러내어 참기름 5홉을 섞어서 만들면 대단히 달다.				
1670년경	음식디미방	가루 1말에	꿀 2되, 기름 5홉, 술 3홉, 끓인 물 3홉을 합하여 뭉긋이 말고			집청 1되에 물 1홉 반만 타 무치라.	방미자, 행인과 다 약과같이 하나니라.
1600년대 말~1700년대 초	잡지	밀가루 1말	참기름 6홉, 꿀 7홉을 섞어 고루 비벼 굵은체에 내려 계피와 참깨 넣고, 꿀 중탕하여 녹여 따뜻할 정도로 식혀 반죽한다. 꿀 녹일 때 청주 1종자, 깨끗한 물 1종자를 타 많이 반죽하되,	국수 치듯 많이 다지지 말고 고루 반죽하여 홍두깨로 밀어 약과 두께를 알맞게 하여 썬다.	참기름 끓거든 넣어 가끔 뒤적여 알맞게 지진다.		약과 반죽이 질어도 미끈하여 좋지 않고 너무 되어도 틈이 나 티석티석하여 좋지 못하니라.
1766년	증보산림경제	밀가루 1말에	좋은 꿀 1되와 참기름 8홉(봄 여름에는 참기름 8홉을 쓰고)을 급하게 손으로 골고루 반죽한다. 또 오래 치거나 오래 다져서는 안 되니, 굳어져서 연하지 않을까 해서다.	매우 약하게 홍두깨로 밀어 대략 두께는 5~6푼으로 하고 곧 접어서 합하여 다시 홍두깨로 밀어 크기를 임의대로 네모지게 썬다.	별도로 참기름 3되를 쓰는데 밑이 평평한 무쇠솥에 붓고 약과를 넣어 장작불로 지진다. 지져진 정도에 따라 숟가락으로 뒤집어서 무쇠솥 바닥에 붙어 검게 타지 않도록 한다. 약과가 떠오를 때까지 지지는데 숟가락으로 조심하여 뒤적여야 한다. 약과가 위로 떠오르면 이미 완전히 익은 것이다.	연후에 숟가락으로 건져내어 3되의 꿀에 넣으니 이것이 바로 집청이다. 꿀을 먼저 달여야 한다. 손으로 약과를 꿀에 담그고 모양이 부서지려는 것도 꿀에 담근다.	꿀이 다 스밀 때를 기다렸다 꺼내어 평평한 쟁반 위에 두고 바람을 쏘이면 저절로 단단해진다. 잣가루 5홉과 후추가루 1홉, 계피가루 3작을 섞어 반죽할 때 양념으로 쓰면 매우 좋다. 혹 볶은 참깨 2홉 정도를 첨가하는 것도 좋다. 이것은 수원부에서 만드는 방법이다.
1700년대	술 만드는 법	밀가루 1말을 하려면	반죽할 때 꿀과 조청을 계량하여 양푼에 한가지로 화로에 녹여 꿀과 조청이 합해지거든 그제야 저어가며 떠낸다. 반죽하고 남는 것은 두었다가 집청하라. 처음에 참기름 4홉쯤 넣어 편에 물 축이듯이 고루고루 섞어 굵은체에 내려 죄다 친 후, 반죽을 알맞게 하여 홍두깨로 밀어 다진다.	흐트러지지 않만하거든 안반에 놓고 홍두깨로 단단하게 밀어 베어 지지되, 반죽이 질어 만들기 쉬우면 과줄이 단단하여 좋지 못하니 되게 하되 만들기 어렵지 아니할 만하여야 지지면 티석티석하고 집청도 속에 든다. 반죽이 눅으면 기름도 많이 들고 좋지 아니하다.	지질 적에 번철에 기름을 많이 붓고 과즐을 많이 넣지 말고 지지되 먼저 기름 조금 붓고 끓거든 서너 잎을 넣어보고 헤어질 염려가 있거든 불을 세게 지지고, 단단한가 보거든 불을 약하게 지져	집청에 넣되, 오랫동안 담가 속에 맛이 들거든 그릇에 내어 담고 집청에 계피, 후추, 생강을 같이 넣는다. 전꿀이나 조청을 섞어서 반죽하고 집청까지라도 하나니. 전꿀이면 좋으나 조청과 반씩 섞어도 무던하여 쓸 만하다.	지진 것이 반들반들하면 단단하여 좋지 못하니, 만들 때 반죽이 질고 많이 두드리면 좋지 못하니 반죽이 조금 되어야 좋으니라. 반죽할 때 기름이 많으면 지질 때 헤어지기 쉽고 너무 적으면 단단하니 알맞게 넣어라.
1809년	규합총서	1말 하려면	기름, 꿀 각 3되가 들되, 집청에 많이 든다. 반죽은 꿀 2되, 기름 반, 소주 1보시기 못하게 쳐서 한데 섞어 반죽하여 어울리게 매우 쳐	반 위에 놓고 홍두깨로 밀적어 다식과 약과나 마음대로 만들어	기름을 붓고 차례로 벌려놓고 숯불에 지지되, 수저로 뒤적여 타지 않게 하라. 과즐이 뜨거든 수저로 눌러 꽤 익어 위가 트거든 떠내어	집청에 계피, 후추, 건강, 생강즙을 섞어서 담그면 즙이 과즐 속에 다 들어간 뒤 비로서 내어라.	바람을 쏘여 굳거든 잣가루 뿌려 쓰라.
1800년대 초	주방	밀가루 1되에	기름 반종자, 소주나 청주 반 종자, 꿀 한 종자 반씩 넣어 달여 식혀 반죽을 되게 하여	안반에 쏟고 홍두깨로 두드려	만들어지면	집청에 잠깐 담가 내면 좋으니라.	반죽이 눅을까 싶으면 술 덜 넣어라. 반죽을 너무 매우 치면 좋지 아니하니라. 재는 종자는 적고 또 큰 것이 있는 것으로 하여라.
1917년	조선요리제법 초판	밀가루가 10 사발이면	기름, 꿀, 물 이 세 가지는 각각 1사발씩 섞어 가지고 반죽을 잘 만들어	과줄판에 박아서	지짐질 냄비에 기름을 1사발쯤 붓고 끓여서 한참 끓을 때에 과줄을 넣어 기름에 띄워서 익힌다.	그 빛이 거므스럼하도록 익혀서 꿀물에 담가 내나니라.	약과는 밀가루, 기름, 꿀, 물, 이 네 가지로 만드는 것이다.
		밀가루 1말이면	기름과 꿀, 각 1말이 든다. 꿀, 기름을 한데 섞고 소주, 조금 쳐 급히 반죽하여	홍두깨로 밀어 다식이나 약과나 만들어	기름에 지지되 자주 뒤집어 눅지 아니하도록 하여	꿀에 계피, 건강을 화합하여 놓고 담그면 꿀이 다 들어가나니	꺼내서 잣가루를 뿌린다.
1939년	조선요리법	밀가루를	체에 쳐 가지고 참기름을 먼저 섞어서 고루 비벼 다시 부숴 가루같이 해 가지고 소주에다 물 약간 섞어서 다시 고루 비벼 가지고 꿀 넣고 반죽을 합니다. 손으로 쥐어봐서 부서지지 않을 정도로 해서	방망이로 밀어 사방이 번듯하게 썰어서	과히 끓지 않는 기름에 지지는데, 한번 지져서 내놨다가 다시 기름 온도를 높여 가지고 지져냅니다.	기름이 잠깐 빠지거든 꿀을 녹여서 담갔다가 건져서 잣가루를 뿌립니다. 꿀에 적셔내는 것을 집청한다고 합니다.	이것은 모약과라 합니다. 재료: 밀가루 소두 1되, 참기름 1종지 가득, 꿀 1홉, 소주 반 종지, 물 조금
			먼저 것과 같은 법으로 반죽을 해 가지고	다식판에 박아서	기름에 지집니다.	이것 역시 집청을 해 가지고 계피가루와 잣가루를 뿌립니다. 꿀이 없으면 설탕을 녹여서 쓰십시오. 또는 조청도 쓰는데 꿀에 한 같이 연하질 않고 암만 해도 뻣뻣하고 질깁니다.	이것은 보통 쓰는 것이지만, 큰 틀에 박아 둥글게 하여서도 씁니다.

기름에 튀겨 만든 과자가 과줄이었다

과줄이 뭘까? 자료를 찾아보았다. 최남선은 〈조선상식풍속편〉(1948년)에서 약과를 "세속에서는 과즐이라 하고(지방에서는 산자를 과줄이라는 곳이 많다)"라고 설명했다. 1870년에 출간된 〈명물기략〉을 보면 그 이유를 알 수 있다. "약과를 유과자라고도 불렀는데, '자' 자가 중국 음으로 '즈'라 발음이 되어 유과자를 과즐이라 불렀다." 기름에 튀긴 유과자가 과줄이라는 이야기다. 이 책의 설명이 전적으로 옳다면 지역마다 과줄이라 불리는 한과가 다른 것도 설명된다. 지방마다 기름에 튀겨 만든 대표적인 유과자가 과줄인 것이다. 그러니까 〈반찬등속〉의 배경인 청주에서는 약과가 대표적인 유과자, 즉 과줄이었고 강원도나 제주도에서는 산자가 대표적인 유과자, 즉 과줄이었던 셈이다.

다만 〈반찬등속〉에서는 '과줄'이 두 가지 의미로 쓰였다. 약과도 과줄이지만, '과줄 하는 이야기' 항목에는 산자와 수정과를 제외한 모든 한과와 떡, 음료가 들어 있다. 그러니까 주식이나 반찬이 아닌 모든 후식류까지 과줄에 포함시켰다. 수정과와 산자만 따로 '조과 하는 이야기' 항목으로 분류했다. 그 기준은 알 수가 없다.

〈반찬등속〉 전후의 옛 조리서에 나온 약과 조리법을 단계별로 정리했다(표 1). 〈증보산림경제〉나 〈규합총서〉와 유사한 문헌은 가능한 제외했다. 대체적으로 기름 먹이기→꿀물 반죽→성형→튀기기→집청 다섯 단계를 거친다. 그런데 〈반찬등속〉의 약과 설명에는 '기름 먹이기'와 '집청' 두 단계가 생략되어 있다. 표 1에서 보듯 약과의 재료와 제법은 대부분 조선 시대 문헌이 유사하다. 그러므로 〈반찬등속〉의 저자인 고조할머니는 두 단계가 빠진 특별한 약과를 만든 것이 아니라, 다른 필사본 조리서와 마찬가지로 아주 기본적인 설명이나 이미 모두 안다고 생각하는 과정은 생략한 것으로 보인다.

표 1을 보면 시대에 따라 약과의 모양이 어떻게 달라졌는지도 알 수 있다. 1670년경에 나온 〈음식디미방〉에 행인과가 등장한다. 실제로 존재하는 생물의 모양을 따서 반죽을 빚어 만들었다. 초기 약과 형태다. 다음 단계에 등장한 약과는 밀거나 방망이로 두드려 반죽을 평평하게 펴서 네모나게 썰었다. 제사상이나 잔칫상을 차릴 때 고이기 편하고 한 번에 많은 양을 만들 수 있었다. 그러다 1809년 〈규합총서〉에 처음으로 틀에 박아 만든 약과가 등장한다. 다식판에 박아서 만들었기 때문에 다식과라 불렀다. 100여 년 뒤에 나온 〈반찬등속〉의 약과도 다식과다. 지금은 궁중 약과, 전통 약과 혹은 꽃약과라 부른다.

〈반찬등속〉의 약과 분량 정하기

〈반찬등속〉에는 약과 재료의 분량이 나오지 않는다. 당시의 재료를 파악하기 위해 분량을 상세하게 밝힌 옛 조리서를 정리했다(표 2). 일단 시대에 따라 재료의 변화가 두드러지게 보이지는 않는다. 특정 재료가 많아지거나 적어지는 것 같은 경향성도 없다. 〈음식디미방〉이 쓰인 1600년대부터 이미 약과의 재료와 분량, 만드는 법은 잡혀 있었던 것으로 보인다. 파악하기 쉽게 밀가루 분량을 100으로 놓고 다른 재료의 비율을 계산했다. 부피가 기준이다. 평균적으로 반죽에 참기름은 6%, 꿀은 15%, 술과 물은 각각 3%씩 넣었다. 이 비율을 무게로 환산해서 앞의 〈반찬등속〉의 약과를 만들었는데, 술은 언급되지 않아 넣지 않았다. 또 당시는 지금과 달리 물에 불려 빻은 습식밀가루였을 것으로 판단해, 물은 반죽이 될만큼 분량을 조절했다.

표 2. 옛 조리서에 나온 약과의 반죽 재료

시기	문헌	반죽 재료						반죽 재료의 부피 비율				
		밀가루	기름	꿀	술	물	기타 재료	밀가루	기름	꿀	술	물
1670년경	음식디미방	1말	5홉	2되	3홉	3홉		100	5	20	3	3
1600년대 말~1700년대 초	잡지	1말	6홉	7홉	1종자	1종자	계피가루 참깨	100	6	7	0.8	0.8
1776년	증보산림경제	1말	8홉	1되	×	×	잣 후추가루 계피가루	100	8	10	×	×
1809년	규합총서	1말	1/2되	2되	1보시기	×		100	5	20	(알 수 없음)	×
1800년대 초	주방	1되	1/2종자	1.5종자	1/2종자	×		100	4	13	4	×
1854년	음식법(윤씨)	1말	5홉	2되	1/2보시기	1종지	깨	100	5	20	(알 수 없음)	2
1917년	조선요리제법 초판	10사발	1사발	1사발	×	1사발		100	10	10	×	10
1939년	조선요리법	소두1되	1종지	1홉	1/2종지	조금		100	4	20	2	1
							평균 비율	100	5.9	15.0	2.5	3.4

중박기

중박기는 밀가루을 반죽ㅎ여 엿가리만치 길게 ㅎ여 늬몸지게 ㅎ고 쏘기름에두 꿀을 타셔 밧삭 지지여 늬는게라.

중박기는 밀가루를 (기름에 꿀을 타서) 반죽해 엿가락만큼 길게 하여 네모나게 하고 또 바싹 지져내라.

(기름에 꿀을 타서)의 순서를 앞으로 바꾼 이유
순서를 바꾸지 않고 〈반찬등속〉의 문장을 그대로 읽으면 튀김 기름에 꿀을 섞는 것으로 해석된다. 이와 같은 조리법은 다른 옛 조리서 어디에도 나오지 않는다. 혹시 일종의 집청 방법으로 생각할 수 있을까. 그런데 〈음식디미방〉부터 〈반찬등속〉과 비슷한 시기에 나온 문헌 〈언문후생록〉과 〈조선요리제법〉까지, 어디에도 중박기는 집청하지 않았다. 특히 〈조선요리제법〉에서는 "꿀물도 묻히지 않는다"라고 강조했다. 그러니 집청으로 보는 것도 맞지 않다. 그런데 문장의 순서를 바꾸면 밀가루를 기름과 꿀로 반죽하라는 설명이 된다. 말이 된다. 그래서 문장 순서를 바꿨다.

슬픔을 나누는 중박기

〈반찬등속〉의 중박기 만들기

반죽 밀가루 200g, 참기름 5g, 꿀 64g, 물 25g, 소금 2g
튀김 기름 적당량

1. 밀가루에 소금을 섞은 후 참기름과 꿀, 물을 넣어 반죽한다.
2. 도마 위에 반죽을 놓고 밀대로 두드리고 밀어 1.2cm 두께로 편다.
3. 평평하게 민 반죽을 2.5×6.6cm 크기로 네모나게 자른다.
4. 팬에 기름을 너무 많이 두르지 않고 자른 반죽을 지진다. 앞뒤로 뒤집어가며 타지 않게 한다.
5. 표면이 누런색을 띠면 건져 기름을 뺀다. 속까지 다 익히지 않아도 된다.

양반가 제례에 꼭 필요했던 유과

중박기는 중박계 또는 중계, 중배끼라 불렸다. 말 그대로 중간 크기의 박계다. 대박계와 소박계도 있었지만, 주로 중박계(중박기)를 만들었다고 한다. 이제는 더 이상 만들지 않는 사라진 한과다.

중박기는 약과와 꽤 가까운 친척이지만 맛은 하늘과 땅 차이다. 엄청 딱딱하고 엄청 맛없다. 속된 말로 '이빨도 안 들어간다'. 그도 그럴 것이 중박기는 달콤함을 즐기기 위해 만든 한과가 아니다. 기쁜 일에는 쓰이지 않고 오로지 제례에만 쓰였다. 그래서 인생의 달콤함은 한 방울도 허락할 수 없는듯 절대 집청하지 않는다. 심지어 〈잡지〉에서는 중박기를 반죽할 때도 꿀과 기름조차 전혀 넣지 않는다. 약과에 흔히 넣는 계피와 깨, 후추, 생강 같은 향신료나 향미료도 넣지 않는다. 만들 때 속까지 다 익히지 않고 겉만 노랗게 익혔다가 먹을 때 다시 구워 겉에 꿀을 발랐다. 그러나 〈음식디미방〉을 시작으로 〈잡지〉〈역주방문〉〈명물기략〉〈시의전서〉, 그리고 〈반찬등속〉까지 계속 나오는 것을 보면, 양반들의 제례에는 필수였던 것 같다.

〈반찬등속〉의 중박기 재료 분량 정하기

〈반찬등속〉에는 중박기의 재료 분량이 나오지 않는다. 그래서 분량이 나온 다른 옛 조리서를 찾아보았다(표 3). 대부분의 문헌에서 중박기는 재료의 분량을 밝히지 않는 대신 약과처럼 하거나 더 질게 하거나 더 되게 하라고 설명하고 있다. 분량을 세세히 밝힌 문헌 네 가지를 표 4에 정리했다. 이 중 세 문헌의 반죽에는 술이 들어가지 않았고, 두 문헌의 반죽에는 기름을 넣지 않았다. 밀가루의 분량을 100으로 놓고 비율을 계산했다. 대략 기름은 2%, 꿀은 14%, 물은 8%, 술은 4%다. 이 분량으로 앞의 〈반찬등속〉의 중박기를 만들었다. 다만 술은 넷 중 세 문헌에 나오지 않았기 때문에 넣지 않았다. 또 약과와 마찬가지로 당시는 물에 불려 빻은 습식밀가루였을 것으로 파악해서, 물은 반죽이 될만큼 분량을 조절했다.

앞의 약과 반죽 재료와 비교해보면 꿀과 물은 동량이거나 약간 적은 양을 넣은데 반해, 기름은 4분의 1밖에 되지 않는다. 만드는 법도 다른데, 약과처럼 먼저 밀가루에 기름을 먹이지 않고 처음부터 꿀과 같이 넣어 반죽했다. 결국 중박기는 글루텐이 많이 형성되어 딱딱하고, 술이 들어가지 않았으니 전혀 부풀지 않았을 것이다. 꿀은 동량으로 넣었지만 집청을 하지 않으니 단맛도 부족하다.

좀 더 정확한 분량은 〈태상지〉를 보면 알 수 있다. 영희전 대제에 밀가루 3근 8냥, 꿀 1승 9홉 9작, 참기름 8홉 9작, 참기름 8홉 2작으로 중박계(중박기)를 만들었고, 고제에는 밀가루 3근 3냥 2전, 꿀 1승 9홉 9작, 참기름 8홉 2작이 쓰였다. 영희전 대제에는 참기름이 두 번 나오는데, 앞쪽은 반죽에 넣는 용도고, 뒤는 튀김용이다. 지금의 도량형으로 환산해보면 영희전 대제의 중박계(중박기)에는 밀가루 1.4kg, 꿀 3.6리터, 참기름 1.5리터가 들어갔다. 참기름은 대략 꿀의 10분의 1 분량 들어갔다. 반면 약과는 밀가루 1근 11냥에 꿀 1승 1홉과 참기름 1승 1홉을 넣어 반죽했다. 참기름과 꿀이 같은 양으로 들어갔다. 여기에서 약과와 중박기의 차이를 알 수 있다. 즉 중박기 반죽에는 극소량의 기름이 들어간다.

그럼 어떤 모양으로 만들었을까.

〈반찬등속〉에는 모양이 비교적 정확하게 설명되어 있다. 엿가락같이 길게, 모양은 네모지게 만들라 했다. 즉 긴 직사각형이라는 이야기다. 〈태상지〉에는 그림까지 나와 있어 더 명확하게 알 수 있다.

중계: 길이 2촌 8푼, 넓이 9푼, 두께 6푼(8.4×2.7×1.8cm)
소계: 길이 2촌 5푼, 넓이 8푼, 두께 5푼(7.5×2.4×1.5cm)

〈시의전서〉에 나온 중박기는 길이 2치 3푼 넓이 9푼 두께 4푼, 그러니까 6.6×2.7×1.2cm이니, 〈태상지〉의 소계보다 조금 작다. 민간에서는 궁보다 더 작게 만들었던 것 같다. 〈반찬등속〉의 중박기는 〈시의전서〉에 나온 크기로 만들었다.

표 3. 옛 조리서에 나온 중박기

시기	문헌	만드는 법					
		주재료	반죽	성형	튀기기	집청	기타
1670년경	음식디미방	밀가루 1말에	꿀 1되, 기름 1홉, 끓인 물 7홉 합하여 무지근하게 만들라				
1600년대 말	주방문	밀가루 1말에	꿀 2되에 물 1되 타 매우 끓여	식거든 쳐서 만들어라.			
1600년대 말~1700년대 초	잡지	밀가루 1말을	가는체에 내려 꿀로 반죽하는데 한꺼번에 많이 말고 넉넉히 하되, 되게 뭉쳐 반반하게 친다.	조각 내어 안반에 담는다.	참기름을 끓이다가 반죽을 하나씩 넣어 가끔씩 뒤적여가며 막 노릇노릇해지면 건진다.		중계를 반죽할 때는 기름도 넣지 않고 꿀도 넣지 않는데 작은 중계로 1좌를 하려면 밀가루 4되 하면 된다.
1800년대 중	역주방문	밀가루 1말에	꿀 1되 5홉을 냉수 7홉에 끓이고 참기름 2홉, 좋은 청주 반 종자를 섞어서		기름에 지질 때 잘 살펴서 색이 연하고 부드러울 때 기름에서 건져야 한다.		만약 오래 지지면 적색이 되기 쉽고 단단하다.
1869년	간본규합총서	밀가루를 계량하지 않고 어느 정도로 하고	꿀물을 달게 하여 반죽하고	크기는 임의로 잘라 젖은 수건을 위에 덮는다.	약과 지지듯 하여 빛이 누렇게 되면 쓰나니라.		중계를 먼저 지지고 그 기름에 약과는 나중에 지지라.
1870년경	명물기략	꿀, 밀가루로		덩어리를 만들어	기름에 지져서 말린 것.		
1890년대	시의전서		꿀물 타서 반죽을 약과 반죽보다 조금 질게 하여	도마에 놓고 넓이는 9푼, 길이는 2치 3푼, 두께는 4푼으로 베어	지지되 겉이 누렇게 잠깐 지져 건져 쓰라.		
1800년대 말~1900년대 초	언문후생록	밀가루 1말에	꿀, 기름 각 1되씩 달여 꿀은 반죽만 하고	잘라서 □이 같이 하나니라.	다 지지고 보면 기름은 그대로 있나니라.		
1917년	조선요리제법 초판		과줄 만드는 법과 꼭 같은 것인데	그 모양은 기름하게 하고	기름에 띄워 익힐 때에 조금 덜 익히는 것이라.	꿀물도 묻히지 아니하나니라.	중박기는 겉만 노랗게 익히는 것이며
1948년	우리음식	한과와 같은 재료로		4cm 사방에 15cm쯤 길이로 하여	기름에 지진다. 속까지 지지지 아니한다.	거죽에 한과와 같이 물은 아니 칠한다.	고임새 할 때에 밑에 놓는 것이다.

표 4. 옛 조리서에 나온 중박기 재료의 분량

시기	문헌	반죽 재료					반죽 재료의 부피 비율				
		밀가루	기름	꿀	술	물	밀가루	기름	꿀	술	물
1670년경	음식디미방	1말	1홉	1되	×	7홉	100	1	10	×	7
1600년대 말	주방문	1말	0	2되	×	1되	100	×	20	×	10
1800년대 중	역주방문	1말	2홉	1.5되	1/2종자	7홉	100	2	15	4	7
1800년대 말~1900년대 초	언문후생록	1말	×	1되	×	×	100	×	10	×	×
						평균 비율	100	1.5	13.8	4.0	8.0

주악

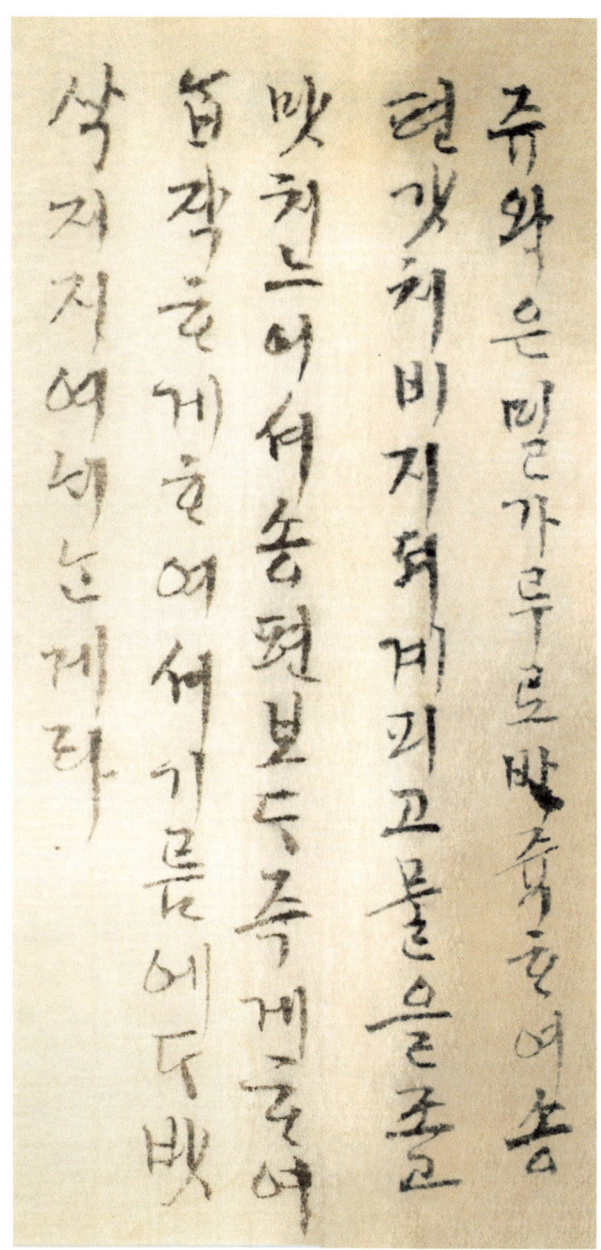

쥬왁은 밀가루로 반죽ᄒ여 송편갓치 비지되 계피 고물을 조고맛치 느어셔 송편보두 즉게 ᄒ여 눕작ᄒ게 ᄒ여셔 기름에두 밧삭 지지여 니는게라.

주악은 밀가루를 반죽하여 송편같이 빚되 계피 고물을 조금만 넣어 송편보다 작고 납작하게 만들어 기름에 바싹 지지어낸다. (꿀을 바른다.)

〈꿀을 바른다〉를 추가한 이유
〈반찬등속〉에 나온 약과에는 집청 과정이 생략되어 있다. 주악에도 이 과정이 누락된 것으로 보고 추가했다. 찹쌀주악은 보통 다른 떡의 웃기로 쓰기 때문에 집청에 담그는 대신 꿀만 발라 잣가루를 묻힌다. 그래야 떡 위에 올렸을 때 꿀이 흘러내리지 않기 때문이다. 특별한 언급이 없어 잣가루는 뿌리지 않았다.

두 귀가 뾰족한 작은 조각, 주악

〈반찬등속〉의 주악 만들기

반죽 밀가루 200g, 물 90g, 소금 2g
집청 꿀 45g
소 팥가루 15g, 꿀 12g
튀김 기름 적당량

1. 밀가루에 소금을 섞어 고운체에 내린다.
2. 밀가루에 물을 부어 반죽한다. 귓밥 정도로 말랑하게 치댄다.
3. 팥가루에 꿀을 되직하게 섞어 콩알만 한 크기의 타원형으로 뭉쳐 소를 만든다.
4. 밀가루 반죽을 작은 밤톨만큼 떼어 손바닥에서 굴려 동그랗게 만든 다음 송편처럼 안을 판다.
5. 소를 넣고 송편 모양으로 빚되 조금 더 납작하게 만든다. 입구가 벌어지지 않게 단단히 눌러 꽉 맞붙인다.
6. 팬에 기름을 두르고 약불에서 바싹 지진다.
7. 따뜻할 때 꿀을 바른다.

주악은 다른 떡의 웃기로 쓴다

〈임원경제지〉에서 서유구는 주악에 대해 "지금 사람이 가장 귀중히 여기며 손님 대접과 제사의 음식에는 반드시 떡 위에 두었다"라고 썼다. '위에 두었다'는 것은 상징적이거나 호불호의 취향 문제가 아니라 말 그대로 물리적인 위치다. 〈시의전서〉에는 아예 '웃기'에 괄호 치고 주악이라고 기술했을 정도다. 그러다 보니 찹쌀가루에 대추나 당귀, 김, 국화잎, 감, 치자 같은 재료를 섞어 색색의 반죽을 만들고, 송편처럼 소를 넣고 빚어 기름에 지져 화려하게 만들었다. 올라가는 상의 종류에 따라 다른 크기로 만들었는데, 잔치에는 대추만 하게, 제사에는 송편만 하게 빚었다.

그런데 옛 조리서를 자세히 보면 주악은 찹쌀로 만든 특정 모양의 떡만 지칭하는 것이 아니라, 송편처럼 소를 넣고 양 귀가 튀어나온 작은 조각처럼 만든 모양이나 방법을 가리키는 것으로 보인다. 이용기는 〈조선무쌍신식요리제법〉에서 주악을 "두 끝이 뾰족한 고로 조각이라 하나니"라고 설명했다. 그러니까 두 끝이 뾰족한 조각이 주악인 것이다. 옛 조리서를 보면 찹쌀뿐 아니라 밤, 대추, 승검초, 심지어 전복으로도 주악을 만들었다. 그런데 밤주악은 황률가루나 생밤을 삶아 꿀을 섞어 만두과처럼 빚는다. 떡 재료나 떡 만드는 과정이 어디에도 없지만 만두과처럼 빚어 양 귀가 뾰족하니 주악이다. 그러니 〈반찬등속〉에 나오는 밀가루 주악도 주악이다. 송편처럼 양 귀를 뾰족하게 만들고 웃기로 쓰기 위해 작게 만들었으니 말이다.

〈반찬등속〉의 주악은 한과다

〈반찬등속〉 주악은 전통적인 주악에 대한 상식을 뒤집는다. 무엇보다 주재료가 밀가루다. 당시 밀가루는 찹쌀보다 비싸고 귀해 집안의 경제력을 증명하는 식재료였다. 우리 아주 살림이 넉넉하거든, 밀가루를 썼거든, 뭐 그런 의미. 밀가루로 만든 〈반찬등속〉의 주악은 찹쌀 주악과 맛도 식감도 다르다. 그래서 전통적으로 주악은 떡으로 분류하지만 한과를 다룬 이 책에 포함했다. 한과 열풍의 중심에 있는 요즘 주악은 찹쌀에 밀가루가 일정 분량으로 들어간다. 그러니 전통 주악과 맛과 식감은 물론 모양도 다르다. 요즘 유행하는 주악에 대해서는 3장에서 더 자세히 설명하겠다.

다만, 당시 강씨 집안은 밀가루를 꽤 선호했던 것 같다. 다들 찹쌀로 만드는 산자와 주악을 밀가루로 만들었다. 할아버지(강규형, 〈반찬등속〉의 편찬자로, 할머니 밀양 손씨가 쓴 〈반찬등속〉을 사후에 책으로 엮었다)는 삼시 세끼 모두 국수를 먹을 만큼 밀가루를 편애했다.

표 5. 옛 조리서에 나온 주악

시기	문헌	종류	만드는 법				
			반죽	소	모양	조리·집청	기타
1809년	규합총서	대추주악	날반죽하여야 연하고 좋다.				익반죽하면 질기고 빛이 엷다.
		밤주악	황률 가루 깁체에 쳐 꿀을 다식 반죽보다 질게 하여	잣가루에 계피, 건강 가루 섞어 꿀 버무린 것을 소로 넣어	작게 만두과처럼 가를 틀어 살잡아 빚어	위에 꿀 발라 잣가루 묻힌다.	
1854년	음식법 (윤씨)	밤주악	황률 가루 깁체에 쳐서 꿀을 다식반죽보다 질게 하여	잣가루에 계피, 건강가루 섞어 꿀 버무린 것을 소 넣어	작게 만두과처럼 가장자리를 틀어 살잡아 빚어	위에 꿀 발라 잣가루 묻히느니라.	
		대추주악	대추를 다져 가루에 섞어 찧어 익게 삶는다. 가루 칠 때 다진 대추 반이나 두었다가 한데 넣어 쳐서 하면 빛이 붉어 좋으니라.				익반죽을 하지 말아야 부드럽고 좋다. 강즙과 양념은 법대로 하라.
		당귀주악	당귀 때면 생잎을 찧어 할 것이오. 마른 가루로도 하고	먹는 주악 소라도 효도하는 것은 꿀, 팥 볶아 넣을 것이오, 극열에는 깨소 해롭지 아니하다.		꿀에 재우기와 양념은 법대로 하라.	국화잎, 김, 연시, 생토란 주악도 있다.
1890년대	시의전서	갖은 웃기 (주악)	각색 웃기는 모두 찹쌀가루로 한다.		제사 주악은 송편만 하게 하고		잔치 주악은 대추만 하게 빚는다.
		흰주악	찹쌀가루를 물로 반죽하여 달떡 모양같이 만들어 가운데 구멍을 뚫어 삶아 건져 가루에 소금을 넣어 반죽하여	소는 팥소를 넣어	송편만 하게 빚는다.	번철에 기름을 많이 넣고 지져 젓가락으로 건져서 집청하고 잣가루와 계피가루를 뿌린다.	
		치자주악	흰주악과 같이 하는데 반죽할 때 승검초를 섞어 만든다.				
		대추주악	대추를 가루같이 곱게 다져서 생반죽을 하여		빚는다.		
		밤주악	황률 가루를 깁체에 곱게 쳐서 꿀을 섞어 다식 반죽보다 질게 반죽한다.	잣가루, 계피, 건강 가루를 섞어 꿀과 버무린 것을 소로 넣어	작은 만두과처럼 가장자리를 살잡아 빚어 모양을 만들고	꿀을 발라서 잣가루를 묻힌다.	
1917년	조선요리 제법 초판	주악	먼저 대추의 씨를 빼고 그릇에 담아놓고 방망이 끝으로 콩콩 찧어 가루처럼 만들어서 찹쌀가루에 섞은 후 대추씨를 삶아서 그 물로 반죽을 하여	거피 팥에 설탕을 섞어서 소를 박는다. 혹 깨소금에 설탕과 계피가루를 섞어 반죽하여 소를 넣기도 하나니라.	송편처럼 빚나니. 납작하게 빚어서	기름을 팔팔 끓여 넣어 익혀서 기름을 빼고 그릇에 담는다.	이것을 만들 때에 여러 가지 색을 들여 만들기도 하나니라. 대추주악은 생반죽을 하여야 연하고 빛이 좋으니라.
		밤주악	황률 가루를 꿀에 반죽하여	계피, 건강, 잣 가루를 꿀에 개어 소 넣어	만두과같이 틀어 빚어	위에 꿀과 잣가루를 바르고	
1924년	조선무쌍신식 요리제법	주악	찹쌀가루를 물에 반죽하여	팥소를 꿀에 볶아 넣고	송편 빚듯 빚어서 두 끝이 뾰족한 고로 조각이라 하나니.	끓는 기름에 지지면 부풀어 오른다.	이것이 제사나 손님 대접에 떡 위에 놓는 것을 가장 숭상하나니라.
		대추주악	먼저 대추를 씨 빼어 놋그릇에 담고 방망이 끝으로 콩콩 찧어 가루처럼 만들어서 찹쌀가루에 섞은 후 대추를 삶아서 그 물에 반죽하면 씨는 자연 남을 것이니 버리고	거피 팥에 설탕과 계피가루를 섞어 소를 넣고 납작하게 빚나니. 소를 깨소금과 설탕과 계피가루를 섞어 반죽하여 넣기도 하나니라.	송편처럼 빚어내되	기름을 팔팔 끓이고 넣어 익히되 타기 쉬우니 조심하여 집어 낼 때 사푼주에 빈 접시 한 개를 엎어놓고 그 위에다가 주악을 얹으면 기름이 자연 흘러 접시 밑으로 흘러내릴지니. 다 빠지거든 떡 위에 얹고 꿀을 느리고 계피가루를 뿌리나니라.	반죽은 날반죽을 하여야 연하고 빛이 좋으니라. 이것을 만들 때 여러 가지 색을 들여서 만들기도 한다.

산자

산주호는 거션 밀가루을 두시 고흔체에 또 쳐셔 더운물에 반죽을 되게 호여 네모가 반듯호게 조곰조곰 호여 놋코 또 쎱쌀을 결미 읍는 거셜 물에 좀쌀 불워니여 쏫헤두가 복아셔 쮜밥를 일우고 그 밀가루 반죽훈 거셜 기름에 복아 엿셜 바를고 쮜밥을 부치되 식으로 하랴면 쮜밥에두 각식물을 데리여셔 부치는 거시 조흔지라.

산자는 밀가루를 다시 고운체에 또 쳐서 더운 물에 반죽을 되게 하여 (밀어) 네모반듯하고 조그마하게 만들어놓는다. 또 찹쌀 (나락)을 싸라기 없는 것을 물에 잠깐 불려 솥에다 볶아서 튀밥을 만든다. 그 밀가루 반죽한 것을 기름에 볶아 엿을 바르고 (굵은체에 내린) 튀밥을 붙인다. 색을 내려면 튀밥에 각색 물을 들여서 붙이는 것이 좋다.

(밀어)를 추가한 이유
'네모반듯하고 조그만하게' 만들기 위해 꼭 필요한 과정이라 넣었다. 〈반찬등속〉 저자 밀양 손씨의 손주며느리, 즉 우리 할머니가 만든 밀가루 산자는 무척 얇고 바삭했는데, 밀가루 반죽을 아주 얇게 밀고 접어 잘라 만들었다. 옛 조리서에 나오는 산자 중 〈반찬등속〉의 산자와 가장 유사한 것이 〈규합총서〉 〈음식법(윤씨)〉 〈시의전서〉에 나오는 메밀산자다. 모두 반죽을 얇게 밀어 만들었다.

(나락)을 넣은 이유
옛 조리서에는 튀밥 고물 만드는 법이 두 가지 나온다. 찹쌀 나락을 마른 솥에 볶아 부풀리는 방법과 찹쌀밥을 기름에 튀기는 방법이다. 〈반찬등속〉에 나온 대로 잠깐 불린 찹쌀을 솥에 볶으면 그냥 타버리지 않으면 미세하게 부풀거나 부서져버린다. 지시대로 물에 잠깐 불려 솥에 볶아 부풀릴 수 있는 것은 찹쌀 나락이다. 말린 찹쌀밥을 튀기는 방법은 찹쌀을 물에 불려 삶거나 쪄 말리고 기름에 부풀리는 복잡한 과정이 필요하다. 그 복잡한 과정이 모두 생략되었다고 보기 어렵다. 그래서 찹쌀이 아니라 도정하지 않은 찰벼라 생각해 나락을 추가했다.

(굵은체에 내려)를 추가한 이유
밀가루산자는 찹쌀로 만든 산자와 달리 튀겨도 크게 부풀지 않는다. '조곰조곰하게 만든 산자에 튀밥을 통째로 붙이면 조화가 맞지 않는다. 굵은체에 내린 세건반을 붙여야 어울린다. 실제로 우리 할머니는 밀가루산자에 체에 내린 세건반을 붙였다.

밀가루로 만들어도 산자다

〈반찬등속〉의 산자 만들기

반죽 밀가루 200g, 물 90g, 소금 2g
고물 찰벼 140g, 지치 기름 24g, 된 조청 65g
튀김 기름 적당량

1. 밀가루에 소금을 섞은 후 고운체에 내린다.
2. 밀가루를 따뜻한 물로 되직하게 반죽한다.
3. 밀대로 반죽을 얇게 민다.
4. 얇게 민 반죽을 5×5cm 정사각형으로 자른다.
5. 찰벼를 물에 잠깐 담갔다가 건져 물기를 없애고 바닥이 두꺼운 냄비에 넣고 센불로 가열한다. 다 튀겨지면 겨를 제거하고 굵은체에 내려 세건반을 만든다.
6. 100~110℃의 기름에 반죽을 넣어 속까지 익도록 천천히 튀긴다. 누런빛이 나면 건져 기름을 뺀다.
7. 조청을 중탕해 따뜻하게 만든다. 조청이 묽으면 산자가 눅눅해지고 고물도 잘 붙지 않으므로 잠깐 끓여 되게 만든다.
8. 튀긴 반죽에 조청을 얇게 바른다. 많이 바르면 흘러내리거나 고물 사이로 비집고 나와 보기 좋지 않다.
9. 세건반을 큰 그릇에 담고, 튀긴 반죽을 넣어 흔들어 고물을 묻힌다. 다시 세건반을 위까지 덮어 부서지지 않을 정도로 살짝 눌러 고정한다. 꺼내어 여분의 고물을 털어낸다.
10. 일부 세건반에 지치 기름을 넣고 버무려 붉은색 물을 들인 뒤 튀긴 반죽에 조청을 발라 붙인다.

찹쌀산자와는 만드는 법, 모양과 맛이 다르다

완성된 〈반찬등속〉의 산자는 얼핏 보면 작은 크기의 찹쌀산자와 비슷하다. 첫 식감은 같은 범주다. 그러나 씹는 순간부터 완전히 달라진다. 찹쌀산자는 살살 녹지만 〈반찬등속〉의 밀가루산자는 끝까지 씹어 삼켜야 한다. 사실 바삭한 첫 식감도 다르다. 찹쌀산자가 바삭하고 아삭하다면, 밀가루산자는 바삭하고, 음 그냥 바삭하다. 바삭함의 밀도와 크기, 섬세함이 다르다. 그렇다고 밀가루산자가 맛없다는 말은 아니다. 다른 매력이 있다.

밀가루산자는 무엇보다 찹쌀을 물에 담가 삭히고 쪄서 꽈리 치고, 말리는 복잡한 서너 단계를 거칠 필요가 없다. 같은 크기의 반죽을 튀기면 찹쌀산자는 3~4배 부풀지만, 밀가루산자는 옆으로는 거의 커지지 않고 두께만 살짝 부푸는 정도다. 튀기는 기름 온도와 방법도 다르다. 〈반찬등속〉의 산자는 낮은 온도의 기름에서 속까지 잘 익고 누런색이 되도록 천천히 오래 튀겨야 한다. 그래야 반죽의 수분이 다 날아가 먹을 때 바삭하다.

동생은 할머니, 그러니까 〈반찬등속〉의 저자 밀양 손씨의 손주며느리가 만들었던 산자를 "굉장히 바삭하고 어딘가 매잡과 같았다"고 기억한다. 큰언니는 할머니가 "반죽을 밀대로 두드리고 얇게 민 뒤 접고 다시 밀어 칼로 잘랐다"고 말한다. 할머니가 반죽을 얇게 밀어 접은 것은 그래야 켜가 생겨 더 잘 부풀고 더 바삭했기 때문으로 보인다. 집청도 좀 더 되게 만들어 코팅하듯 발랐다.

〈반찬등속〉의 산자는 하루면 뚝딱 만들 수 있지만, 찹쌀산자는 찹쌀을 썩을 정도로 오랫동안 물에 담갔다가→곱게 가루 내어 술을 넣고 반죽해→푹 찐 뒤→꽈리 쳐서→밀어 모양을 만들어→말려→기름에 부풀려→고물을 묻히는 등 여러 날 동안 복잡한 과정을 거쳐 만든다. 모양에 따라 산자, 강정, 연사과, 감사과, 한과, 빙사과가 되며 이것을 통틀어 유과라 부른다. 그중 네모반듯한 것이 산자다. 제사에 올려야 하니 콧김 풍기고 사는 집이라면 반드시 만들 줄 알아야 했다.

그런데 산자라는 이름은 튀밥에서 유래한 것 같다. 산자의 '산(饊)'은 흩어진다는 의미다. 1870년대 사전 〈명물기략〉에는 "찰벼를 껍질째 볶으면 그 쌀이 타는 소리를 내며 흩어지므로 '산'이라 한다"라고 나와 있다. 즉 산자라는 이름은 '찰벼를 껍질째 볶았을 때 쌀이 타는 소리'에서 온 것이다. 서유구가 〈임원경제지〉에서 "산은 부서진다는 것이다. 씹으면 쉽게 흩어져 사라진다"라고 말한 것처럼 산자는 씹으면 부서져 쉽게 흩어져 사라진다. 그것은 찹쌀로 만들든 밀가루로 만들든 마찬가지다.

〈반찬등속〉의 산자 분량 정하기

옛 조리서 중에서 〈반찬등속〉을 제외하고, 산자를 밀가루로 만든 기록은 1680년경에 쓰인 〈요록〉이 유일하다. 만드는 법에 대한 설명은 없지만 재료는 정확히 나와 있다. 산자 네 바구니 만들기 위해 '밀가루 1말, 백주 2되 5홉, 기름 1되 5홉, 또 콩가루 1말, 소금물, 튀밥 3되, 기름 1되(饊 子四坐 眞末一斗 白干湯二升五合 油一升五合 或 太末一豆 塩水 乾飯三升 油一升 羹)'가 필요했다. 재료만 보고 만드는 법을 추측해보면 밀가루를 독한 술로 반죽해 기름에 튀긴 다음 콩가루나 튀밥을 묻혔다. 그렇지만 〈반찬등속〉의 산자와 가장 유사해 보이는 것은 〈규합총서〉 〈임원경제지〉 〈시의전서〉에 나오는 메밀산자다. 메밀과 밀가루를 반반 섞어 반죽을 만들고, 그 반죽을 얇게 밀고 썰어 튀겨 튀밥이나 흰깨, 검은깨를 고물로 묻힌다. 다들 정확한 분량은 밝히지 않았다. 강원도 일부 지역에서는 메밀로 만든 산자가 향토 음식으로 전해 내려온다. 제주 신효동의 특산품 과줄도 비슷하다. 제주에서는 산자를 과줄이라 부른다.

표 6. 옛 조리서에 나온 메밀산자

시기	1809년	1827년	1854년	1890년대
문헌	규합총서	임원경제지	음식법(윤씨)	시의전서
이름	메밀산자	교맥산자방	메밀산자	메밀산자
주재료	메밀가루, 밀가루를 반반 섞어	메밀쌀을 절구에서 가루 내어 고운체에 내려 밀가루를 조금 섞어	메밀가루와 밀가루를 반반 하여	메밀과 밀가루를 반씩 섞어
반죽	밀기 좋게 반죽하여	소금물로 반죽하여	밀기 좋게 반죽하여	밀기 좋게 반죽하여
성형	도마에 홍두깨로 얇게 밀어 네모가 반듯하게 썰어	덩어리를 만들어 밀대로 얇게 밀어 칼로 자르는데 길이 1치 조각으로 만들어	도마에 홍두깨로 얇게 밀어 크기는 마음대로 네모가 반듯하게 썰되 네 귀 뾰족한 깃을 조금만 베어내야 밥이 잘 묻는다.	얇게 밀어 네모지게 썬다.
튀기기	젖은 김에 지진다. 강정처럼 중불 말고 처음부터 세게 하여 지져낸다.	기름에 지져	이것은 기름을 끓이고 젖은 김에 산승 지지듯 하고	젖었을 때 지지는데 불을 세게하여 지진다.
고물	강반 지진 것과 검은깨를 껍질 벗겨 볶으면 푸르고, 그저 볶으면 검고. 참깨 그저 희게 볶고 노랗게 볶아 이 다섯 가지를 집청에 엿 섞어 조려 강정 무치듯 까불어 묻히면 보기 소담하고 맛이 몹시 아름답다.	엿을 묻히기를 위와 같은 방법으로 한다. 검은깨를 기피하여 볶아 향을 내어 옷을 입힌다.	홍백 강반과 흑임자 껍질 벗겨 볶으면 푸르고, 그저 볶은 것은 검고. 참깨 희게 볶고, 노랗게 볶고 집청에 엿 섞어 녹여 강정 무치듯 잔뜩 발라 까불어 묻히면 보기 소담하고 맛이 절가하니라.	강반 지진 것과 흑임자 껍질 벗겨 볶아 푸른 것과 그저 볶아 검은 것. 참깨를 희게 볶은 것과 누렇게 볶은 것. 이 다섯 가지를 바탕에 집청을 묻혀 강정 묻히듯 까불까불하면 보기 소담하고 맛이 절미하다.
기타		〈옹희잡지〉	홍강반 물들이기는 강반이 기름 먹은 것이라 잘 들지 아니하니 사분가루를 잠깐 끼얹어 지초 기름을 부어 고루고루 까불고 지어 들이라.	

정과

증과는 조흔 시앙을 물에 씨처 얄계 졈이고 쏘 모과을 살마 겁지을 벅기고 그 속을 숙가락으로 글거 놋고 쏘 연근을 잘게 도막 지여 셰가지을 혼데 합호여 쑬물에 오릭 담우라.

정과는 좋은 생강을 물에 씻어 얇게 저미고, 또 모과를 삶아 껍질을 벗기고 그 속을 숟가락으로 긁어놓고 (살은 쪽으로 썰고), 또 연근을 잘게 토막 내 세 가지를 한데 합하여 (꿀물을 넣고 조리다 즙이 다 졸아들면 다시 꿀을 넣고 조린다.) 꿀물에 오래 담가라.

(살은 쪽으로 썰고)를 추가한 이유
옛 조리서에는 두 종류의 모과정과가 나온다. 쪽정과와 거른정과다. 〈반찬등속〉의 모과정과는 이 중 어느 쪽이라 해도 타당해 보인다. "속을 숟가락으로 긁어놓고"의 '속'을 과육 전체로 해석하면 '거른정과'이고, 씨와 내과피로만 해석하면 '쪽정과'다. 다만 거른정과는 무르도록 쪄 체에 걸러 내려야 하는데, 모과는 오래 쪄도 과육 전체를 숟가락으로 긁어내기 어렵다. 게다가 뒤에 "한데 합하여"란 문구가 나오는데, 생강과 모과, 연근 이 세 가지를 같이 정과로 만들 때 모과를 체에 거른다면 같이 조릴 수가 없다. 〈반찬등속〉과 비슷한 시기에 나온 문헌 〈규곤요람〉의 모과정과에 "속을 파버리고"라는 동일한 표현이 나오는데, 그 책의 '속'은 정확하게 씨를 가리킨다. 그렇다면 〈반찬등속〉 모과정과의 '속'도 씨만 가리키는 것이 아닐까. 그래서 씨 부분을 숟가락으로 파내는 것으로 해석하고 과육 부분은 쪽으로 써는 과정을 추가했다.

(꿀물을 넣고 조리다 즙이 다 졸아들면 다시 꿀을 넣고 조린다)를 넣은 이유
〈반찬등속〉에는 정과의 핵심 조리법이자 본질인 꿀에 조리는 과정이 나오지 않는다. 그렇다면 책에 나온 대로 생강과 모과, 연근을 그대로 항아리에 넣고 꿀물을 붓는 것만으로 저장이 될까. 결론적으로 불가능하다. 무엇보다 채소에서 물이 빠져나와 꿀이 묽어지기 때문이다. 게다가 급격한 삼투압 현상이 발생해 쪼그라진다. 조직이 단단한 연근과 생강, 모과는 꿀에 조려 정과를 만들 때에도 미리 데치거나 삶아 조직을 연하게 만들지 않으면 잘 되지 않는다. 이러한 이유로 꿀을 넣고 조리는 과정이 생략된 것으로 판단해 추가했다.

〈반찬등속〉의 세 가지 정과 만들기

정과 생강 100g, 모과 100g, 연근 100g
당액 꿀 360g, 물 900g

1 생강은 물에 깨끗이 씻어 껍질을 벗긴 다음 얇게 저민다.
2 모과를 씻어 반으로 가르고 끓는 물에 넣어 푹 익힌다.
3 모과의 껍질을 벗기고 숟가락으로 씨와 내과피를 긁어내고 과육은 쪽으로 썬다.
4 연근을 깨끗이 씻어 껍질을 벗기고 5mm 두께로 썬다.
5 냄비에 손질한 생강과 모과, 연근을 넣고 꿀 180g과 물 900g을 붓고 중불에 끓인다.
6 끓어오르면 약불로 줄여 조린다. 중간중간 거품을 걷어낸다.
7 꿀물이 반 정도 졸아들면 꿀 180g을 더 넣고 서서히 조린다.
8 생강과 연근에 투명한 느낌이 생기고 윤기가 나고 꿀물이 거의 사라질 때까지 조린다.
9 불을 끄고 꺼내 식힌다.
10 오래 두고 먹으려면 세 가지 정과를 항아리에 넣고 추가로 꿀물을 끓여 붓는다.

오랜 역사를 가진 전통 한과

많고 많은 한과 중 가장 전통적인 것을 뽑으라면 단연코 약과와 다식, 강정 그리고 정과다. 의심할 여지 없이 이 네 가지는 500여 년 전에 이미 존재했고 오랫동안 우리 곁에서 기쁨과 슬픔, 죽음과 죽음의 기억까지 함께 나눴다.

이 중 정과는 4대 독자 같은 전폭적인 지지나 사랑을 받은 것은 아니다. 그저 이런저런 자리에서 이런저런 상마다 한자리 차지했을 뿐이다. 1848년 조선 헌종 14년 진찬 의궤를 보자. 약과류는 대약과, 다식과, 만두과가 각각 한 그릇씩 총 세 그릇이 올랐는데, 정과류는 '각색 정과'라는 이름으로 배와 모과, 연근, 생강, 청매 이 다섯 가지 정과를 한 그릇에 같이 담아 올렸다. 심지어 강정은 이름과 모양, 색이 아주 조금씩 다른 종류를 따로 담아 열 그릇씩이나 올랐는데 말이다! 정과 입장에서 보면 의궤는 기록된 방식만으로도 서운하기 이를 데 없다. 떡과 과자 목록 중에서 매번 제일 마지막에 나온다. 그것도 온전히 이름을 갖지 못하고 '각색 정과'라고 뭉뚱그려서. 학생 제군, 국민 여러분, 혹은 지나가는 사람 1, 2, 3, 4처럼. 그렇다고 어떤 연회에도 빠진 적은 없다. 고일 때는 두꺼운 동아정과를 아래쪽에, 가볍고 작은 종류를 위쪽에 올렸다. 정과로는 연근과 생강이 궁중 연회상에 가장 자주 올랐고 도라지, 산사, 모과, 동아가 그다음이다. 옛 조리서에 나온 횟수도 비슷한데, 거기에 동아정과가 추가된다. 연근과 모과, 생강 정과는 궁이나 민간에서 모두 많이 만들었다. 그러니 〈반찬등속〉에 이 세 가지 정과가 나온 것은 아주 자연스럽다.

〈반찬등속〉에 나오는 세 가지 정과의 분량 정하기

정과는 약과나 강정과 달리 대부분의 옛 조리서에 분량이 잘 나오지 않는다. 약불에서 상태를 확인해가며 꿀이나 물을 더 넣거나 조리는 시간을 늘리거나 줄일 수 있고, 완성하고 나서도 결과가 마음에 들지 않으면 물이나 꿀을 더 붓고 다시 만들 수 있기 때문이지 않을까. 결코 약과나 강정처럼 한순간에 성패가 결정되는 것이 아니니 말이다.

표 7~9는 옛 조리서의 연근과 모과, 생강 정과 만드는 법을 정리했다. 연근정과의 경우, 〈임원경제지〉에서는 연근에 1.6배의 꿀을 넣었고, 〈조선요리제법〉에서는 설탕을 연근 부피의 60% 넣었다. 모과정과는 오직 〈요록〉에서만 분량에 대한 단서를 얻을 수 있는데 꿀을 모과 중량의 2배 넣었다. 생강정과는 〈조선무쌍신식요리제법〉을 참고했다. 생강은 무게, 꿀은 부피로 나오지만 대략 계산해보면 생강 2근에 꿀 2되, 그러니까 대략 생강 750g에 꿀 500g을 넣었다. 자료가 많지 않아 신뢰도는 낮지만 꿀은 각각 연근 무게의 60~160%, 모과 무게의 200%, 생강 무게의 65% 분량 들어간다. 이 책에서는 〈반찬등속〉의 설명 그대로 세 가지를 같이 만들었기 때문에 평균을 내서 꿀 분량을 정했다. 세 가지 재료를 합한 무게의 1.2배 넣었다.

옛 조리서를 보면 연근정과와 생강정과는 대체로 세척→자르기→데치기→1차 꿀물에 조리기→2차 꿀 넣어 조리기 단계를 거치고, 모과정과는 세척→데치기→자르거나 거르기→꿀에 조리기 단계를 거친다. 세 가지 모두 섬유소가 많고 조직이 단단한 데다가 매운맛이나 떫은맛, 신맛이 강하기 때문에 데쳐서 강한 맛을 우려내는 전처리 과정이 필수였다. 생강은 2~3회 새 물로 바꿔 삶아 매운맛을 뺐는데 심지어 이 과정을 세 차례 이상 반복한 경우도 여럿이다. 조직이 단단하고 떫은맛이 있는 연근도 전처리가 복잡하다. 껍질을 벗기고 써는 과정을 빼도 데치고→물(혹은 소금물)에 담그고→물기를 제거하는 과정이 필요하다. 16권의 옛문헌에 나온 조리법 중 12권에서 썰기 전후에 데치거나 삶거나 쪄서 연근을 부드럽게 만들었다. 두 가지 모두 꿀에 조리기 전에 데치는 전처리 과정은 필수로 보인다. 그런데 〈반찬등속〉의 정과에는 생강과 연근의 전처리 과정이 생략되어 있다.

또 앞 장에서 설명했듯 조리는 과정이 나오지 않아 설명대로 세척하고 썰어 바로 다양한 농도의 꿀물에 담그는 실험을 몇 차례 진행했다. 상온에 두었을 때 3~4일이 채 지나지 않아 꿀에 거품이 생기고 묽어졌다. 생강과 연근은 하루가 지나기 전에 쪼그라들기 시작했다. 급격한 삼투압 작용이 일어나 조직의 수분이 너무 빨리 배출되었기 때문이다. 정과 특유의 투명감이나 식감도 생기지 않았다. 〈반찬등속〉에 나온 지시만으로는 연근이나 모과, 생강은 하늘이 두 쪽 나도 정과가 되지 않는다. 물론 당침만으로 만들 수 있는 정과도 있다. 〈규합총서〉에 나오는 귤정과가 그렇다. 차이는 무엇일까. 조직의 단단한 정도가 아닐까.

이제 박고지정과로 넘어간다. 〈반찬등속〉에도 박고지정과에는 재료를 미리 데치고 조청에 조리는 과정이 기술되어 있다. 모과와 연근, 생강 정과에 이 과정이 빠진 것은, 다른 옛 조리서와 마찬가지다. 집안 사람에게 남긴 조리서이니 이미 아는 과정은 생략하고 중요한 포인트만 설명했기 때문이다.

표 7. 옛 조리서에 나온 연근정과

시기	문헌	만드는 법				
		주재료 손질 1차	주재료 손질 2차	조리기 1차	조리기 2차	저장과 기타
1766년	증보산림경제	초가을에 연한 햇연근을 뜨거운 물에 데쳐 반숙한 뒤에 껍질 벗겨 길게 썰거나 편으로 만들어	소금물 한 사발에 담근다. 식은 후 2시간쯤 지나 건져내어 말리고 6냥의 꿀에 담가 간수를 제거하고	별도로 10냥의 꿀에 약불로 조려 호박색이 되면		식혀 저장한다.
		대나무 체에 담아 솥에 넣어 대략 삶아 꺼내어 임의대로 썰어		꿀물에 잘 섞어서 약한 불에 조려	즙이 다 졸아들면 별도로 꿀을 첨가하여 조린다.	때때로 뜨는 거품을 걷어내야 하는데 이 방법 역시 좋다.
1809년	규합총서	연근 연한 것을 깨끗이 긁어	두께를 알맞게 썰어	꿀물에 대친 후	꿀에 지어 쓴다.	
1827년	임원경제지	초가을에 연한 햇연근을 데쳐서 반쯤 익혀 껍질을 벗겨 길게 또는 편으로 자른다.	연근 1근에 백매 4냥과 함께 끓는 물 한 사발에 2시간 정도 담갔다가 건져낸다.	꿀 6냥을 넣고 조려 물을 따른다.	다시 좋은 꿀 10냥을 넣고 뭉근한 불에서 호박색이 될 때까지 조린다.	식혀서 항아리에 넣어 저장한다. 〈구선신은서〉
		연근을	비스듬히 잘라서	꿀과 물을 반반씩 부은 후 뭉근한 불로 조린다.	즙이 마르면 다른 꿀을 더 넣고 조리는데 때때로 뜨는 거품을 걷어낸다.	
1854년	음식법 (윤씨)	해묵은 굵은 연근의 겉껍질을 칼로 긁어내고 바느질용 자 한 푼 두께쯤 비스듬히 저며	살짝 데쳐내어 모두 씻어	생강 저며 넣고 꿀에 기름 한 술 쳐 끓여 약불로 짓되 연근정과 빛은 검붉어야 좋으니 무한 천천히 약불로 지으라.		늘 묻어 국물이 있으면 윤이 없으며 건지 건져 꿀을 타고 즙이 끈끈해져야 쓴다.
1890년대	시의전서	연근은 한 번 삶아 그 물을 버리고 어슷어슷하게 저며	다시 물 부어 삶는다.	이때 꿀을 조금 타서 삶다가	꿀을 또 넣어 조려서	물이 없고 엉기어 끈끈해지면 쓴다.
1896년	규곤요람 (연세대)	연근은 돈 두 푼 두께 만큼 썰어서		꿀을 넣어 생강처럼 국자로 저어가며 조린다.		몸이 진득진득하면 다 되나니라.
1915년	부인필지	연근은 데쳐		생강정과와 같이 하는 법이니라.		
1917년	조선요리제법 초판	연근을 두어 날 동안 물에 불려서	삶아 가지고	설탕물에 조리나라.		
1939년	조선요리법	연근도 정과거리로 만들어놓고 파는 것을 사다가		설탕물을 끓이다가 조려 냅니다.		
		만일 생 것이면 껍질을 벗겨서 썰어 가지고 알맞은 두께로 썰어서		흑설탕과 꿀을 섞은 후 물을 조금만큼 타서 끓이면서 볶아 조립니다.		
1940년대 말	가정요리 (고려대)	연근을(연근 중간 크기 2뿌리, 물 6잎반) 깨끗이 씻어서 그대로 반푼 두께로 썰어서	물을 많이 붓고 오래 끓여서 연근이 잘 무르거든 물을 따라 버린다.	다시 물을 6잎을 붓고 설탕을 넣은 다음 숯불에 3시간 동안 조리는데 처음에는 설탕을 절반만 넣고 조리다가	나중에 설탕을 더 넣고 약한 불에서 은근히 조려야 한다.	이렇게 해서 빛이 검붉고 윤택이 나고 졸깃졸깃하게 되면 잘된 것이다. 상에 놓을 때는 잣을 두세 개씩 맞붙여서 얹어 놓으면 곱고 깨끗하다.
1948년	우리음식	연근을 껍질 벗겨 4mm쯤 되는 두께로 썰어	물에 얼마 동안 삶아 연하게 되거든.	꿀을 넣고 소금 치고 푹 삶다가	물기가 거진 없어질 만하면 강한 불로 한 번 끓여낸다.	재료: 연근 반 개, 물 4 대시리터(dl), 꿀 1대시리터(dl), 소금 약간

표 8. 옛 조리서에 나온 모과정과

시기	문헌	만드는 법				
		주재료 손질	데치기	조리기 1차	조리기 2차	저장과 기타
1680년경	요록	모과의 껍질과 속과 씨를 제거하고 살만 골라	1근을 쪄서 익히어 부순다. 동이 안에 넣고 갈아서 죽같이 만든 후	꿀 2근과 생강가루 1냥중을 넣고 골고루 잘 섞어서 사기그릇에 담은 후 두 차례 끓여 익힌다.		맛을 보아 만일 맛이 시면 꿀을 더 넣고 맛이 달고 매우면 깨끗한 그릇에 담아 저장하는데 백단 가루와 뇌사를 넣고 끓여 먹는다. 겨울에 좋고 여름에는 좋지 않다.
1809년	규합총서	모과를	무르게 꽤 삶아 삶은 국물은 죄 따르고	매우 고운 꿀을 모과가 잠기게 부어 녹을 만하거든 즉시 그릇에 담아야 빛이 상하지 않고,		삶은 국이 조금 있어도 빛이 곱지 않고 꿀이 조금 글러도 산사와 달라 빛이 곱지 않다.
1854년	음식법(윤씨)	잘 익고 못 없는 모과를 길이와 두께를 망치같이 길쭉하고 반듯하게 썬다.	하늘 뵈면 푸르다 하나니 쇠 나지 않는 새옹솥이나 탕관에 국물을 조금 붓고 삶아	건질 때 아주 꿀을 한소끔 끓여 꿀맛이 든 후 푸고		생강을 저며 한데 넣어 삶으면 생강 맛이 들게 한다. 구태여 담아 쓸 때도 생강 담지 말고 쓴다.
1890년대	시의전서	쪽정과는	삶은 물을 모두 따라 버리고 무르게 삶아	꿀을 잠기도록 부어 녹을 만하거든 즉시 그릇에 담아야 빛이 상하지 않는다.		삶은 국이 좀 있어도 빛이 없고 꿀이 글러도 빛이 곱지 않다.
1896년	규곤요람 (연세대)	모과를 껍질 벗기고 속 파버리고 척척 저며서	쪄서 체에다 걸러서	꿀을 넣어 조합하여 냄비에 좀 조리나니라.		
1917년	조선요리제법 초판	모과를 1푼 두께 3푼 넓이 1치 길이씩 썰어	물에 삶아낸 후	꿀물이나 설탕물에 조리나니라.		
1924년	조선무쌍신식 요리제법					모과를 산사정과 하듯 똑같이 만들되 생강즙을 쳐서 하는 것이 매우 좋으니라.
		모과를 껍질 벗기고	삶아서 물에 담가 신맛을 빼어 버리고	꿀을 쳐서 다시 달여둔다.		
		씨를 빼고	무르게 쪄서 으깨어 질게 만들어	꿀과 생강즙 치고 달여서 먹는다.	겨울에 더욱 좋으니라.	
1939년	조선요리법	모과를 껍질 벗기고 얄팍하게 저며서	솥에 쪄가지고 식기 전에 체에 다 걸러서	설탕이나 꿀을 타서 쓰는데		색을 내려면 반씩 갈라서 딸기 물을 섞어 쓰면 좋습니다.
1948년	우리음식	모과를 씻어 방망이로 지근지근 이겨	금속이 아닌 그릇에 물을 자작하게 붓고 삶아서 체에 걸러서 씨와 기타 찌꺼기를 버리고	꿀을 넣어 끓여 조린다.		시고 떫은 맛이 과한 것은 한두 번 삶아 버리고 하여야 하고 방망이로 이기지 않고 썰어도 좋으나 익숙히 하지 않으면 쇠붙이는 아무쪼록 아니 써야 맛이 줄어들지 않는다.
1957년	이조궁정 요리통고	모과는 껍질을 벗기고 얇게 저며서		꿀을 넣고 졸깃졸깃할 때까지 끓인다.		저미고 남은 찌꺼기는 솥에 쪄서 체에 걸러 꿀이나 설탕을 넣고 끓여 만든다. 이 전과는 각색 전과의 위에 떠 놓는 것이다.

표 9. 옛 조리서에 나온 생강정과

시기	문헌	만드는 법				
		주재료 손질	데치기	조리기 1차	조리기 2차	저장과 기타
1450년경	산가요록	생강을 얇게 썰어		꿀과 섞고 노구솥에 넣어 밤새도록 매우 연해질 때까지 은근히 조리고	다시 꿀을 섞어 먹는다.	
1540년경	수운잡방	생강 껍질을 벗기고 얇게 저며서		꿀물에 오래 조린다.	물을 따라내고 다시 꿀을 넣어 조려서	저장해 두고 쓴다.
1766년	증보산림경제	추사(秋社) 전에 연한 싹의 생강을 골라 칼로 껍질을 벗겨 없애고 넓은 조각으로 자르되 두께는 1푼 정도로 하여	냄비 물에 넣고 약한 불에 달여 매운맛을 없앤다. 물을 갈아 세 차례 끓이되 매운맛이 8~9할 없어지기를 기다려	생강을 꺼내어 별도로 꿀과 물을 반반씩 섞어 생강을 조리는데 불 역시 약하게 하여	즙이 다 졸아들 정도가 되면 또 조린 꿀을 넣는다.	
1809년	규합총서	생강을 말끔히 벗겨 칼날이 비치게 뿔대로 저며	두 번 삶아 물은 버린다.	꿀을 물에 달게 타 넣어 약불로 숯불에 짓되.	반쯤 더 되거든 꿀을 채야 윤이 흐르니 끈끈하여 엉기어 붙어야 좋다.	통노구솥 뚜껑을 자주 벗겨 이슬 맺힌 것 없이 하라. 이슬이 떨어지면 정과가 윤이 없다.
1800년대 초	주방	껍질 벗겨 편 지어	잠깐 데처	꿀 합하여 노구솥에 담고 아침부터 낮이 되도록 달여		항아리에 넣되, 꿀을 몸에 스며들게 하라.
1854년	음식법(윤씨)	좋은 생강을 쪽 떨어지지 아니하게 쳇물 조금 섞어 데처	정히 벗겨 제 모양대로 도도이 지며 또 삶아 매운맛을 뺀 후	새옹솥에 건져 넣고 좋은 꿀 부어 약불로 끓여	기름 한 술 넣고 보아가며 차차 꿀을 타 약불로 지으면	즙이 끈끈하여 윤이 져 곱다. 불이 세거나 뚜껑을 오래 덮거나 하면 잘되지 않는다.
		급히 쓰려거든 고운 생강을 가느다랗게 채 처 잔 부스러기 없이 하고	잠깐 데처	꿀을 끓이고	생강채를 넣어 잠깐 끓이고 치잣물을 진하게 하여 타면 빛이 노랗고 맛은 생신하니	첫가을 햇산사 지른 정과에 곁들이면 아름다우니라.
1890년대	시의전서	생강 껍질을 깨끗이 벗기고 얇게 저며	두 번 삶고 삶은 물은 버린다.	꿀을 물에 달게 타 뭉근하게 약한 불로 숯불에 조린다.	반 정도 졸았을 때 꿀을 더 쳐야 윤이 나고 끈끈하여 엉기어 붙어 좋다.	통노구솥 뚜껑을 자주 열어 이슬 맺힌 것이 없게 하는데 이슬이 떨어지면 윤이 나지 않는다. 가을에 생강정과는 껍질 벗긴 다음 쪼개서 통으로 삶아서 한다.
1896년	규곤요람(연세대)	생강을 얇게 잘 썰어	두어 번 삶아 물 버리고	꿀을 넣어 조리되 숟가락으로 자주 저어 보아		몸이 진득진득하면 잘 된 것이라.
1917년	조선요리제법 초판	생강을 껍질 벗기고 얇게 저며서	물에 삶아 매운 물을 따르고 새 물을 부어 다시 끓여 또 물을 따른 후	설탕물에 조리나니라.		
		생강을	삶아 물은 버리고	꿀물 넣어 약불로 조리되		새옹 뚜껑을 자주 열어 이슬을 스쳐야 정과가 윤택하나니라.

051.

박고지정과

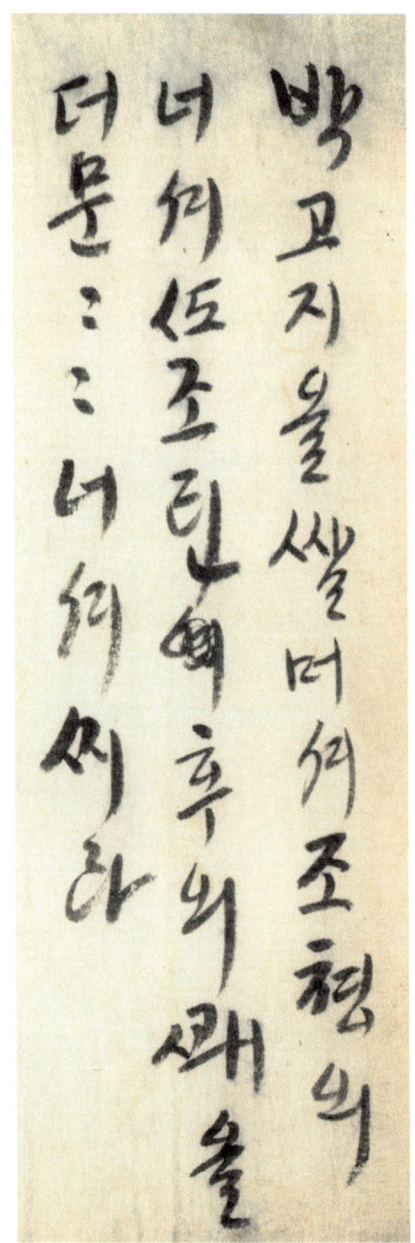

박고지을 쌀머셔 조쳥의 너셔 쏘 조린 후의 쇄을 더문더문 너셔 찌라.

박고지를 삶아 (먹을 만한 길이로 잘라) 조청에 넣어 조린 후에 깨를 드문드문 넣어 쪄라.

(먹을 만한 길이로 잘라)를 넣은 이유
박을 반 갈라 속을 긁어내고 얄팍하게 썰어 햇볕에 말린 것이 박고지다. 대체로 길이가 길어 잘라 조리해야 편하다. 〈반찬등속〉에 나오는 재료 중에서 유사한 것이 토란 줄기다. 이 조리법의 설명을 그대로 가져와 '머걸 만치(먹을 만한 길이로)' 자르는 과정을 추가했다. 박고지정과는 〈반찬등속〉을 제외한 어떤 옛 조리서에도 나오지 않아 1980~1990년대 발간된 요리책을 참고했다.

박고지정과, 옛 조리서 중 유일하다

〈반찬등속〉의 박고지정과 만들기

정과 박고지 30g, 참깨 약간
당액 조청 150g, 물 450g

1. 박고지를 주물러 깨끗이 씻는다.
2. 끓는 물에 박고지를 넣고 부드러워질 때까지 삶는다.
3. 박고지가 부드럽게 삶아지면 꺼내 찬물에 헹궈 5cm 길이로 썬다.
4. 냄비에 박고지와 조청 80g을 넣고 물을 붓는다.
5. 박고지를 약불로 서서히 조린다. 거품이 뜨면 걷어낸다.
6. 조청이 절반으로 줄면 나머지 조청 70g을 넣는다.
7. 뚜껑을 덮지 않고 약한 불에서 끓인다.
8. 바닥에 눌어붙지 않게 살살 뒤적이며 여분의 조청을 졸인다.
9. 박고지정과를 뜨거울 때 체에 밭쳐 여분의 조청을 제거한다.
10. 사이사이에 깨를 뿌리고 찜통에 쪄서 항아리에 넣어두고 먹는다.

박고지정과의 역사와 맥락 찾기

〈반찬등속〉의 박고지에는 정과라는 이름이 붙어 있지 않다. 하지만 설명을 읽으면 여지없이 정과다. 게다가 연근과 모과, 생강 정과 설명에는 없는 재료를 전처리하고 당액에 조리는 과정까지 완벽하게 나와 있다. 드물게 당 재료로 꿀이 아닌 조청을 썼을 뿐이다.

조선 시대 문헌이나 〈반찬등속〉과 비슷한 시기에 나온 옛 조리서 어디에도 박고지정과는 나오지 않는다. 일제강점기와 광복 이후부터 1970년대까지 출간된 요리책을 뒤졌지만 찾지 못했다. 물론 내가 확인할 수 있는 범위에서 그랬다는 이야기다. 다만 〈음식법(윤씨)〉에 고표정과가 이름만 나오는데, 고표가 박이다. 박고지인지는 확실치 않다.

박은 낯선 재료가 아니다. 한국인이라면 모를 수가 없다. 〈놀부전〉에서 놀부든 흥부든, 이들 형제가 톱으로 슬금슬금 탄 것이 바로 박이다. 오래전부터 여러 지방에서 생박이나 고지, 오가리로 음식을 해 먹었다. 농촌진흥청에서 발간한 〈전통향토음식용어사전〉에는 전라도의 박고지나물, 충북의 박김치, 강원도와 전남, 경남의 박나물, 전남의 박속나물, 충남의 박속낙지탕이 나온다. 이렇게 흔한 박으로 정과를 만들지 않았다는 것이 오히려 이상할 지경이다.

그러다 1980년대에 출간된 요리책에서 발견했다. 1987년에 발간된 강인희의 〈한국의 맛〉이다. 박오가리정과라는 이름을 달고 경상도 향토 음식으로 소개되었다. 같은 해 출간된 김연식의 〈산채요리〉에도 실렸다. 이 책에는 박고지정과로 나온다. 1991년에 나온 윤서석이 쓴 〈한국의 음식용어〉에서는 박고지정과를 '박고지를 빨갛게 될 때까지 엿물에 고아서 설탕을 묻히고 참깨를 뿌린 것'이라 설명한다. 엿물(조청)을 쓰고 깨를 뿌린다? 〈반찬등속〉의 박고지정과와 만드는 법이 똑같다. 박고지정과는 특별한 맛이나 별 효능이 없어 지금은 잘 만들지 않는다.

1990년대 이후 출간된 요리책에 나온 박고지정과는 대부분 식용 색소를 넣어 색정과로 만들었다. 긴 박고지를 자르지 않고 그대로 설탕 시럽과 물엿에 색 재료를 넣어 조리면 그야말로 유리처럼 투명하고 신축성이 좋아 잘 구부러지고 휘어지는 색이 고운 정과가 된다. 그것으로 리본이나 꽃 모양을 내 떡이나 한과의 장식으로 쓴다.

〈반찬등속〉 박고지정과의 분량 정하기

〈반찬등속〉에는 박고지정과의 분량이 나오지 않았다. 다른 옛 조리서에 박고지정과가 나오지 않으니 참고할 만한 문헌도 없었다. 그래서 조청의 분량은 앞에서 예로 든 세 가지 정과의 꿀 비율과 동일하게 120% 넣었다. 만드는 법은 1987년에 나온 〈산채요리〉의 박고지정과와 1984년에 출간된 〈한국민속종합조사보고서〉 15권의 무정과를 참고했다. 무정과는 황해도 향토 음식으로, 무를 조청에 조려 후추가루와 통깨를 뿌려 항아리에 담아 두고 먹는다. 이 책의 무정과 설명은 다음과 같다.

재료
무, 조청 적당량, 후추가루 약간, 통깨 약간

만드는 법
① 무 말랭이 크기만큼 네모지게 썬다. 조청에다 무를 넣어 약한 불에 은근히 조린다.
② 후추가루와 통깨를 넣어 작은 항아리에 담아두고 먹는다.

설명만 봐도 〈반찬등속〉의 박고지정과와 유사해 재료를 무에서 박고지로 바꾸면 그대로 읽힌다. 무나 박고지나 특별한 맛이 없으니 깨나 후추 같은 향신 재료를 넣어서 맛을 돋웠을 것이다. 다만 잘 만든 박고지정과는 쫀드기같이 씹는 맛이 있다.

표 10. 1980~1990년대 요리책에 나온 박고지정과

시기	1987년	1987년	1991년	1991년	1992년	1998년
문헌	한국의 맛	산채요리	한국의 음식용어	하선정 요리대전집 2권	한국요리전집	전통한과
저자	강인희	김연식	윤서석	하선정	하숙정	최순자
이름	정과	박고지정과	박고지정과	박고지정과	박고지정과	박고지정과
재료	엿물, 설탕, 소금	박오가리 50g, 물엿 150g		박고지 1묶음(200g), 물 2컵, 설탕 2/3컵, 조청 1/3컵	박고지 200g, 물 4컵, 설탕 1.5컵, 조청 1/2컵, 잣 1큰술, 소금, 참기름	박고지, 물엿, 꿀, 설탕, 물, 색소(오미자, 치자, 식용 녹색 색소)
설명	정과는 각 계절에 나는 과실이나 채소 등을 엿물에 무치거나 조린 음식으로, 후식의 일종이다. 박오가리는 물에 담가두었다가 삶아서 조린다.	① 박 껍질을 숟갈로 긁거나 칼로 깎아 속을 파낸 후 얄팍얄팍하게 썰어 햇볕에 말린 박오가리를 물에 담가 불려 손으로 조물조물해서 깨끗이 씻어 헹군 다음 4cm 길이로 썬다. ② 냄비에 불린 박오가리와 분량의 물엿을 넣고 물을 넉넉히 부은 후 약한 불에서 서서히 조린다. ③ 거의 다 졸았을 때 다시 물엿을 넣어 노릇노릇하고 윤기가 나도록 조린다.	박고지를 빨갛게 될 때까지 엿물에 고아서 설탕을 묻히고 참깨를 뿌린 것.	① 박고지는 뜨거운 물에 충분히 불려서 20cm 길이로 썰어 놓는다. 박고지는 삶아서 썰어도 된다. ② 두껍고 넓은 냄비에 물과 설탕을 넣어서 끓으면 박고지 삶은 것을 넣고 센불에서 끓인 후 은근한 불에서 서서히 조린다. ③ 어느 정도 조려지면 조청을 넣어 다시 한번 조려야 투명하고 쫄깃거린다. ④ 정과가 완성되면 불에서 내려놓고, 쟁반에 기름을 바르고 하나씩 떼어놓는다. ⑤ 박고지정과를 한 줄기씩 예쁘게 말아 그릇에 담는다.	① 박고지는 뜨거운 물을 부어 충분히 불린 다음 물기를 짜고 가지런히 매만져 15cm 길이로 썰어 놓는다. ② 밑이 두꺼운 냄비에 물과 설탕을 넣고 혼합하여 끓기 시작하면 박고지 썬 것을 넣어 센불에서 끓인다. 끓을 때 생기는 거품은 어느 정도 걷어내고 불을 줄여서 서서히 조린다. ③ 국물이 반 정도 졸아들면 조청을 넣어서 다시 한번 서서히 조려야 투명하고 쫄깃하게 된다. ④ 연한 갈색으로 정과가 완성되면 참기름을 둘러 불에서 내린다. ⑤ 쟁반에 정과를 하나씩 떼어 놓고 꾸덕꾸덕해지면 리본 모양으로 꼬아서 잣을 반 갈라 고명으로 붙인다.	① 박고지는 미지근한 물에 충분히 불린다. ② 불린 박고지는 삶아 건져 채반에서 물기를 뺀다. ③ 박고지는 미리 적당한 길이로 썬다. ④ 밑바닥이 두꺼운 그릇에 물, 설탕, 물엿을 넣고 끓이다가 박고지를 넣고 반쯤 조린 후, 꿀을 넣고 약한 불에서 조려 매듭 모양, 매작과 모양 등 여러 가지 모양을 만든 후 체에 밭쳐 식힌다.
기타	경상도 향토 음식	끓는 도중에 생기는 거품은 숟갈로 걷는데, 이때 숟갈을 찬물에 담갔다 하면 깨끗이 걷어낸다. 조리는 도중에는 휘젓지 말 것. 박오가리는 빛깔을 하얗게 하기 위해 식촛물에 담갔다 말리기 때문에 쓰기 전에 충분히 물에 담가 우리도록 한다.		박고지는 박을 반을 잘라서 씨를 긁어내고 껍질을 벗겨낸 다음 돌려가며 길게 껍질을 벗기듯이 말린 것을 말한다.		

057.

이름만 있고 만드는 법이 나오지 않는다

〈반찬등속〉 문자집 한과

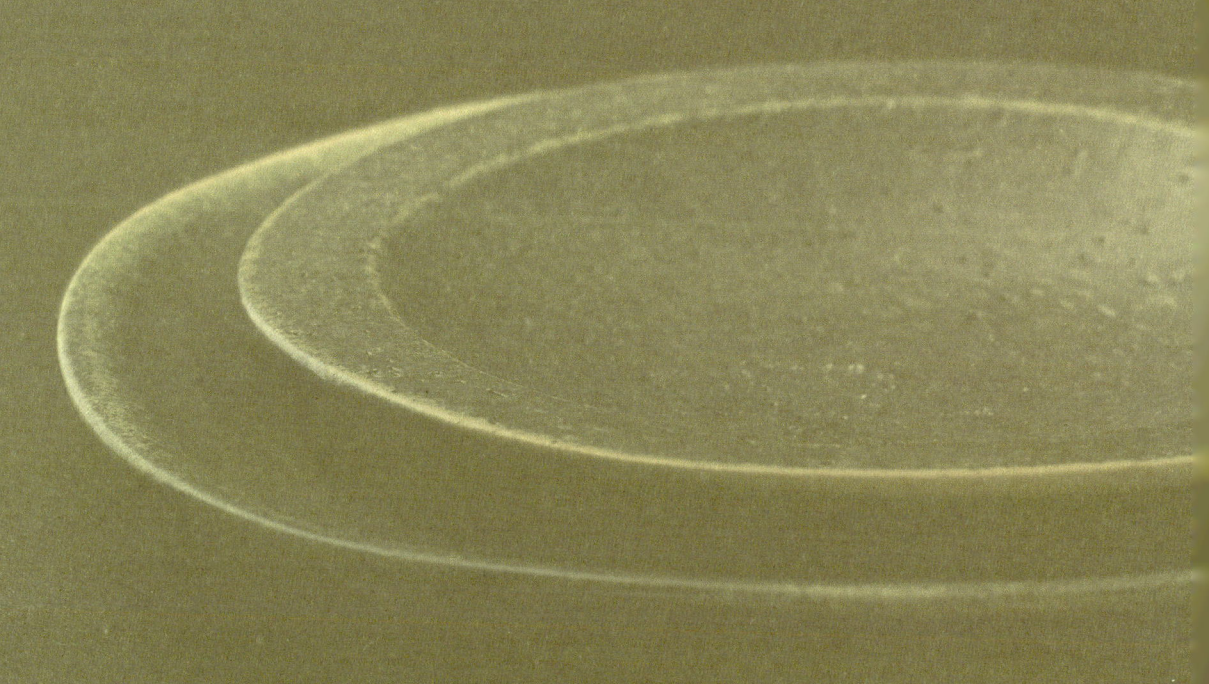

다식

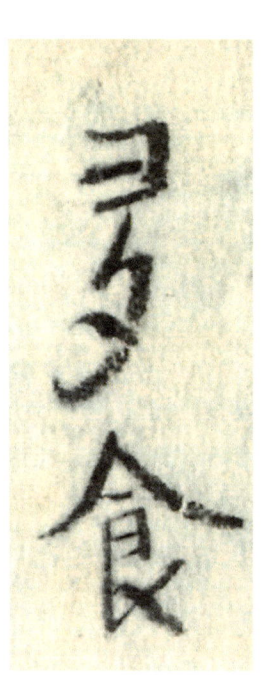

(파란콩 고물을 곱게 하여) (승검초는 가는체에 쳐서 섞어 다식판에 박는다.) (황률은 찧어 체로 쳐서 꿀로 반죽하고) (송화는 좋은 송화를 가는체로 쳐서 꿀에 반죽하여 박는다.)

(파란콩 고물을 곱게 하여)를 넣은 이유
〈반찬등속〉에는 화병이라는 떡이 나온다. 찹쌀을 인절미처럼 만들어 달걀지단을 고물로 붙이고 마지막에 파란콩 가루를 살짝 뿌린 떡이다. 파란콩, 즉 청태 관련 문구는 거기서 빌려왔다. 〈반찬등속〉 화병에서 인용

(승검초는 가는체에 쳐서 섞어 다식판에 박는다)를 넣은 이유
궁중 의궤를 보면 청태다식을 만들 때 승검초 가루를 같이 넣었다. 콩과 승검초의 비율은 3:1 또는 5:1이었다. 1901년과 1902년 진연 의궤 재료 참고

(황률은 찧어 체로 쳐서 꿀로 반죽하고)를 넣은 이유
〈규합총서〉에서는 황률 가루가 곱지 않으면 다식이 사납다고 했다. 체에 곱게 내린다. 〈시의전서〉 인용

(송화는 좋은 송화를 가는체로 쳐서 꿀에 반죽하여 박는다)를 넣은 이유
송화다식은 옛 문헌에 가장 많이 등장하는 다식 중 하나인데, 송화가 나오는 철에 채취해 수비해서 말려 보관했다가 체에 다시 내려 사용했다.
〈조선요리제법〉 초판 인용

〈반찬등속〉의 세 가지 다식 만들기

청태다식 파란콩 가루 30g, 승검초 가루 2g, 꿀 25g
황률다식 황률 40g, 꿀 25g
송화다식 송화가루 20g, 꿀 35g

1 승검초 가루와 파란콩 가루를 각각 고운체에 내린다.
2 파란콩 가루와 승검초 가루를 섞어 꿀을 조금씩 나누어 넣으면서 한 덩어리로 뭉친다. 작게 떼어 둥글게 뭉쳐 기름 바른 다식판에 박는다.
3 황률에 물을 묻혀 분쇄기에 곱게 간 후 고운체에 내려 가루로 만든다.
4 황률 가루에 꿀을 조금씩 나누어 넣으면서 한 덩어리로 뭉친다. 작게 떼어 둥글게 뭉쳐 기름 바른 다식판에 박는다.
5 송화가루를 고운체에 내린다.
6 송화가루에 꿀을 조금씩 나누어 넣으면서 한 덩어리로 뭉친다. 작게 떼어 둥글게 뭉쳐 기름 바른 다식판에 박는다.

가장 오래 우리 곁을 지킨 한과

대부분의 문헌에는 '茶食'이라 표기했는데 〈반찬등속〉에서는 '㸃食'이라 썼다. 우리나라 제사는 원래 차를 올리는 '차례'이기 때문에 제사상에 다식은 필수였다. 옛 조리서에 많이 등장하는 다식의 재료(표 11)는 황률과 흑임자, 녹말, 밀가루 순이다. 궁중 의궤도 비슷한데, 녹말 대신 송화가 순위에 들어간다. 황률다식과 송화다식은 궁이나 민간에서 모두 많이 만들었다.

다식은 이름 그대로 차 문화에서 유래했다. 우리나라 차 문화는 신라 시대에 시작해 고려 때 꽃을 피웠다. 다식이라는 이름의 유래는 여러 가지 설이 있지만, 가장 설득력 있는 설명은 이익의 〈성호사설〉이다. 중국의 떡차 용단과 봉단을 만드는 차의 틀로 박아 만들기 때문에 다식이라는 이름이 붙었다는 이야기다. 정약용은 더 일목요연하게 정리해낸다. "세속에서 다식이라 부르는 인단은 밤이나 참깨, 송화로 가루를 만들어 꿀과 섞어 덩어리로 만들고 다식판에 넣어 꽃, 나뭇잎, 물고기, 나비의 모양으로 찍어낸다"라고. 설명이 깔끔해서 좋다. 다른 설명이 더 필요하지 않다.

〈반찬등속〉의 다식을 청태와 황률, 송화로 만든 이유

〈반찬등속〉에는 이름만 있고 설명이 없는 한과가 세 가지 나오는데, 다식이 그중 하나다. 그래서 황율과 송화, 청태로 다식을 만들었다.

청태다식을 만든 이유는 〈반찬등속〉에 나오는 떡, 화병 때문이다. 찹쌀로 인절미를 만들고 그 위에 지단채를 실같이 만들어 고물로 붙이고 마지막에 파란콩 가루를 풍긴다. 할머니는 인절미 잘 만드는 것으로 인근에 유명했는데, 백태와 청태 두 가지 콩고물을 묻혔다. 또 우리 집 별미 중에 콩고물주먹밥이 있는데, 밥을 짭짤하게 간해 뭉쳐 콩고물을 묻혔다. 청태를 띄워 청국장도 만들었다. 집에 흔한 콩이었으니 이것으로 다식을 만들었을 것이라 가정했다.

황률다식은 흑임자다식, 송화다식과 더불어 우리나라 다식 3대장이다. 주로 말린 밤으로 만들지만 말린 밤이 없을 때는 생밤을 얇게 저며 말려 가루를 냈다. 〈임원경제지〉와 〈조선요리법〉에서는 이것으로 만든 다식이 더 맛있다고 했다. 황률다식은 황률에 물을 묻혀 절구에 빻아 가루로 만들었는데, 고운 가루를 만드는 것이 중요했다. 빙허각 이씨는 〈규합총서〉에서 "가루가 굵고 꿀물에 반죽하면 거칠고 맛이 사납고 빛이 곱지 않으니" 최대한 가루를 곱게 내어 꿀에 반죽하고, "힘센 손으로 많이 비벼 다식판에 넣고 쇠방망이로 세게 두드려야 윤지고 반반하다"라고 했다. 결국 아주 곱게 가루를 내어 세게 박아야 한다는 것이다. 실제로 밤가루가 굵으면 틀에 박아도 모양이 곱게 나지 않고 잘 부서진다.

송화다식은 송화가루를 꿀로 반죽해 다식판에 박아 만든다. 되기 맞추기도 어렵지만 더 어려운 것은 채취다. 꽃이 피면 송화가 날아가니 아직 피지 않은 가지를 꺾어 말려 가루를 모아 물에 담가 수비하는 과정을 여러 차례 거쳐야 한다. 수비하지 않으면 가루가 거칠고 잡물도 많지만 무엇보다 맛도 쓰다. 옛 조리서를 보면 송화다식은 송화의 섬세한 향을 제대로 살리기 위해 특별히 빛이 희고 질이 뛰어난 꿀, 백청으로 만들었다.

표 11. 옛 조리서에 나온 다식 종류

시기	문헌	밀가루다식	밤다식	콩다식	송화다식	흑임자다식	잡과다식	용안다식	녹말다식	참깨다식	대추다식	쌀다식	산약다식	도토리다식	생강다식	갈분다식	승검초다식	잣다식	곶감다식	전복다식	건치다식	광어다식	포육다식
1450년경	산가요록	O																					
1540년경	수운잡방	O																					
1611년	도문대작	O	O																				
1600년대 말	주방문			O																			
1670년경	음식디미방	O																					
1676년	색경	O																					
1680년경	요록	O																					
1766년	증보산림경제		O		O	O	O																
1700년대	술 만드는 법	O																					
1700년대 말	온주법		O	O																			
1809년	규합총서		O		O		O	O															
1827년	임원경제지		O		O	O			O		O		O	O	O								
1830년경	농정회요		O		O	O	O		O														
1854년	음식법(윤씨)		O		O	O	O	O	O				O			O	O			O	O	O	O
1800년대 중	군학회동					O	O																
1800년대 중	역주방문												O										
1870년경	명물기략		O		O					O													
1890년대	시의전서		O		O	O		O							O	O				O			
1915년	부인필지					O	O	O												O			
1917년	조선요리제법 초판		O	O	O	O		O									O						
1924년	조선무쌍신식 요리제법		O	O	O			O							O	O							
1939년	조선요리법			O	O			O			O												

강정

(찹쌀을 정하게 쓸어서) (물에 담가 삼사일 동안 두어 썩혀 가지고 가루를 곱게 만든 후에) (다시 고운체에 또 쳐서) (펄펄 끓인 물과 좋은 술로 반죽하여) (솥에 찌되 누런빛이 나도록 익혀내어) (그릇에 담고 방망이로 오랫동안 다 풀어 가지고) (안반에 본가루 놓고 홍두깨로 밀고 칼로 썰어) (더운 방에 백지를 깔고 널어 자주 뒤집어서 마른 후에 맑은 술로 축였다가 제 몸이 눅진눅진 축거든 이를 뜯고 꼿꼿이 펴서 또 말린다.) (지짐질 냄비 둘을 예비하되 하나는 기름을 붓고 팔팔 끓이고, 하나는 기름을 붓고 조금씩 끓게 하여 강정을 한 개씩 내어 먼저 덜 끓는 냄비에 넣어 한참 두었다가 또 끓는 냄비에 옮겨 넣어 익혀내서) (엿을 바르고 튀밥을 붙인다.)

(찹쌀을 정하게 쓿어서)를 넣은 이유
많은 옛 조리서에서 좋은 찹쌀을 도정하는 과정부터 설명할 정도로 강정을 만들 때는 좋은 찹쌀을 쓰는 것이 중요하다. 〈반찬등속〉에서 식혜와 약밥에 '좋은 찹쌀을 정하게 씻어', '찹쌀을 정하게 쓿어(도정하여)'라고 강조했다. 그 문장을 그대로 가지고 왔다. 〈반찬등속〉 식혜에서 인용

(물에 담가 삼사 일 동안 두어 썩혀 가지고 가루를 곱게 만든 후에)를 넣은 근거
1670년경에 나온 〈음식디미방〉에서 찹쌀을 '하룻밤' 담갔는데, 1700년대 문헌에서는 3~4일 담그는 것으로 늘어난다. '겨울이면 한 일주일 내지 열흘가량'으로 길어진 첫 문헌은 1939년 〈조선요리법〉이다. 〈반찬등속〉이 편찬된 1913년 무렵에는 3~4일간 담갔으리라 판단했다.
〈조선요리제법〉 초판 산자에서 인용

(다시 고운체에 또 쳐서)를 넣은 이유
유과는 찹쌀가루 입자가 고와야 조직이 부드러우면서도 치밀해진다. 1700년대 문헌 〈술 만드는 법〉부터 이미 '여러 번 체에' 내렸다. 〈반찬등속〉이 편찬된 1913년은 아직 기계식 방앗간이 전국적으로 보급되지 않은 시기다. 곡식의 가루를 곱게 내는 방법은 절구에 빻아 고운체에 여러 번 내리는 것 외에는 없었다. 〈반찬등속〉 산자에서 인용

(펄펄 끓인 물과 좋은 술로 반죽하여)를 넣은 이유
끓인 물로 반죽하거나 술을 넣는 것은 조금이라도 더 잘 부풀리기 위한 과정이다. 1670년경 〈음식디미방〉부터 끓는 물과 술로 반죽했는데, 〈반찬등속〉 전후에 나온 조리서들도 마찬가지였다. 술 종류는 문헌마다 다른데 〈음식디미방〉과 〈음식법(윤씨)〉에서는 청주, 〈술 만드는 법〉에서는 약주, 〈주방〉에서는 소주나 황주, 〈조선요리제법〉 초판과 〈조선무쌍신식요리제법〉에서는 막걸리를 넣었다. 나머지는 술 종류를 언급하지 않고 그저 좋은 술 혹은 독한 술을 쓰라 했다. 결론적으로 술 종류는 중요하지 않았던 것으로 보인다. 〈반찬등속〉에는 세 가지 술이 나오는데 이 중 강씨 집안의 약주는 멀리까지 소문이 날 정도였다. 그래서 약주로 반죽했다. 〈시의전서〉 산자에서 인용

(솥에 찌되 누런빛이 나도록 익혀내어)(그릇에 담고 방망이로 오랫동안 다 풀어 가지고)(안반에 본가루 놓고 홍두깨로 밀고 칼로 썰어)(더운 방에 백지를 깔고 넣어 자주 뒤집어서 마른 후에 맑은 술로 축였다가 제 몸이 눅진눅진 축거든 이를 뜯고 꼿꼿이 펴서 또 말린다.)를 넣은 이유
이 부분은 강정의 필수적인 과정으로 〈반찬등속〉과 비슷한 시기에 발간된 〈시의전서〉 〈언문후생록〉 〈조선요리제법〉 초판에서 그대로 빌려왔다.
〈시의전서〉 〈언문후생록〉 〈조선요리제법〉 산자에서 인용

(지짐질 냄비 둘을 예비하되 하나는 기름을 붓고 팔팔 끓이고 하나는 기름을 붓고 조금씩 끓게 하여 강정을 한 개씩 내어 먼저 덜 끓는 냄비에 넣어 한참 두었다가 또 끓는 냄비에 옮겨 넣어 익혀내서)를 넣은 근거
〈음식디미방〉에는 기름에 튀기는 방법이 두 가지 나온다. 하나는 솥을 숯불에 올려 강정 바탕을 넣어 젓다가 강정이 떠오르는 순간에 잔가지를 급히 넣어 불을 세게 하는 것이고, 다른 한 가지는 매번 온도가 다른 기름 솥 두 가지를 서로 채워가며 쓰는 방법이다. 1917년에 나온 〈조선요리제법〉 초판에서는 처음부터 기름을 높은 온도와 낮은 온도 두 가지로 준비했다. 이 방법은 〈반찬등속〉 이후에 나온 조리서뿐 아니라 지금도 쓰는 방법이다. 〈반찬등속〉의 저자 밀양 손씨도 이 방법을 썼을 것이라 추정했다.
〈조선요리제법〉 초판 산자에서 인용

(엿을 바르고 튀밥을 붙인다)를 넣은 근거
〈반찬등속〉에 나오는 한과 중 고물이 붙는 것은 산자다. 그대로 가지고 왔다.
〈반찬등속〉 산자에서 인용

강정은 연회상의 꽃이다

〈반찬등속〉의 강정 만들기

반죽 찹쌀 380g, 약주 60g
고물 조청 600g, 세건반 60g, 파란콩 가루 80g, 통깨 60g
튀김 기름 적당량

1. 찹쌀을 깨끗이 씻어 물에 3~4일 동안 썩도록 담가둔다.
2. 찹쌀을 물에 여러 번 깨끗이 헹궈 냄새를 없애고 체에 밭쳐 물을 뺀다.
3. 물 뺀 찹쌀을 곱게 빻아 고운체에 여러 번 내린다.
4. 찹쌀가루에 약주를 섞고 뜨거운 물로 익반죽한다. 덧가루용 찹쌀가루를 남겨놓는다.
5. 김이 오르는 찜통에 반죽을 올려 30분 이상 푹 찐다.
6. 누렇게 푹 쪄졌으면 꺼내 양푼에 부어 방망이로 10분 정도 꽈리 친다.
7. 도마 위에 덧가루용 찹쌀가루를 깔고 반죽을 올린다. 위를 다시 찹쌀가루로 덮는다.
7. 반죽이 식으면 밀대로 얇게 밀어 5×0.7cm 길이로 썰어 강정 바탕을 만든다.
8. 따뜻한 방에 한지를 펴고 강정 바탕을 일렬로 놓는다. 가끔씩 앞뒤를 뒤집어 골고루 말린다.
9. 바탕이 잘 마르면 체에 담고 약주를 뿌려 하나씩 떼어 다시 말린다.
10. 냄비를 두 개 준비해 기름을 붓고 하나는 100℃, 하나는 160℃로 기름을 끓인다.
11. 낮은 온도의 기름에 강정 바탕을 넣어 불리다가 끝 쪽이 부풀기 시작하면 높은 온도의 기름으로 옮겨 팽창시킨다.
12. 다 부풀면 꺼내어 기름을 뺀다.
13. 조청을 녹여 팽창된 강정바탕에 바른다.
14. 큰 그릇에 세건반을 담고 튀긴 강정을 넣어 까불러 고물을 묻힌다.
15. 통깨와 파란콩 가루도 같은 방식으로 묻힌다.

고급스러운 한과의 중심

강정은 〈반찬등속〉에 이름만 나온다. 설명은 없다. 표기도 흔히 많이 쓰는 한자 '強精'이나 '剛丁' 대신 '江丁'이라 썼다. 음차어이기 때문에 어떻게 쓰든 상관없다.

강정은 어느 것 하나 소홀히 해서는 제대로 완성되지 않는다. 잘 부푼 것 같아도 기름에서 꺼내면 꺼지기도 하고, 꺼지지 않아도 잘라보면 단면의 조직이 균일하지 않고 큰 구멍이 뻥뻥 나 있기도 하다. 모양이나 내부 조직이 합격이라 해도 막상 입에 넣고 씹었을 때 아삭한 식감이 나지 않고 스르르 녹지 않으면 실패다. 모양을 균일하게 부풀리는 것도 어렵다. 마치 뿔이 난 것처럼 여기저기 울퉁불퉁하고 배 아픈 아이처럼 강정 허리가 굽어 있다. 잘 부풀어 균형 잡힌 외관, 균일한 망상 구조를 가진 속살, 씹었을 때 바삭한 경도, 혀에 닿으면 살살 녹는 식감을 가진 강정을 만드는 것은 결코 쉽지 않다.

대한제국 때까지 14회의 연회에 강정은 총 마흔 그릇 올랐다. 평균적으로 연회상에 세 그릇의 강정이 오른 셈인데, 같은 것을 여러 그릇 놓은 것은 아니다. 각기 다른 고물을 붙였다. 가장 많이 올린 것은 오색강정이다. 다섯 가지 색의 재료는 늘 같지 않았지만 대체로 흰색은 백세건반이나 잣, 노란색은 송화나 실깨, 검은색은 흑임자, 푸른색은 승검초, 붉은색은 홍세건반을 붙였다. 홍세건반은 튀밥을 체에 내려 곱게 만들어 붉은 지치 기름을 버무려 만들었다. 다음으로 많이 오른 것은 홍세건반강정과 백매화강정이다. 백매화는 찰벼를 솥에 볶아 부풀린 튀밥으로 가운데가 갈라져 꽃처럼 보인다 해서 붙은 이름이다. 튀밥의 줄을 좌우상하로 맞춰 붙이면 예술 작품 같다.

〈반찬등속〉에 나온 강정을 3~4일 담근 쌀로 만든 이유

제법이 나오지 않으니 1913년에 고조할머니가 강정을 어떻게 만들었는지 자세히 알 수 없다. 산자가 나오지만 〈반찬등속〉 산자는 밀가루로 만들었기 때문에 참고할 수 없다. 앞에서 제시한 방법은 〈반찬등속〉 전후에 나온 다른 조리서를 참고해 날실 씨실 엮듯 만든 20세기 초 강정의 모범 답안 같은 레시피, 표준 답안일 뿐이다. 다만 강정은 17세기에 쓰인 〈음식디미방〉과 〈주방문〉부터 〈반찬등속〉이 쓰인 1900년대 초, 심지어 요즘까지 기본적인 방법은 동일하다. 17세기부터 지금까지 발전한 것은 효과적으로 부풀리는 단계별 세부 사항 뿐이다.

하나하나 살펴보자. 먼저 〈반찬등속〉의 강정용 쌀은 며칠간 물에 담갔을까. 1670년경 나온 〈음식디미방〉에는 하룻밤이었던 것이, 1700년대에 나온 〈술 만드는 법〉에는 사나흘로, 1939년에 나온 〈조선요리법〉에는 다시 일주일에서 열흘로 길어졌다. 〈반찬등속〉보다 4년 늦게 나온 〈조선요리제법〉 초판을 보면 3~4일이다. 〈반찬등속〉도 마찬가지로 3~4일 정도 담갔을 것으로 추정할 수 있다.

반죽할 때 술은 1450년경에 나온 〈산가요록〉부터 거의 모든 문헌에 들어갔다. 종류는 청주나 약주, 소주 등 다양하다. 1910년 이후에 나온 〈조선요리제법〉 초판과 〈조선무쌍신식요리제법〉부터는 막걸리를 넣기 시작했다. 다양한 술을 쓴 것을 보면 종류는 중요하지 않은 것 같다. 다만 반복적으로 나오는 것은 독한 술을 쓰라는 설명이다. 술이 독할수록 잘 부풀고 기공의 모양이 작고 일정하기 때문이다. 〈반찬등속〉의 강정은 약주로 반죽했을 것이라 추정했다. 우리 집 약주는 맛있다고 인근에 소문이 자자했다. 그래서 제사나 혼례 같은 중요한 행사가 있을 때마다 담갔다. 〈반찬등속〉에 나오는 제법으로 약주를 담가 강정 반죽할 때 넣었다.

조선 전기에는 콩가루나 깨, 세반으로 국한되었던 고물도 점점 다양해져 1924년에 나온 〈조선무쌍신식요리제법〉에 이르면 승검초, 흑임자, 송화, 잣, 계피 등이 추가되었다. 여기에서는 〈반찬등속〉 이전에 나온 옛 조리서에 가장 많이 나온 세반과 깨, 콩가루를 고물로 썼다.

강정 바탕을 기름에서 팽창시키는 방법은 옛 조리서마다 복잡하게 설명하지만 원리는 동일하다. 말린 바탕을 낮은 온도의 기름에서 달래다가 높은 온도의 기름에서 튀긴다. 다른 점은 기름 온도를 한 솥은 낮게, 한 솥은 높게 유지하는 각각의 방법이었다. 어떤 조리서는 땔감의 양으로 불의 세기를 조절하고 어떤 조리서는 냉수로 뜨거운 기름을 식혀가며 썼다. 그러다 〈조선요리제법〉 초판을 보면 아예 기름 솥 2개를 각각 불에 올려 온도를 달리했다. 이 책보다 4년 일찍 나온 〈반찬등속〉도 마찬가지 방법으로 부풀렸을 것이라 추정했다.

표 12. 옛 조리서에 나온 강정

시기	문헌	만드는 법 (주재료 처리→반죽과 찌기→꽈리 치기와 성형→건조→튀기기→고물→기타)
1670년경	음식디미방	**(주재료 처리)** 가장 고른 찹쌀을 멥쌀과 싸라기 가려내 버리고 담가 하룻밤 재운다. 이튿날 아침에 바람 없는 방에 불을 덥게 때고 담갔던 쌀을 가루로 만들어 **(반죽과 찌기)** 가장 독한 청주로 된 증편같이 풀어 더운 데 잠깐 놓았다가 밥보자기에 한 접시씩 놓아 노구솥 뚜껑에 매달아 통노구솥에 약불로 쪄서 **(꽈리치기와 성형)** 안반에 놓고 홍두깨 끝으로 꽈리지게 친다. 청주를 숟가락 끝에 묻혀 안반의 떡을 다 긁어 홍두깨 끝에다 틀어 감은 후에 분가루를 안반에 두껍게 깔고 홍두깨의 깃을 숟가락 끝에 청주를 묻혀 굴려 가루에 놓고 또 가루를 덮히고 그 가루에 의지하여 비벼 수단만큼 써는데 납작납작하게 썰면 절편 같이나 조금 길쭉길쭉하게 썬다. **(건조)** 아주 더운 방에 종이를 깔고 먼저 썬 것을 족족 줄을 맞추어 펴놓는다. 아이가 바둑 두듯 낱낱이 뒤집어놓아 쉴 사이 없이 뒤집어 양쪽이 다 굳어 붙지 않도록 오래 말린다. 깨물어보아 딱딱하거든 거두어 **(튀기기)** 좋은 청주에 적셔 종이나 아무 그릇에 퍼두어 술이 스며들거든 밥보자기를 축여 많이 짜 버리고 싸서 단지에 넣어두었다가 축축해지면 이튿날 통노구를 숯불 위에 걸고 참기름 붓고 강정을 여남은 개씩 넣고 젓가락으로 급히 젓기를 그치지 말고 젓다가 보면 떠오를 고비에 잔가지를 급히 넣어 곧 불을 세게 한다. 마른 것이 좋으니 젓가락으로 계속하여 저어 달걀만 해지면 집어낸다. 덜 지지면 찌그러지니 많이 지져서 체국자로 건져 내고 끓인 기름을 양푼에 퍼 담아 냉수에 띄워 차게 하고, 또 곧 불 없이 하여 기름이 차가워졌을 때 도로 부어 강정을 먼저와 같이 젓다가 뜰 고비가 되면 또 즉시 불을 먼저 같이 넣는다. 그렇게 매번 기름 2되를 서로 채우며 지지면 기름이 적게 들고 좋다. **(고물)** 강정에 묻히는 깨를 바가지에 담아 흔들어 묻히되 바가지 둘을 가지고 서로 흔들어 만든다.
1700년대	술 만드는 법	**(주재료 처리)** 물기 없고 좋은 찹쌀을 가리어 다소를 보아서 씻으며 약주를 몇 잔 부어 담갔다가 3일 만에 작말하여 여러 번 체에 내려 좋은 **(반죽과 찌기)** 약주에 반죽하여 송편 반죽만치 하되 많이 쳐서 보자기에 잘게 들어 솥뚜껑에 매달아 노랗도록 쪄 모두 가운데까지 익거든 **(꽈리치기와 성형)** 안반에 쏟아 홍두깨로 꽈리 일도록 푹 쳐서 본가루 위에 떠놓고 밀어 칼로 알맞게 썰어 가늘고 2치 못 되는 길이로 하고, **(건조)** 가루를 묻혀 백지 깔고 뜨거운 방에 놓아야 쉬이 마르고, 자주 뒤집어가며 가운데 눌러 말려야 가운데 비지 않는다. **(튀기기)** 소주가 으뜸이오, 청주는 버금이니 만들 때나 축일 때나 마른 그릇에 체를 얹고 그 위에 수북이 담고 술을 얹어 서너 번 뒤적거려 붓든 보자기로 덮어놓아 술기 없고 쇳소리 나는 양푼에 낱낱이 뜯어 담고 쟁반 덮어 더운데 두면 속에 빼 없이 훈훈하게 축여진 후 지진다. 기름이 들어 빛이 누렇거든 종이에 퍼 놓아 잠깐 김나거든 도로 양푼에 담아두고 지진다. 새옹솥이나 번철에 기름을 갈아가며 지지는데, 자배기에 찬물을 채워 지진 솥을 두라. 그리하여야 좋으니라. 기름이 차가워지면 강정을 넣고 불 위에 놓고 자주 저으면 바로바로 일며 뜨나니, 막 뜰 때 불을 바싹 때면 발딱 부푼다. **(기타)** 쌀 담글 때부터 가루 마를 때에 그릇을 덮어 바람을 조금도 아니 들게 하고 만들 때와 말릴 때도 그리하여야 잘되나니라.
1809년	규합총서	**(주재료 처리)** 좋은 찹쌀을 깨끗이 도정해 멥쌀 가려 담갔다가 얼지 않게 찧어 고운체에 여러 번 내려 **(반죽과 찌기)** 좋은 술에 꿀을 약간 단맛 있을 만큼 타서 반죽을 부드무르만치 하여 익게 찌되, 가끔 저어 속까지 익혀내어 **(꽈리치기와 성형)** 꿀 서너 수저를 더 넣어 꽈리 일도록 잘 개어, 떡치듯 홍두깨에 감아 친다. 꽤 친 것을 분가루 두껍게 놓고 펴 반듯하게 썰라. **(건조)** 방을 끓이고 종이에 강정 만든 것을 바로 줄지어 놓고 손으로 모양을 바로 하여 자주자주 뒤집어라. 속속들이 마르거든 마르는 족족 그릇에 담아 하룻밤 사이에 다 말린다. **(튀기기)** 술에 축여 빼 없거든 그릇에 놓고 보자기 덮어 한참 두었다가 헤쳐보면 덩이지거든 가만히 강정이 상하지 않게 뜯어 모양 바로 하여 헤쳐 잠깐 넣었다가 몸이 반만 마르거든 기름 두 그릇에 담고 매우 끓여 중탕하여 채워두고 서로 번갈아 올려놓아 강정을 알맞게 넣고 약불로 젓가락으로 슬슬 젓는다. 오래 저어 막 부풀려고 하거든 불을 세게 하고, 자주 기름을 더 얹으면 잘 부푼다. **(고물과 기타)** 찹쌀이 좋지 못하거나 한 가지만 잘못해도 잘 부풀지 않는다. 푸른콩 가루를 고운체에 곱게 내리고, 즙을 만들려면 꿀을 많이 넣어 매우 조려 생강즙과 계피를 넣어 하나씩 묻히지 말고 여럿을 즙에 담가 서로 엉기게 묻혀라. 가루에 묻었다가 떼면 즙이 많이 붙어 엉겨 맛이 특별나다.
1890년대	시의전서	**(주재료 처리)** 물기 없는 찹쌀을 희게 도정하여 담갔다가 건져서 빻아 가는체로 친다. **(반죽과 찌기)** 찹쌀가루를 펄펄 많이 끓인 물과 좋은 술로 반죽한다. 반죽을 맛보아 술맛이 있는 듯하게 하여 새알심 반죽만 하게 한다. 솥뚜껑에 보자기를 달고 솥에 물을 세 번씩 갈아서 오래 찐다. **(꽈리치기와 성형)** 쪄낸 반죽을 큰 도마에 놓고 홍두깨로 꽈리가 일게 꽤 친다. 꽈리를 칠 때 반죽이 묻어나면 술을 조금씩 발라 매우 쳐 재가루로 분가루를 하여 편편한 데 놓고 알맞게 늘여 제 몸이 식거든 썬다. **(건조)** 더운 방에 백지를 깔고 널어 자주 뒤집어서 마른 후에 **(튀기기)** 맑은술로 축였다가 제 몸이 눅진눅진 축축하거든 이를 뜯고 곳곳이 펴서 또 말린다. 기름에 지지되 나무는 소나무가 좋고, 기름은 식혀가며 한다. 강정 바닥을 기름에 넣고 젓가락질을 자주 하면서 붓을 차차 때다가 강정 바닥이 일어나면 세게 때고, 꽤 지진 다음 꺼내야 죽지 않는다. **(기타)** 겨울에는 바람을 쏘이면 속이 비고, 반죽이 되면 기둥이 서고 연하지 않으며, 반죽이 질어도 기름이 배어 좋지 않으니 하기가 어렵다. 여름에는 볕에 말려도 좋다.
1800년대 말~ 1900년대 초	언문후생록	**(주재료 처리)** 좋은 찹쌀에 멥쌀 있거든 다 골라 버리고 가루 만들어 **(반죽과 찌기)** 엿초(남문 밖 엿집에서 판다) 쳐 반죽하여 증편 태에 넣고 솥에 찌되 누런빛이 나도록 익혀내어 **(꽈리치기와 성형)** 안반에 본가루 놓고 홍두깨로 밀고 칼로 썬다. □같이 썰어 지져내면 □이 같으니라. **(건조)** 방에 불 덥게 때고 말리되 바싹 말리지 말고 속이 좀 축축하거든 **(튀기기)** 즉시 항아리에 넣어 한 이틀 두어 몸이 도로 축축해지거든 내어 키에 까불면 도로 굳고 기름에 지지면 어렵지 않게 쓰되 **(고물)** 깨 무칠 때 통노구 굽에 흰엿을 물 쳐 녹이든 강정 넣고 자주 번갈아가며 엿 묻혀 깨 그릇에 집어넣고 깨 그릇을 흔들면 강정이 되나니라.
1917년	조선요리제법 초판	**(주재료 처리)** 멥쌀 섞이지 아니한 좋은 찹쌀을 물에 담가 3~4일 두어 썩혀 가지고 가루를 곱게 만든 후에 **(반죽과 찌기)** 막걸리를 조금 치고 끓는 물에 반죽을 하되, 경단 반죽보다 조금 되직하게 하여 가지고 둥글납작하게 만들어놓고, 물을 끓여 한참 끓을 때에 반죽한 것을 넣어 노랗도록 삶아내어 **(꽈리치기와 성형)** 그릇에 담고 방망이로 오래 저어서 다 풀어 가지고 넓이 3푼, 길이 7푼쯤 되게 각각 썰어 **(건조)** 더운 방에 종이를 깔고 펴놓나니, 손에 묻지 않도록 밀가루를 손에 묻혀가며 펴놓고 공기가 통하지 않게 방문을 꼭 닫고 불을 많이 때어 한편이 누렇게 익거든 뒤집어놓아서 두 편이 다 익어 노랗게 되거든 그릇에 담고 뚜껑을 잘 덮어 놓은 후 **(튀기기)** 지짐질 냄비 둘을 예비하되 하나는 기름을 붓고 팔팔 끓이고 하나는 기름을 붓고 조금씩 끓게 하여 강정을 한 개씩 내어 먼저 덜 끓는 냄비에 넣어 한참 두었다가, 또 끓는 냄비에 옮겨 넣어 익혀내서 **(고물)** 조청을 묻히고 깨를 묻힌다. 깨는 먼저 껍질을 벗기고 잠깐 타지 않게 볶아서 묻히나니라.
1939년	조선요리법	**(주재료 처리)** 멥쌀이 안 섞이고 좋은 찹쌀을 정하게 씻어서 물에 술을 3분의 1가량 (섞어) 담가서 겨울이면 한 일주일 내지 열흘가량 두었다가 건져 빻아서 고운체에다 칩니다. **(반죽과 찌기)** 물에다 술을 섞는데 가령 가루가 소두 1되이면 진품 술 반 종지가량, 설탕을 한 종지가량 섞어 고추장떡 반죽하듯 해서 솥에다 찝니다. **(꽈리치기와 성형)** 김이 잘 오르거든 양푼 같은 데다 방망이로 오래 저어 꽈리가 일도록 해서 재가루를 뿌리고 얄팍하게 밀어 가지고 무장아찌 썰 듯 썰어서 **(건조)** 바람이 안 통하게 주의하며 말립니다. **(튀기기)** 아주 바싹 말리지 말고 갈라보아 가운데가 아직 덜 말랐을 때 참기름을 끓이다가 지져냅니다. 잘된 것은 손가락같이 잘 일어나지만 잘 안 된 것은 일어나지 않고 부서집니다. **(고물)** 거죽 묻히는 데 따라 이름이 다릅니다. 깨강정, 잣강정, 콩강정, 매화강정 이런 식으로 이름이 다릅니다.

빙사과

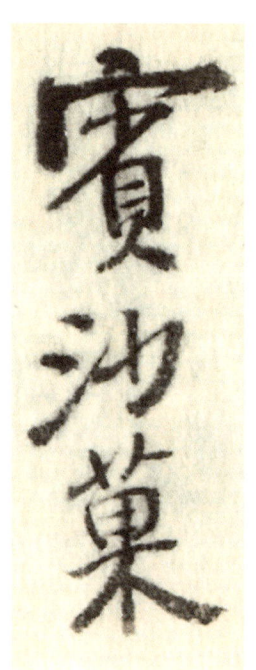

(찹쌀은 강정과 같이 만들어 쪄서 밀대로 밀고) (빙사과 바탕은 강정 썰어 둘 때 빙사과도 썰어 두나니라. □같이 칼로 썰어) (그대로 기름에 지져서) (녹은 엿을 본밑에 묻히되, 다 골고루 묻거든 식지 않게 하여 빙사과 판에 넣고 꾹 눌러 굳은 후에 자로 재어 칼로 자르라.)

(찹쌀은 강정과 같이 만들어 쪄서 밀대로 밀고)를 넣은 이유
빙사과는 강정감을 자르고 남은 반죽으로 만든다. 옛 조리서도 대부분 강정이나 산자 만들 때 반죽하는 법을 자세히 설명하고 빙사과에서는 바탕의 성형 방법에 대해서만 설명한다.

(빙사과 바탕은 강정 썰어 둘때 빙사과도 썰어 두나니라. □같이 칼로 썰어)를 넣은 이유
옛 조리서에서는 빙사과의 바탕은 반죽을 쌀알이나 팥, 수단 크기로 썰라고 했다. 여기서는 《반찬등속》과 쓰인 시기가 비교적 비슷한 《언문후생록》을 인용했다. 《언문후생록》 빙사과에서 인용

(그대로 기름에 지져서)를 넣은 이유
빙사과는 높은 온도의 기름에서 한 번에 부풀린다. 《산가요록》은 잘 끓는 기름, 《온주법》은 불 좋게 하여 지지라 했고, 다른 문헌들은 불이 세기에 대해서는 특별한 언급이 없다. 《조선요리제법》 초판 빙사과에서 인용

(녹은 엿을 본밑에 묻히되, 다 골고루 묻거든 식지 않게 하여 빙사과 판에 넣고 꾹 눌러 굳은 후에 자로 재어 칼로 자르라)를 넣은 이유
1450년경 나온 《산가요록》부터 1939년에 나온 《조선요리법》까지, 빙사과 만드는 법은 거의 동일하다. 문헌마다 다른 것은 황색이나 붉은색 빙사과의 유무 정도다. 《반찬등속》과 시기가 가장 비슷한 《언문후생록》을 인용했다.
《언문후생록》 빙사과에서 인용

빙사과, 강정에 엿강정을 더하다

〈반찬등속〉의 빙사과 만들기

반죽 빙사과 바탕 100g
접착 시럽 조청 160g
튀김 기름 적당량

1. 강정이나 산자 바탕을 자르고 남은 반죽의 가장자리나 얇은 곳을 2mm 폭으로 길게 썰어 다시 2mm 크기로 쌀알만 하게 잘게 자른다.
2. 따뜻한 방에 한지를 깔고 그 위에 쌀알만 하게 썬 반죽을 펼쳐 말린다.
3. 기름을 150℃로 가열한다. 체에 빙사과 바탕을 한 숟가락 담아 기름에 넣고 숟가락으로 저으면서 튀긴다.
4. 빙사과 바탕이 팽창된 뒤 잠깐 더 두었다가 꺼내어 기름을 뺀다.
5. 큰 팬에 조청을 넣고 중불로 끓인다. 끓으면 튀긴 빙사과 바탕을 넣고 끈적한 실이 생길 때까지 섞는다.
6. 손에 묻지 않을 정도로 엉기면 사각 틀에 넣어 밀대로 윗면을 밀어 평평하게 만들어 굳힌다.
7. 굳으면 4×4cm 크기로 썬다.

강정 만들고 남은 반죽으로 만들다

오래전 처음 강정을 만들었을 때, 산자와 강정 바탕을 먼저 잘랐더니 반죽 가장자리만 남았다. 이리저리 아무리 가위를 대봐도 두께도 얇고 각도 나오지 않았다. 버려야 할까? 일주일이 넘게 물에 쌀가루를 담가 썩히느라 고생, 냄새 풀풀 나는 그 쌀가루를 빻아줄 방앗간을 찾느라 고생, 뜨겁게 찐 찹쌀 반죽을 꽈리 치느라 고생, 달라붙는 반죽을 미느라 고생, 또 말리느라 얼마나 고생했던가. 세상에 말도 안 돼! 처음 빙사과를 궁리한 사람의 마음도 나와 같았을 것이다. 아까운 마음에 고민하다가 빙사과를 만들지 않았을까. 강정이나 산자 만들고 남은 자투리를 콩알보다 작게 잘라 튀겨 다시 엿으로 잣박산처럼 버무려 굳혀 다시 자른다? 더 맛있어진다. 노란 물, 붉은 물, 파란 물을 들인다? 심지어 더 예뻐진다. 완성된 빙사과는 눈 뭉치 같기도 하고 서리를 뭉쳐놓은 것 같기도 하다. 마냥 투명하고 예쁘다.

민간에서는 1450년경 〈산가요록〉에 처음 등장했는데, 17세기 〈음식디미방〉과 〈주방문〉 이후 꾸준하게 모습을 보인다. 궁중에서는 1848년 조선 헌종 때 진찬 의궤에 처음 기록된 후 연회에 빠짐없이 올랐다. 삼색이나 사색으로 만들어 한 접시에 고였다.

〈반찬등속〉 빙사과 만드는 법

빙사과는 〈반찬등속〉에 이름만 나오는데 賓沙菓(빈사과)로 표기했다. 〈산가요록〉은 얼음 빙 자를 써서 氷沙菓, 〈언문후생록〉과 〈조선무쌍신식요리제법〉은 氷沙果, 〈우리음식〉은 빈사과와 賓砂菓를 함께 썼다. 어떤 한자를 썼든 별 의미는 없다. 모두 음차니까 말이다. 한글로는 대체로 빙사과나 빈사로 표기했다.

어떤 옛 조리서에도 빙사과에 관한 설명은 강정이나 산자만큼 정성스럽지 않다. 강정처럼 만든다거나 아니면 강정 반죽 썰었던 데에서 만든다고 설명했다. 반죽을 잘라 빙사과 바탕을 만드는데, 그 크기는 〈산가요록〉에서는 쌀알, 〈음식디미방〉에서는 팥, 〈간본규합총서〉에서는 수단만 하다고 했다.

강정과 다른 점은 튀기는 방법이다. 높은 온도의 기름에서 일격에 끝낸다. 그다음 꿀이나 조청에 묻혀 엉기게 하여 다시 썬다.

〈간본규합총서〉에서는 색깔 있는 빙사과 만드는 법을 좀 더 자세히 설명하고 있다. 노란색은 반죽 단계에서 치자물을 넣어 만들고, 붉은색은 붉은 지치 기름에 튀겨 만들었다. 〈조선요리제법〉 초판에서는 조청에 색 재료를 풀어 튀긴 빙사과 바탕을 버무려 색을 냈다.

이 책에서는 강정 바탕을 팥알만 하게 잘라 말린 다음 150℃ 기름에서 튀겨 조청에 버무려 엿강정 틀에서 굳혀 썰어 만들었다.

표 13. 옛 조리서에 나온 빙사과

시기	문헌	만드는 법					
		주재료 처리	반죽과 찌기	꽈리 치기와 성형	말리기와 튀기기	2차 성형	기타
1450년경	산가요록	찹쌀가루와	청주를 골고루 섞어서 연사과처럼 하는데	판에 놓고 밀되 두꺼운 종잇장 두께로 얇게 밀어서 쌀알 반만 하게 잘라	잘 말린다. 그것을 잘 끓는 기름에 튀겨내어	꿀로 버무려서 판 위에 펴놓고 마음대로 잘라서 먹는다.	
1670년경	음식디미방	찹쌀을 많이 도정하여 싸라기 없이 하여 가루로 찧어 깨끗하게 체에 내려	좋은 청주에 꿀 타 절편 반죽만치 하여 잠깐 두었다가 밥보자기 싸 새옹솥 뚜껑에 지에 찌고	잘 익거든 내어 쳐 만들기를 안반에 홍두깨로 밀어 팥만큼 썰어라.	맞춰 말리어 지저	꿀에 엿 조금 놓아 달여 다 버무려 고루 펴고 잠깐 눌러놓았다가 엉기거든 썰어라.	꿀을 덜 조리면 엉기지 않는다.
1600년대 말	주방문	이것(강정 반죽)으로		밀어 잘게 썰어	지저	조청에 엉기게 하여 썰어라.	
1700년대	술 만드는 법		강정하는 법과 조금도 다름이 없고	썰기를 둥글게 썰어	부풀린 후	조청을 엿같이 되게 하여 무치게 하라.	
1700년대 말	온주법	물 있는 논 고른 찹쌀 희게 도정하여 하룻밤 후 가루 내어	소주에 꿀 타 반죽하여 강정같이 찌고	쳐서 종이같이 얇게 밀어 썰어라. 말려 노랗게 지저 뼈 없거든 내라.	햇볕에 얼지 않게 말려 볼 좋게 하여 지진다.		강반도 그리 하나니라.
1869년	간본규합총서		강정법과 같이 하되	썰기를 수단보단 잘게 썰어	단단히 말려 부풀러	흰엿을 무쳐 굳힌 후에 네모지게 썰어 쓰고. 백색은 부푼 대로 백당을 올려 쓰고	홍색은 지초 기름을 내고, 황색은 치자를 많이 엿속에 넣어 우려 반죽하여 쪄 말려 밀라.
1890년	시의전서			강정 반죽 썰었던 데에서 네모 반듯반듯 썰어	황색은 기름에 치자 넣어 지지고, 홍색은 기름에 지지 넣어 지져낸다.	흰엿 녹어 발라서 여러 알을 한데 붙여, 길이와 넓이, 높이를 다 1치 4푼 되게 칼로 썰어 쓰나니라.	산자, 강정, 빙사과를 다 더운 방에 덮어 두고 쓰나니라. 추운 데 두면 눅어 못 쓰나니라.
			강정 반죽을	팥알만큼씩 썰어	기름에 지져낸 것을	버무려 목판에 고르게 펴놓았다가 굳으면 썰어서 쓴다.	
1917년	조선요리제법 초판			강정 만들고 남은 부스러기를 그대로	기름에 지저서	조청을 바르고 궤 속에 넣어 굳힌다. 궤는 높이가 1치쯤 되게 짜서 그 속에 담고 뚜껑을 꼭 덮어두었다가 다 굳은 후에 사개를 떼고 꺼낸다.	또 조청에 각색을 풀어 넣고 각각 칠하나니라.
1939년	조선요리법		강정 재료를	잘게 써는데 가령 장아찌 모양같이 썰었다면 그것 한 개를 여러 개로 쓰는데, 길이와 넓이는 같게 동글하게 썰어	같은 법으로 말려 가지고 기름에 지저내서	엿물 혹은 꿀에다 버무려, 하얀 종이를 기름 바른 반듯한 그릇에 깔고 버무린 것을 그릇에 담고 판판하게 손질한 후 굳거든 반듯반듯하게 썰어서 씁니다.	
1948년	우리음식			강정이나 연사 등을 만들고 남은 불규직하게 잘린 나머지를	기름에 튀겨	색소와 꿀 칠하여 한 큰 덩이로 뭉쳐서 큼직하게 썬 것이다.	

참을 인 자 둘, 100년 전 할머니의 손 기술

전통을 배우다

한국 요리는 시간의 요리다. 빨리빨리 민족은 놀랍게도 시간으로 음식을 만들었다. 보잘것없는 겉보리를 매일 목욕시켜 엿기름으로 키워냈고, 도라지를 조렸다 식히는 과정을 며칠간 반복해 쫄깃한 식감을 구현했다. 탁탁탁탁 타다타다 통통통통 툭툭툭툭 조물조물 주물주물, 새벽부터 늦은 밤까지 할머니가 일하시던 곳에서는 소리가 끊이지 않았다. 그 소리는 할머니가 맛을 부르는 주문이자 절차였다. 칼과 도마, 절구와 방망이밖에는 쓸 것이 없던 시절, 할머니의 손은 많은 시간을 들여 음식을 만들었다. 그 시간의 다른 이름은 정성이다. '빨리'의 시대를 사는 나에게는 상상만으로 힘겹다.

지치로 붉은 기름 우리기

1. 지치에 묻은 흙을 부드러운 솔로 털어내고 깨끗이 씻어 물기를 말린다.
2. 기름을 가열해 미지근해지면 씻어 말린 지치를 넣는다. 계속 가열해 서서히 우린다.
3. 기름의 온도가 높아지고 색이 붉어지면 지치는 건진다.
4. 지치 기름을 한지에 걸러 부스러기를 없앤다.

우리 조상들은 노란색은 치자로, 붉은색은 오미자로 냈다. 그런데 오미자는 맛이 시다. 신맛 없이 붉은색을 낼 수는 없을까. 게다가 붉은색을 내는 재료 대부분은 높은 열을 견디지 못하고 사라진다. 식용색소가 없던 시절 할머니는 그 답을 나무뿌리에서 찾았다. 지치는 우리나라 산과 들, 어디나 자라는 풀의 뿌리로 자초, 지초, 지혈 등 여러 이름으로 불린다. 왕실과 양반가의 옷을 자주색으로 염색할 때 쓰고 술 만들 때도 넣었는데, 진도 홍주의 붉은색이 바로 지치로 낸 색이다. 지금은 깊은 산에 가야 볼 수 있을 정도로 귀하지만, 조선 시대에는 청주의 진상품 중 하나였다. 약재로도 쓰는데 오래된 것일수록 색이 진하고 약효도 뛰어나다. 물이 닿으면 약효가 떨어지기 때문에 약재로 쓸 때는 흙만 털어내고 청주나 소주에 씻는다. 음식에는 물에 씻어 말린 다음 기름에 넣고 끓여 붉은 기름을 만들어 쓴다. 뿌리 자체는 붉은색이 아닌데, 기름에 넣으면 신기하게도 붉은색이 우러난다. 우려낸 기름은 목화솜에 걸러 쓴다. 이 기름을 세건반에 넣고 버무리면 홍세건반이 되고, 찹쌀 반죽을 둥글납작하게 빚어 이 기름에 지지면 충청도 향토 떡인 곤떡이 된다.

녹두로 녹말 만들기

1. 녹두를 12시간 이상 물에 불려 문질러 껍질을 깐다.
2. 체물에 껍질을 골라 버리고, 마지막으로 녹두를 새 물에 헹궈 체에 받친다.
3. 분쇄기에 껍질 벗긴 녹두와 물을 넣고 아주 곱게 간다.
4. 고운 면 주머니에 간 녹두를 담고 큰 그릇을 받친다.
5. 면 주머니 입구를 벌려 물을 붓고 단단히 여민다. 손으로 자루를 주물러 전분을 뺀다. 주머니 안에 물을 붓고 주무르는 과정을 여러 번 반복한다.
6. 그릇에 녹말물이 가득 차면, 다른 그릇을 준비해 녹두 주머니를 옮겨 다시 물을 부어 주무르는 과정을 반복한다.
7. 여러 번 깨끗한 물을 부어 뿌연 물이 나오지 않을 때까지 주머니를 주무른다.
8. 뿌연 물을 모아 전분을 가라앉힌다. 다 가라앉으면 웃물을 따라 버리고 다시 새 물을 붓는다. 며칠 동안 이 과정을 여러 번 반복하면 새하얗고 고운 녹말을 얻을 수 있다.
9. 가라앉은 녹말을 숟가락으로 떠서 한지에 올려 말린다. 물이 많으면 한지를 접어서 표면의 물을 빨아들인다.
10. 작은 조각으로 만들면 빨리 마른다.
11. 잘 마른 녹말은 고운체에 내린다.

흔히 감자녹말, 고구마녹말이라 부르지만 틀린 말이다. 정확하게 말하면 녹두의 전분만 녹말이고 나머지는 감자전분, 고구마전분이라고 불러야 한다. 가루와 전분도 다른 말이다. 빻거나 부수어 미세하게 만들면 가루고, 이 가루를 물에 담가 밑에 가라앉은 것을 말린 것이 전분이다. 더 정확하게 표현하자면 전분 앞에 '정제'라는 단어를 붙여야 한다. 전분은 가루의 탄수화물만 정제한 것이다. 물에 담겨 있는 동안 박테리아가 증식해 곡물의 세포벽과 단백질을 분해해 단단하고 치밀한 전분 입자만 남는다. 그래서 녹두 가루는 노랗고 푸른 빛이 돌지만 녹두 전분은 하얗다. 녹두 외에도 고구마, 감자, 옥수수, 밀, 쌀, 카사바 등 탄수화물이 많은 곡류나 두류는 모두 전분을 만들 수 있다. 시판하는 전분은 대부분 감자와 옥수수, 고구마로 만든다.

할머니는 봄마다 녹두를 맷돌에 갈아 전분을 만들었다. 녹두 껍질을 벗겨 가루로 만들고 이것을 자루에 넣고 주물러 전분을 빼내 가라앉히는 지난한 과정을 지치지도 않고 하셨다. 날씨가 더우면 마르기 전에 쉬어버린다. 그래서 나무의 잎이 나기 전, 그러니까 이른 봄까지만 전분을 만들 수 있다. 정말 잘 쉰다.

송화가루 수비하기

1. 피지 않은 소나무 수꽃 가지를 따서 2~3일 말린다. 말린 가지를 큰 자루에 넣어 흔들어 가루를 떨어뜨린다.
2. 커다란 그릇에 물을 담아 그 위에 채집한 송화를 고운체에 내린다. 그러면 송화만 물 위에 뜬다.
3. 다른 큰 그릇에 깨끗한 물을 받아놓는다.
4. 2의 그릇 위에 뜬 송화를 아주 고운 손잡이 체로 건지거나 바가지 뒷면에 묻혀 3의 그릇으로 옮긴다.
5. 아래 가라앉은 흙, 모래 같은 찌꺼기를 버린다. 이 과정을 두세 번 반복한다.
6. 고운 손잡이 체로 건져 한지에 올려 말린다.
7. 밀봉해 보관했다가 쓸 때 고운체에 친다.

송화는 놀랍게 맛있거나 기가 막히게 향기롭지는 않다. 그저 다식을 만들거나 강정에 고물로 묻히면 범접하지 못할 고급스러움을 더하고 입안에 섬세한 향이 퍼진다. 치자의 노랑이 원색이라면 송화의 노랑은 뉴트럴 컬러다.

몇 년 전 5월 무렵 강원도 DMZ 근처로 여행을 간 적이 있다. 하루 종일 비가 내렸는데 바닥에 흐르는 빗물에 송화가루가 둥둥 떠내려가고 있었다. 아, 세상에 저게 얼마 짜린데. 정말 아까웠다. 게다가 DMZ 근처라니, 청정 지역 아닌가. 국산은 구하기도 어렵고 부르는 게 값이다. 그렇다고 5월이면 자동차에 뽀얗게 쌓이고, 바람 불면 눈보라처럼 날리는 송화를 직접 잡아 가둘 수는 없지 않은가. 그런데 할머니는 그 일을 했다. 소나무의 수꽃이 암꽃을 찾아 날아가기 전에 가지째 잘라 2~3일 말려 가루를 채취한 다음 물에 담가 여러 번 옮겨 잡물을 제거하고 말려 수비해 썼다. 수비 과정에서 쓴맛이 빠진다.

요즘 나는…
당연히 사서 쓴다. 시판 송화도 한두 번 물에 수비해서 쓰는 것이 좋다. 미세한 모래나 흙이 나오고, 맛도 더 섬세하고 부드러워진다. 송화가루는 아주 미세해 물에 잘 뜨고 잘 마르기 때문에 수비는 생각보다 어렵지 않다.

대추고 만들기

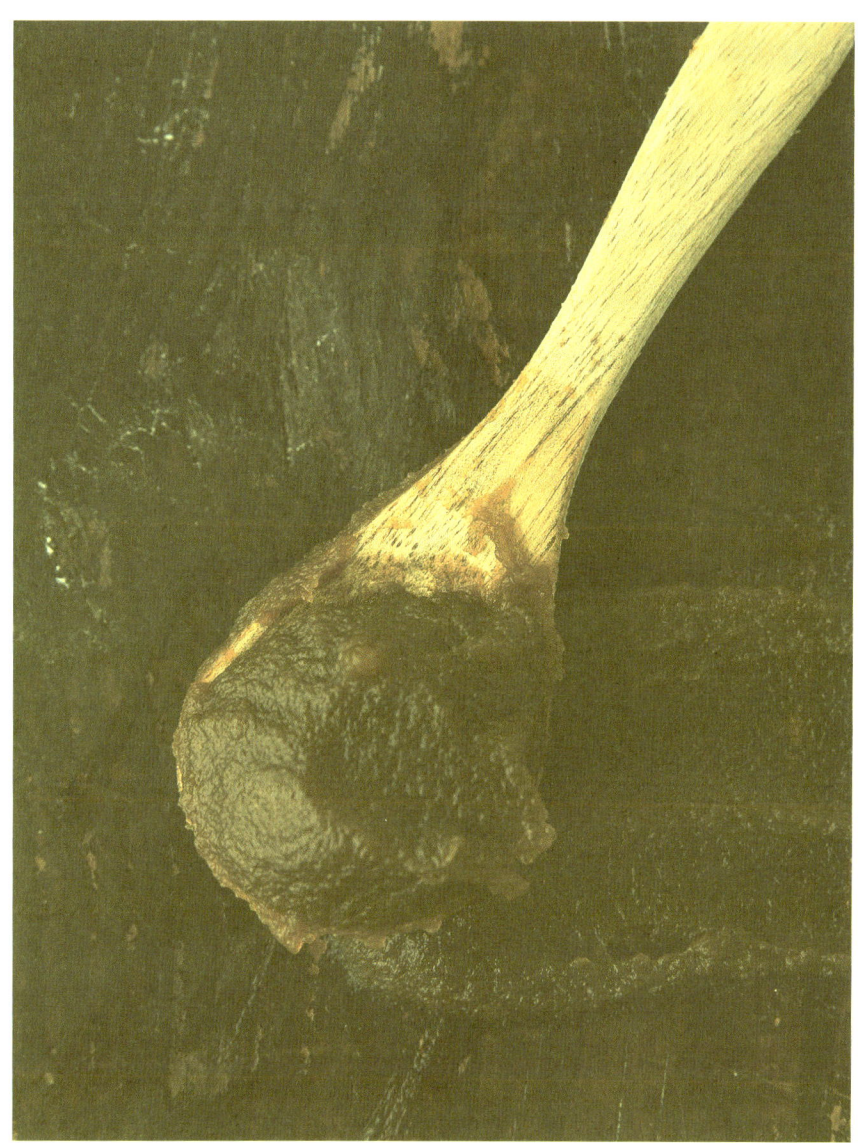

1. 깨끗하게 씻은 대추에 3배가량의 물을 붓고 처음에는 강불에 끓인다. 끓어오르면 약불로 줄여 대추를 푹 익힌다.
2. 푹 익어 대추 껍질이 저절로 터질 정도가 되면 중간체에 내린다.
3. 마지막에 물을 조금 부어 체와 씨, 껍질에 붙은 대추 과육을 잘 모아 체에 다시 내린다.
4. 바닥이 두꺼운 냄비에 거른 대추 과육을 넣고 가열한다.
5. 수분이 많이 졸아들면 나무주걱으로 바닥을 긁듯이 저으며 끓인다.
6. 농도가 과일잼보다 더 진해질 때까지 졸인다.

대추고는 대추를 푹 고아 만들기 때문에 이름에 '고'가 붙는다. 대추고편이나 약편 같은 떡의 필수 재료이고, 약식이나 찹쌀주악을 만들 때도 필요하다. 만들어두었다가 뜨거운 물에 타 차로 마시거나 잼처럼 빵에 발라 먹어도 맛있다. 설탕이나 꿀을 넣지 않고 고아도 단맛이 진한데, 그 맛이 진저리쳐지지 않는 깊고 품위 있는 단맛이다. 향도 진하게 농축되어 있다. 옛날 할머니들은 대추를 행주에 싸서 가마솥 뚜껑에 매달아 쪄서 만들었지만, 물에 넣고 푹 고아 만들면 체에 거를 때 잘 내려가 편하다. 이때 너무 조려 물기가 너무 없으면 체에 내리기 어려우니 물이 어느 정도 남았을 때 체에 거른다. 그다음 물을 조금 부어 체와 냄비에 묻어 있는 대추 과육을 씻어 모아 끓인다. 끓일 때 어느 정도 걸쭉해지면 무서울 정도로 맹렬하게 튀기 시작한다. 뚜껑을 반만 덮어 수분을 증발시키면서 끓이면 튀는 것을 막을 수 있다. 물이 더 졸아들면 덜 튄다.

찰벼 나락 튀기기

1. 찰벼 나락을 물에 담가 위에 뜬 쭉정이는 골라 버리고 나머지를 건져 물기를 빼 겉면을 말린다. 햇벼는 물에 담그지 않고 바로 튀겨도 된다.
2. 바닥이 두꺼운 팬에 나락을 넣고 겁내지 말고 처음부터 센불로 가열한다.
3. 가끔씩 나무 주걱으로 젓거나 팬을 흔든다.
4. 한두 개가 튀겨지기 시작하면 튀밥이 날아가지 못하게 체로 덮는다. 가끔 팬을 슬슬 흔든다.
5. 튀는 소리가 나지 않으면 다 된 것이니 커다란 그릇에 옮겨 식힌다.
6. 아직 붙어 있는 겨를 벗기고 튀겨지지 않은 것은 골라 버린다.

산자라는 이름은 고물을 튀길 때 사방에 튀며 나는 소리와 모양을 형상화한 글자 산(饊)에서 유래했다. 튀밥을 만드는 법은 두 가지로, 하나는 말린 밥을 고온의 기름에 튀겨 부풀리는 방법이고, 다른 하나는 도정하지 않은 찰벼 나락을 높은 온도에서 볶아 부풀리는 방법이다. 특히 후자는 튀긴 고물이 가운데가 갈라져 마치 매화꽃 같다 하여 이것을 고물로 붙인 유과를 각각 매화산자, 매화강정, 매화감사과, 매화연사과라 불렀다. 멥쌀 나락으로도 만들 수 있다.

〈규합총서〉에는 찰벼를 4~5일간 밤에는 이슬 맞히고 낮에는 말리고 술에 축여 하룻밤 재웠다가 튀기라 했고, 〈임원경제지〉는 가장 좋은 찰벼를 쓰라고 했고, 〈음식법(윤씨)〉은 좋은 찰벼 말리어 술에 축여 하룻밤 두었다 튀기라 했지만, 할머니는 이렇게까지 신경 쓰지 않고도 바로 불에 올려 쓱쓱 잘만 튀기셨다. 실제로 잘 튀겨진다. 찰벼 나락이 충분히 달궈질 때까지 기다리는 인내심과 튀어오르는 튀밥을 잡아줄 체만 있다면 말이다. 한 개가 튀겨지기 시작하면 순식간에 끝난다. 모든 나락이 다 튀겨지는 것이 아니니 어느 정도 튀겨지면 불에서 내린다. 튀겨지기 전에 나락이 타 버리면 튀겨지지 않는다. 마지막으로 키에 까불러 겨를 제거하고 쓴다.

세건반 만들기

1. 튀밥에 남은 겨가 있으면 골라낸다.
2. 튀밥을 굵은체에 문질러서 내린다.
3. 체에 내린 세건반을 중간체에 내려 부스러기를 제거한다.

찰벼 나락을 튀겨 모양이 예쁜 것은 통으로 쓰고 나머지는 체에 내려 작게 부숴 고물로 쓰는데, 이것이 세건반이다. 그대로 하얗게 쓰면 백세건반, 지치 기름을 넣어 버무려 붉게 만들면 홍세건반이다. 황세건반은 백세건반을 붙인 다음 위에 송화가루를 뿌려 만든다. 〈반찬등속〉에서는 산자에 세건반과 홍세건반을 붙인다.

세건반이 처음 나오는 옛 조리서는 〈시의전서〉인데, 세반이라는 이름으로 매화 밥풀을 메에 팥처럼 타 체에 쳤다. 〈조선요리제법〉 초판에서는 맷돌에 갈았으며 〈조선요리법〉에서는 절구에 살짝 찧었다. 요즘은 압력과 열로 튀긴 밥풀을 푸드 프로세서로 굵게 갈아 체에 내린다. 밥풀을 굵은체에 한 번, 중간체에 다시 한번 내리는데 부스러기와 가루가 무척 많이 나온다. 산자와 강정에 붙이는 것은 중간체에 걸러져 남은 것이다.

잣가루 곱게 다지기

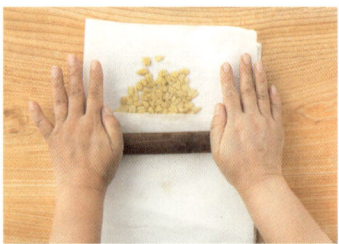

1. 마른행주에 잣을 올리고 행주의 네 모서리를 한데 모아 잡아 주머니처럼 된 부분을 손바닥 전체로 문질러 닦는다.
2. 잣의 고깔을 뗀다.
3. 도마 위에 한지나 키친타월을 여러 겹 깔고 손질한 잣을 올려 다시 여러 장 덮는다.
4. 밀대로 서너 번 민 다음 손바닥으로 한지를 가볍게 눌러 기름을 흡수한다.
5. 위에 덮은 한지를 걷어내고 잘 드는 칼로 톡톡톡 치듯 가볍게 다진다. 한지에 기름이 배면 다른 종이로 바꿔 보송보송하게 다진다.
6. 잣가루를 굵은체에 내린다.

잣은 한과는 물론 전통 음식에 필수적인 중요한 장식 재료다. 한과가 아이돌 그룹이라면 잣은 비주얼 멤버 혹은 센터 혹은 그들의 엔딩 포즈다. 없어도 되지만 있으면 좋다.

매번 닦는 단계를 건너뛰고 싶은 유혹을 강하게 받지만, 막상 닦으면 행주가 꽤 더러워져 깜짝 놀랄 정도다. 그러니 잊지 말고 꼭 닦자. 한동안은 젖은 행주로 한 번 닦고 다시 마른행주로 닦았는데 그럴 필요는 없다. 잣도 눅눅해진다. 그냥 마른행주로 문질러 닦고 고깔이 남아 있으면 벗긴다. 잣은 아주 잘 드는 칼로 톡톡 두드리듯 다진다. 잘 들지 않는 칼을 쓰면 잣이 뭉개져 기름이 많이 배어 나온다. 또 곱게 다지지 않은 잣가루를 억지로 체에 내리면 오히려 뭉쳐진다.

비늘잣을 만들 때는 손가락 맨 위 마디 둥근 부위에 잣을 올려 반으로 가르면 쉽다.

요즘 나는…
마른행주로 닦아 치즈 그라인더에 넣고 간다. 강판 형태가 아닌 회전식 그라인더만 가능하다. 칼날 구멍의 크기가 두 가지 있는데, 작은 것을 고른다.

깨 껍질 곱게 벗기기

1. 깨를 깨끗이 씻어 6시간 이상 불린 후 일어서 돌 같은 잡물을 골라낸다.
2. 요철이 있는 그릇에 불린 깨를 담아 물을 조금만 붓고 손으로 박박 문질러 껍질을 벗긴다.
3. 물을 다시 많이 부어 위에 뜨는 껍질을 버리고 다시 물을 붓고 껍질을 버리는 과정을 반복한다.
4. 껍질 벗긴 깨를 체에 밭쳐 물기를 뺀다.
5. 물기 뺀 깨를 센불에서 볶다가 더 이상 김이 나지 않으면 불을 줄여 볶는다.
6. 손가락으로 비벼 잘 부서지고 고소한 맛이 나면 불을 끈다.
7. 넓은 그릇에 볶은 깨를 펼쳐 식히고 고운체에 쳐 껍질을 제거한다.

요즘 나는…
푸드 프로세서로 쉽게 벗긴다. 모든 블렌더와 믹서, 분쇄기가 되는 것은 아니고, 칼날의 모양이 일자에 수평으로 달려 있는 것이어야 가능하다.

이 작은 아이의 껍질을 벗긴다고? 생각만으로도 속에서 뭔가 치밀어 오르지만, 벗기고 나면 참으로 예뻐 뿌듯하다. 이것으로 깨엿강정을 만들면 모양이 참 얌전하다. 껍질을 벗긴 참깨를 실깨라고 부른다. 옛날에는 깨를 불려 요철이 있는 그릇에 넣고 손으로 박박 문질러 벗겼다. 양이 많으면 절구에 넣고 방망이로 가볍게 빻아 깠다. 검은깨도 같은 방법으로 껍질을 벗길 수 있지만, 벗기면 매력적인 검은색이 거의 없어지니 벗길 이유가 하등 없다. 깨 볶기는 어린 내가 어머니를 도와 할 수 있는 몇 안 되는 일 중 하나였다. 달군 냄비에 불린 깨를 넣는 순간 치지직 소리가 나면서 뜨거운 김이 확 오르는데, 그게 재미있었다.

푸드 프로세서로 쉽게 깨 껍질을 벗길 수 있는데, 사용하기 전에 반드시 칼날의 모양이 일자에 수평으로 달려 있는지 확인해야 한다. 의심스러우면 소량의 깨를 넣고 테스트해보자. 자칫하면 대참사가 벌어진다.

콩가루 만들기

1. 콩을 깨끗이 씻어 바닥이 두꺼운 냄비에 넣는다.
2. 물을 콩 한 층이 잠길 정도만 붓고 소금을 넣는다. 뚜껑을 덮고 중약불로 가열한다. 어떤 의심이나 두려움이 생겨도 절대 중간에 열어보지 않는다.
3. 10분 후 뚜껑을 열고 주걱으로 저어 물이 다 날아갈 때까지 볶는다.
4. 볶은 콩을 넓은 그릇에 펼쳐 식힌다.
5. 완전히 식었을 때 분쇄기에 넣어 곱게 간다.
6. 콩가루를 고운체에 내린다.

가루를 낼 때 콩을 먼저 불릴 필요가 없다. 씻어서 바로 냄비에 물을 조금 붓고 뚜껑을 닫은 채 가열한다. 비린내가 나지 않을 정도로 익힌 다음 뚜껑을 열고 볶아 물기를 날려버린다. 나는 보통 이 때 바닥이 두껍고 큰 냄비로 다시 옮겨 볶는다. 그러면 바닥에 달라붙지 않아 편하게 볶을 수 있다. 할머니는 절구에 볶은 콩을 빻아 가루를 만들었는데 중간에 마늘을 한 쪽 넣으셨다. 콩 비린내가 없어져 더 맛있어진다. 실제로 분쇄기에 콩을 갈다 마늘을 넣고 다시 동작 버튼을 누르는 순간, 마늘이 갈리면서 콩 향이 달라진다. 이 콩가루를 인절미에 묻히면 맛의 수준이 상승한다.
날콩을 처음부터 볶으면 시간이 너무 오래 걸리고 쉽게 탄다. 백태나 청태 할 것 없이 마찬가지다. 특히 청태는 빛을 받거나 고온으로 가열하면 제 색을 잃고 누렇게 된다. 너무 오래 끓이거나 볶지 않도록 한다. 볶은 후에는 반드시 넓은 그릇으로 옮겨 완전히 식혀야 갈린다.
청태는 씨눈이 크고 색이 진해 그대로 콩가루를 내면 색이 예쁘지 않으므로 꼭 씨눈을 없애는 것이 좋다.

호두 속껍질 벗기기

1. 호두를 뜨거운 물에 담근다. 자신의 속도에 맞춰 담가놓는 개수를 조절한다. 나는 3개다.
2. 호두 안쪽 중앙에 까맣고 두꺼운 껍질 부분이 있다. 여기에 꼬챙이 끝을 넣어 껍질을 일으켜 세운다. 껍질 끝을 손으로 잡고 당기면 감동적으로 훌렁 벗겨질 때가 있다.
3. 뒤쪽을 벗긴다. 뒤쪽에는 튀어나오지 않은, 그러니까 깊은 골짜기 같은 곳으로 막대를 잘 밀어 넣는다. 역시 운이 좋으면 훌렁 벗겨진다.
4. 뜨거운 물에 입욕했으니 이제 호두를 말린다. 껍질을 벗긴 호두를 마른행주 위에 올려 습기를 날린다. 다시 조리에 쓰거나 튀기지 않는다면 오븐에 살짝 구워 건조한다.

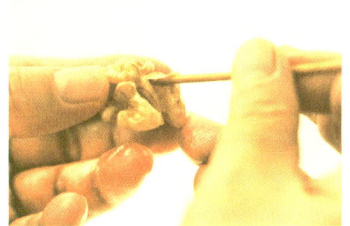

요즘 나는…
물이 끓으면 인덕션의 불을 1단계로 조절해 놓고 호두를 3~4개씩 담가 깐다. 오븐에 구우면 비비는 것만으로도 어느 정도 껍질이 벗겨진다. 바싹 마른 호두도 잘 까진다.

호두 속껍질의 떫은맛은 뜨거운 물에 담그는 것만으로 없앨 수 있지만 아예 벗겨내면 얌전하고 곱다. 어릴 때 매년 명절을 앞두면 부모님과 함께 호두 속껍질을 깠는데, 정말 하기 싫었다. 애써 벗긴 호두는 모두 곶감쌈이나 갈비찜의 고명이 되어 손님상에만 놓였기 때문이다. 내가 먹을 수 없는 것을 내 어린 조막만 한 손으로 까야 하다니! 이런 천부당만부당한 일이 어디 있단 말인가.

껍질을 불릴 때 물을 계속 따뜻하게 유지해야 하는데, 식으면 오래 담가둬도 소용없다. 또 아주 뜨거운 물에 오래 담가둬도 안 된다. 맛도 영양도 다 빠져 나가버린다. 방법은 자신의 까는 속도에 맞춰 뜨거운 물에 2~3개씩만 담가 불리는 것이다. 이쑤시개보다 꼬치 혹은 산적용으로 나오는 가는 나무 꼬챙이가 편하다. 길어서 잡기 좋고 이쑤시개보다 좋은 나무를 쓰는지 끝이 잘 뭉뚝해지지 않는다.

2024, 100년 후 손녀의 한과

내일의 전통

고조할머니의 한과를 재현하기 위해 공부하며 준비하는 동안 내내 전통이 무엇일까 고민했다. 전통은 시간일까,
전달일까, 공동체의 인정일까, 고유함일까. 아직 답을 찾지 못했지만 한 가지는 명확하다.
오늘이 내일의 전통이 된다는 것이다. 할머니의 가르침을 잇고 오늘의 기술과 사회 변화를 흡수하고 내일을 준비하면서,
나는 오늘, 내일의 전통을 만든다.

오늘도 변신한다 약과

시대에 따라 달라지다

최남선은 〈조선상식문답〉에서 약과를 우리나라 최고급 과자로 꼽았다. 당대 최고의 천재라고 칭송받던 사람이 말했다니 참으로 신뢰가 간다. 약과는 眞(참 진) 자를 써서 진말이라고 불리던 밀가루에, 眞(참 진) 자를 써 진유라고 불리던 참기름을 넣어 반죽해, 眞(참 진) 자가 붙은 진유에 튀긴, 그러니까 참에 참을 더해 다시 참에서 부풀린, 참으로 귀하디 귀한 과자였다. 지금으로 치면 한과계의 에르메스라고 할까. 아니, 먹고살기 힘든 시절이었으니, 한과 모두가 먹거리계의 에르메스였을 수도 있다. 그러니 약과 같은 유밀과가 고려와 조선 시대에 대단한 사치품으로 지탄받은 것이 이해된다. 민간은 물론 국가 행사에도 금지되었을 정도다. 혼례상이나 제사상에 올리면 곤장 80대 형을 받았다. (누가 맞았을까. 신랑? 신부? 신부 어머니? 신랑 아버지? 온 가족 다?) 그럼에도 최남선이 〈조선상식문답〉을 쓴 1946년까지도 여전히 유밀과(약과)는 '기쁜 일이나 슬픈 일이나 잔치 품목의 왕 노릇'을 했다.

약과 출생의 비밀은 정확하게 밝혀지지 않았다. 인도 불교 기원설과 중국 기원설 두 가지가 있다. 전자는 통일신라 시대 이전에 인도에서 불교와 함께 전래되었다는 주장이다. 인도에는 기원전 3~4세기에 이미 사탕수수 미정제 원당인 구르(gur)에 밀가루나 쌀가루를 섞고 참깨를 뿌려 팬에 구운 과자가 있었다고 하니 일리가 있어 보인다. 지금도 인도에는 밀가루 반죽을 튀겨 꿀에 절인 과자류가 많다. 게다가 통일신라 시대 승려 혜초가 인도에 다녀오지 않았던가. 후자 중국 기원설은 초나라 〈초사〉에 나오는 장황이 쌀이나 밀가루에 꿀을 섞어서 볶거나 지져서 거여를 만들었는데, 이 거여가 우리나라에 와서 약과가 되었다는 이야기다.

너무 먼 옛날에 너무 먼 땅에서 일어난 일이라, 무엇이 맞을지 마음을 다해 따지고 싶지 않다. 다만 시간과 거리, 두 가지 요소를 논리적으로 따져보면 인도→중국→우리나라로 전해질 수 있지 않을까. 다만 어디서 기원했든, 약과는 통일신라 시대부터 이미 만들어 먹은 뼈대 있는 과자라는 사실은 변함없다.

일찍 탄생해 고려 때 이미 1차 전성기를 경험했으니, 조선 시대 문헌에 기록된 약과는 지금 우리가 만드는 약과와 재료나 제법 모두 크게 다르지 않다. 설명을 읽으면 요즘의 한과 전문 강사가 말했다고 해도 믿을 수 있다. 그러니까 약과는 일찍이 형태를 갖춰 아주 오랫동안 우리 곁을 지켜온 과자다. 물론 탄생 당시부터 지금까지 달라진 것 1도 없이 한결같은 방부제 미모로 우리 곁에 있었던 것은 아니다.

가장 크게 달라진 것은 모양이다. 초기에는 과일처럼 만들었다고 한다. 과일이 나오지 않는 계절에 제사상에 대신 올리기 위해 만들었으니, 당연하다. 〈음식디미방〉에 나온 살구씨처럼 만드는 행인과가 그 흔적 같다. 좀 더 시간이 지나면 상에 올리기 편하게 반죽을 평평하게 다져 칼로 썰어 사각형으로 만들었다. 그걸 모약과, 방약과라고 불렀다. 그러다 다시 반죽을 다식판에 박아 다양한 모양으로 만들고, 그 모양에 의미를 두기 시작했다. 〈규합총서〉에 나오는 다식과가 최초의 기록이다.

다식판에 박아 만든 다식과와 네모지게 만든 방약과 혹은 모약과. 이 두 가지는 어떻게 구분되었을까. 〈조선요리제법〉 7판에서 방신영은 네모난 모약과는 "집에서 그저 부식으로 먹기 위해서 하는 것"이라 설명했다. 그렇다면 제사나 격식을 차리는 자리에는 틀에 박아 모양을 만든 다식과를 올렸다는 이야기다. 이후 집안마다 각자의 의미를 갖는 문양을 넣은 약과틀을 갖추게 된다. 요즘 다식과는 전통 약과나 궁중약과, 꽃약과 등으로 부르고, 네모난 모양과는 개성약과라고 부른다.

그럼 지금처럼 켜가 있는 모양과는 언제부터 만들었을까. 기록을 찾기 어려웠다. 어쨌든 1957년에 황혜성 등이 쓴 〈이조궁정요리통고〉에서도 약과는 도마에 반죽을 올려 두드려 만들었다. 켜 있는 약과를 만든 것은 최근의 일로 파악된다.

약과 맛있게 만드는 법

약과는 반죽이 좋고 잘 튀겼어도 집청이 제대로 되지 않으면 밀가루 맛이 난다. 맛있는 약과는 잘라 단면을 보면 속까지 집청 시럽이 촉촉하게 스며들어 있다.

전통적으로 집청은 꿀이나 조청으로 했다. 그러다 1920년대부터 설탕을 사용하기 시작해 1950년대 이후에 나온 요리책들을 보면 설탕 시럽으로 대체되었다. 요즘은 취향이나 원하는 맛과 식감에 따라 조청과 꿀, 설탕시럽, 올리고당, 물엿 등을 섞어 쓴다. 설탕시럽은 맛이 깔끔하고 물엿은 약과에 윤기와 끈기를 더해주고 꿀은 향기를 낸다. 대체당인 이소말토올리고당이나 프락토올리고당으로 집청 시럽을 만들면 칼로리를 낮추면서 비슷한 단맛을 낼 수 있다. 약과 표면의 색과 윤기도 더 강해진다.

집청되는 속도는 기온에 따라 달라진다. 기온이 낮은 겨울에는 오래 걸리므로 시럽의 농도를 조절해 묽게 만들고 더 오래 집청한다. 오래 할수록 약과가 더 부드러워진다. 그렇지만 너무 오래 담가두면 부풀거나 표면이 풀어진다. 집청 시럽이 약과에 남아 있는 기름을 둘러싸 산소 접촉을 막아 산패를 억제하는 효과도 있다.

약과의 기본 원리

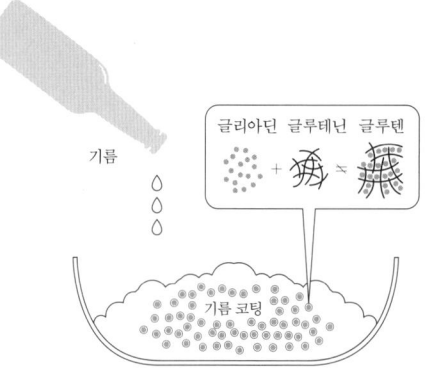

밀가루 입자가 기름으로
코팅되어 글루텐이 형성되지
않는다.

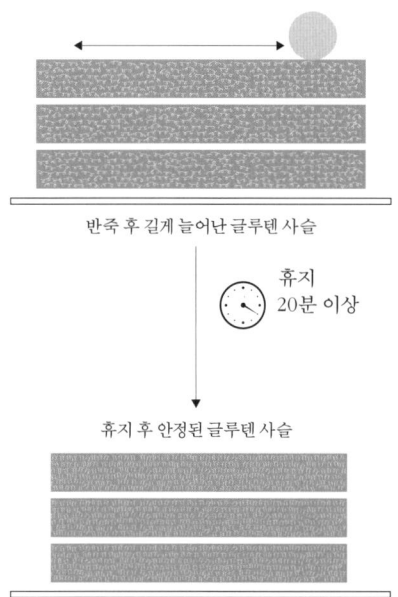

반죽 중 늘어난 글루텐 사슬이 휴지하는 동안 원래 길이로 돌아간다.

1 제일 먼저 밀가루에 기름을 먹이는 이유

손가락으로 찔러도 피 한 방울 안 날 것 같은 탱탱한 밀가루 반죽은 잊자. 약과를 만들 때 절대 필요 없는 것이 그 탱탱함. 한마디로 글루텐이 잘 형성된 반죽이다. 글루텐은 밀가루의 단백질, 그러니까 글리아딘과 글루테닌이 물을 만나 만드는 긴 사슬 입자다. 약과는 글루텐 사슬이 형성되지 않도록 하거나 형성되더라도 아주 짧게 끊어지도록 만든다. 방법은 밀가루에 기름을 넣고 손바닥으로 비벼 밀가루 입자 하나하나를 기름으로 코팅해 반죽할 때 넣는 물이 밀가루 단백질과 만나지 않도록 아예 차단하는 것이다.

어떤 밀가루가 적합할까 글루텐이 전혀 형성되지 않으면 약과가 바삭하지 않고 퍽퍽해진다. 그래서 중력분을 쓰는 것이 좋다. 논문 '밀가루 종류에 따른 약과의 조리과학적 품질 특성'에 따르면 수입 밀이나 시판 우리 밀에 비해 토종 앉은뱅이 밀가루로 만든 약과가 가장 잘 팽창되어 조직이 부드럽고 집청도 잘된다.

2 글루텐 형성을 최대한 막는 반죽법

밀가루에 술이나 물, 생강즙, 꿀 같은 수분이 들어가는 순간부터 글루텐이 형성되기 시작한다. 그러므로 약과 반죽은 빠른 시간에 끝내는 것이 좋다. 반죽 시럽을 미리 잘 섞어두고 반죽 상태를 보며 2~3회에 나누어 넣으면서 스크래퍼나 주걱으로 자르듯이 섞는다. 그러면 글루텐 사슬이 서로 길게 연결되지 않고 짧게 끊어진다. 반죽이 콩알만 한 크기가 될 때까지 잘라 섞어 날가루가 보이지 않으면 두 손으로 모아 한 덩어리로 뭉친다. 치대지 말고 손으로 누른다. 겨우 뭉쳐질 정도다.

왜 반죽할 때 술을 넣을까 술은 물보다 비점이 낮아 전분이 호화되기 전에 증발해 약과 조직에 구멍을 남긴다. 막걸리, 고량주, 소주, 청주, 물 순서로 잘 팽창된다. 도수가 높을수록 잘 팽창시키고 공기구멍의 크기도 고르지만, 막걸리가 일등인 이유는 술에 남아 있는 효모가 발효되면서 이산화탄소가 생겨 약과 조직에 기포를 만들기 때문이다. 팽창이 잘돼야 더 바삭해진다. 술 대신 베이킹파우더를 쓸 때는 밀가루 중량의 1.2%가 적당하다.

3 반죽이 끝나면 휴지하는 이유

이제 당신도 반죽도 일보 전진을 위해 한숨 쉬어야 하는 타임이다. 뭉친 약과 반죽을 밀폐 용기에 넣거나 랩이나 젖은 면포에 싸서 휴지한다. 휴지하면 반죽하면서 길게 늘어난 긴 사슬 모양의 글루텐이 원래 길이로 돌아가 나중에 성형이 잘된다. 휴지할 때 온도가 낮으면 글루텐 형성이 억제되고 반죽 안의 수분이 골고루 퍼진다. 20분 이상 휴지하는데 조금 더 오래 해도 괜찮다.

    휴지는 두 번 한다. 반죽이 끝난 다음 한 번, 성형하기 전에 한 번 더 한다. 성형 전에 휴지하면 반죽의 글루텐 사슬이 안정되어 튀길 때 모양이 틀어지지 않는다.

4 반죽 상태를 보고 기름 온도 조절하기

약과 반죽은 글루텐이 형성되지 않았기 때문에 튀김 온도가 너무 낮으면 반죽이 풀어진다. 반대로 온도가 너무 높으면 속이 익지 않거나 부풀지 않는다. 옛 조리서에서는 미리 약과 한두 개를 기름에 넣어보아 풀어지면 기름 온도를 높이고 단단해지면 낮추라고 했다. 이 조언은 지금도 유효하다. 켜 있는 모양과는 온도가 다른 두 가지 튀김 기름이 필요하다. 100℃ 내외의 기름에서 켜를 살살 살린 다음 높은 온도의 기름으로 옮겨 부푼 상태를 고정시킨다. 속까지 익힌다.

    논문 '유지류와 주류의 종류가 약과의 품질 및 저장성에 미치는 영향'에 따르면 반죽할 때 넣은 기름의 50%는 튀길 때 유출되고 그 빈 공간에 튀김유가 흡수된다. 결국 약과에는 튀김유가 더 많이 남아 있게 된다. 강인희는 저서 〈한국의 맛〉에서 튀김유에 참기름을 섞어 쓰라고 했다.

전통 꽃약과

집청 후

튀긴 꽃약과를 잘라 단면을 보면 짧은 결이 사방으로 밀도 있게 붙어 있다. 기름으로 코팅된 반죽이 작은 입자로 분리되었기 때문이다. 단단해 보여도 결이 짧아 먹으면 바삭하고 부드럽다. 반죽이 질면 틀에서 모양을 만들기는 쉬워도 튀긴 약과가 단단해져 집청 시럽이 잘 스며들지 않는다.

집청 전

전통 꽃약과 만들기

100.

기름 먹인 밀가루에 반죽용 시럽을 넣고 주걱이나 스크래퍼로 끊듯이 섞는다. 날가루가 보이지 않으면 한 덩어리로 뭉쳐 휴지했다가 소분해서 약과틀에 넣어 모양을 만든다. 틀에서 반죽한다고 생각하고 눌러 박는다. 모약과 반죽보다 질게 한다.

반죽
밀가루 200g
참기름 30g
소금 2g, 계피가루 1g
후추가루 약간

반죽 시럽
꿀 50g, 청주 32g
생강즙 10g

집청 시럽
조청 180g, 꿀 120g
물 70g, 생강 8g
통계피 4g

튀김
기름 적당량

1 재료 준비하기
① 소금을 블렌더에 갈거나 칼날로 밀어 곱게 만든다.
② 반죽용 생강은 곱게 갈아 고운체에 밭쳐 즙을 받는다.
③ 꿀과 청주, 생강즙을 한데 섞어 반죽용 시럽을 만든다.
④ 집청용 생강은 편으로 납작하게 썬다.

2 반죽하기
① 밀가루에 소금을 섞어 고운체에 내린다.
② 체에 내린 밀가루에 후추가루와 계피가루를 섞은 뒤 참기름을 넣어 손바닥으로 고루 비빈다. 밀가루를 참기름으로 코팅하는 느낌이다.
③ 참기름 먹인 밀가루를 중간체에 내린다.
④ 반죽용 시럽을 3~4회에 나누어 넣으며 주걱이나 스크래퍼로 자르듯 반죽한다. 반죽 덩어리가 쌀알 크기가 될 때까지 자른다.
⑤ 날가루가 보이지 않으면 양손으로 뭉쳐 한 덩어리로 만든다. 치대지 않는다.
⑥ 랩이나 젖은 면포로 싸서 20분 이상 휴지한다.

3 집청 시럽 만들기
① 집청 재료를 모두 냄비에 넣고 중불에 올려 끓으면 약불에서 5분 정도 더 끓인다.
② 완성된 집청 시럽을 중탕해서 따뜻하게 보관한다.

4 약과틀로 모양 만들기
① 약과틀에 기름을 바르거나 랩을 깐다. 실리콘 약과틀은 그냥 쓴다.
② 휴지한 반죽을 같은 크기로 소분해 둥글게 뭉친다. 약과틀에 박았을 때 가운데는 조금 얇고 가장자리는 꽉 차는 분량이 좋다.
③ 약과틀에 반죽을 넣고 가운데부터 살살 누르면서 펴 가장자리까지 채운다. 엄지손가락으로 꾹꾹 박는다.
④ 반죽에 꼬챙이로 구멍을 4~6개 낸다.
⑤ 틀에서 꺼내 20분 정도 휴지한다.

5 기름에 튀기기
① 140℃ 기름에 약과 반죽을 넣고 뒤집어가며 앞뒤를 골고루 익힌다.
② 갈색이 나면 꺼내어 기름을 뺀다. 남은열이 있어 색이 더 진해지므로 원하는 색보다 약간 더 밝은색일 때 꺼낸다.

6 집청하기
① 튀긴 약과는 따뜻할 때 집청 시럽에 담근다.
② 속까지 집청 시럽이 잘 배면 망에 밭쳐 시럽을 뺀다.

켜 있는 모약과

집청후

반죽을 접어서 만든 모약과를 잘라보면 결이 옆으로 뻗어 있다. 밀대로 밀 때 글루텐이 어느 정도 형성되지만, 밀가루가 기름으로 코팅되어 있어 서로 들러붙지 않아 켜가 만들어지기 때문이다. 접는 횟수에 따라 켜의 수가 달라진다. 다만 반죽의 결 사이로 기름이 많이 흡수되기 때문에 튀긴 후 기름을 잘 빼지 않으면 집청 시럽이 잘 먹지 않는다.

집청 전

켜 있는 모약과 만들기

반죽을 접고 미는 과정을 통해 켜를 만든다. 세 번 접어 12겹 정도 만드는 것이 적당하다. 그 이상은 켜가 얇아져 쉽게 부서진다. 밀기 힘들고 밀어도 금방 다시 줄어들면 이미 글루텐이 형성되어 탄성이 생긴 것이다.

반죽
밀가루 200g, 참기름 40g
소금 2g, 후추가루 약간

반죽용 시럽
꿀 50g
막걸리 35g, 물 5g

집청 시럽
조청 240g
꿀 160g, 물 90g
생강 12g, 통계피 6g

튀김
기름 적당량

1 재료 준비하기
① 소금은 블렌더로 갈거나 칼날로 밀어 곱게 만든다.
② 집청용 생강은 편으로 납작하게 썬다.
③ 꿀과 막걸리, 물을 잘 섞어 반죽용 시럽을 만든다.

2 반죽하기
① 밀가루에 소금과 후추가루를 섞어 중간체에 내린다.
② 밀가루에 참기름을 넣고 손바닥으로 골고루 비벼 중간체에 내린다.
③ 반죽용 시럽을 나누어 넣으며 주걱이나 스크래퍼로 자르듯 섞는다.
④ 날가루가 보이지 않으면 양손으로 모아 한 덩어리로 뭉친다.
⑤ 뭉친 반죽을 눌러 대충 네모나게 만들어 랩이나 젖은 면포로 싸서 20분 이상 휴지한다.

3 밀대로 밀고 접어, 다시 밀기
① 휴지한 반죽을 밀대로 밀어 긴 직사각형으로 만든다.
② 긴 쪽을 반으로 접는다. 접힌 옆면에 칼금을 넣으면 성형하기 좋다.
③ 접은 면을 옆으로 돌려 다시 직사각형으로 길게 밀고 3절 접기를 한다. 마찬가지로 접힌 옆면에 칼금을 넣으면 성형하기 좋다.
④ 방향을 돌려 다시 직사각형으로 길게 민다. 다시 3절 접기를 한다.
⑤ 반죽을 0.8cm 두께로 밀어 랩이나 젖은 면포로 덮어 20분간 휴지한다.

4 네모나게 성형하기
① 반죽을 4×4cm 정사각형으로 자르거나 쿠키 커터로 모양을 찍는다.
② 약과 반죽 뒷면에 꼬챙이나 포크로 구멍을 낸다.

5 기름에 두 번 튀기기
① 냄비 2개에 튀김유를 각각 담고, 각각 100℃와 150℃로 가열한다.
② 온도가 낮은 냄비에 반죽을 넣어 켜를 살린다. 반죽이 뜨면 뒤집는다.
③ 약과 반죽이 가운데까지 부풀어 평평해지면 높은 온도의 냄비로 옮긴다.
④ 주기적으로 뒤집어가며 속까지 익힌다. 원하는 색이 되기 전에 꺼낸다.

6 기름 빼기
① 튀긴 약과는 옆면으로 세워 기름을 뺀다. 그래야 기름이 잘 빠진다.
② 하루 정도 약과의 네 면을 주기적으로 돌려가며 세워 기름을 뺀다.

7 집청하기
① 집청 재료를 모두 넣고 중불로 끓이다가 끓으면 약불로 줄여 5분 정도 더 끓인다. 따뜻하게 보관한다.
② 기름 뺀 약과를 시럽에 담가 집청한다.
③ 속까지 집청 시럽이 배면 체에 밭쳐 여분의 시럽을 뺀다.

진격의
약과
4

구운 약과　　　　　　　　　　　　　　　건강 약과

내 추억 속의 약과는 절대 최남선이 말하듯 최고급품도 한과의 왕도 아니었다. 할머니는 제사가 끝나면 우리 손에 약과 같은 것들을 쥐어줬다. 솜씨 있다고 동네방네 소문난 할머니는 '어때 내가 만든 약과, 정말 맛있지?' 하는 눈빛을 시전하며 우리의 벅찬 반응을 기다렸지만, 나는 그 기대에 부응한 적이 한 번도 없었다. 나는 약과가 그냥 그랬다. 딱딱하고 맛있지 않았다. 나만이 아니다. 지금 40~50대 이상 세대에게 약과는 그저 제사에 오르는 제물 중 하나였다. 할머니가 만든 약과는 그나마 맛이 나았지만, 대부분의 집에서 제사상에 올렸던 시장 약과는 더 맛이 없었다.

괄시받던 약과를 다시 한과의 중심, 혹은 인싸들의 핫템으로 만든 주역은 이른바 MZ세대다. 다시 말하면 아주 맛있어진 한과와 '약과=제사상'의 기억이 없는 세대의 합작품인 것이다. 이 힘을 받아 약과는 역동적으로 변화하고 있다.

시작은 서양 디저트의 영향일 거다. 숙련된 베이커, 파티시에, 제과사, 그 무엇이 되었든 제과 제빵 전문가들은 약과에 빵과 과자 만드는 기술을 도입했다. 서양 디저트 반죽 기술을 반영한 켜 있는 모약과를 시작으로 지금은 재료, 반죽법, 튀기기 등 전 과정을 해체해 새로운 기술로 재조합하고 있다. 또 서양식 디저트처럼 위에 화려한 토핑을 올리기 시작했다.

다음은 재료다. 얼마 전까지만 해도 약과의 재료는 참기름이 일반 튀김유로 바뀌고 꿀이 설탕으로 바뀐 정도이지, 근본적으로 달라진 것이 없었다. 지금은 다르다. 보관이나 완성도, 식감, 그 무엇이 되었든 더 뛰어난 품질을 위해 새로운 재료들이 시도되고 있다. 이유 중 하나는 건강 때문이다. 설탕이나 꿀을 당도와 칼로리가 낮은 대체당으로 바꾸고 열량을 낮추기 위해 튀기는 대신 굽기 시작했다.

가장 중요한 요인은 새로운 세대의 입맛이다. 40~50대 이상 세대가 약과가 달다고 느낀다면 어려서부터 전 세계의 디저트를 섭렵한 젊은 세대는 이 정도는 달다고 느끼지 않는다. 한 입 물었을 때 집청 시럽이 입안으로 줄줄 흐르는 것은 넘치는 축복이 되었다. 집청 시럽은 더 달콤해지고, 시럽을 완전히 빼지 않거나 약과 외부를 코팅된 채로 남아 윤기와 끈기를 자랑하게 되었다. 심지어 약과의 달콤함에 아이스크림이나 생크림을 얹거나 초콜릿 코팅을 하거나 쿠키의 버터 향을 더하고 있다.

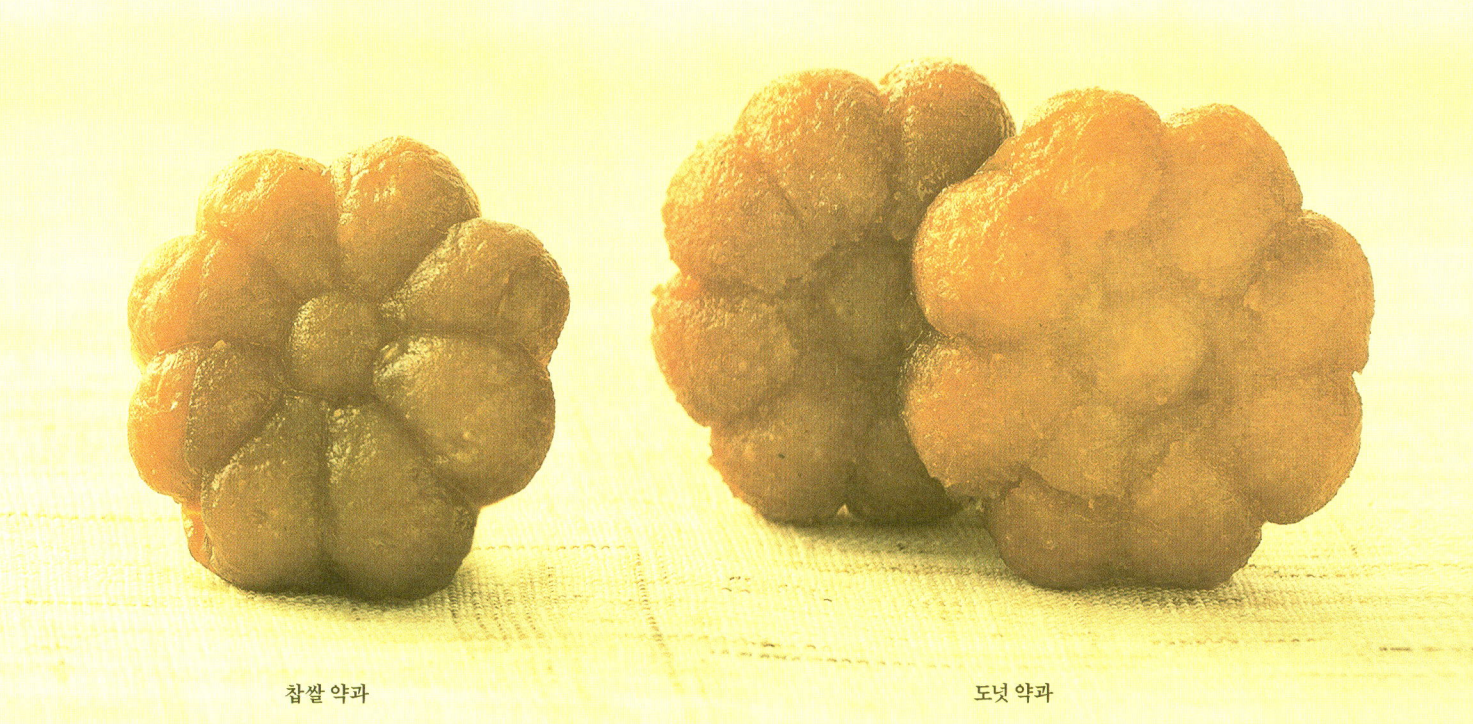

찹쌀 약과 **도넛 약과**

기름 양을 줄였다, 구운 약과

다만 구운 약과 반죽에는 일반 약과보다 기름이 더 들어간다. 밀가루 중량의 35% 정도 넣는다. 이 기름의 일부는 구울 때 빠진다. 구운 직후 다이제스트 과자처럼 구수한 맛과 향이 난다. 구운 약과는 내부 조직이 치밀하고 수분도도 낮으므로 80℃ 이상의 뜨거운 집청 시럽에 담가야 잘 스며든다. 반죽할 때 넣는 기름도 참기름보다 현미유나 해바라기씨유, 포도씨유가 더 잘 어울린다. 소주 대신 베이킹파우더로 부풀리는데, 밀가루 무게의 약 1.2%를 넣는다. 다만 맛은 튀긴 약과보다 덜하다. 기름에 튀긴 것은 신발도 맛있다고 하지 않던가.

대체당으로 바꿨다, 건강 약과

반죽과 집청에 들어가는 설탕이나 꿀 대신 칼로리가 낮은 대체당 알룰로스를 쓴다. 같은 무게의 설탕에 비해 열량이 5~10%, 당도는 70%다. 맛은 대체당 중 설탕과 가장 유사하다. 그래서 설탕 분량의 절반을 알룰로스로 대체하면 기존 약과와 비슷하게 만들 수 있다. 색은 조금 더 연해지지만 맛이 더 고소하고 촉감이 촉촉하다. 저장성도 더 좋아진다고 한다.

반죽 밀가루 200g, 현미유 70g, 소금 2g, 베이킹파우더 3g
반죽용 시럽 프락토올리고당 30g, 물 38g
집청 시럽 설탕 360g, 물 400g, 유자껍질 20g, 통계피 4g
튀김 기름 적당량

반죽 밀가루 200g, 현미유 40g, 소금 2g
반죽용 시럽 설탕 20g, 알룰로스 20g, 소주 44g
집청 시럽 조청 360g, 물 60g, 생강 12g, 통계피 4g
튀김 기름 적당량

① 마른 팬에 밀가루를 10분 정도 볶아 체에 내린다.
② 볶은 밀가루에 소금과 베이킹파우더를 섞고 현미유를 넣어 손바닥으로 골고루 비벼 중간체에 내린다.
③ 프락토올리고당과 물을 먼저 잘 섞은 다음 밀가루에 넣어 반죽한다. 날가루가 보이지 않으면 한 덩어리로 뭉쳐 휴지한다.
④ 반죽을 작은 덩어리로 소분해 약과틀에 박는다.
⑤ 약과 반죽을 150℃로 예열한 오븐에 반죽을 넣어 30분간 굽는다.
⑥ 재료를 모두 넣고 집청 시럽을 만들어 80℃ 뜨거운 상태로 유지한다.
⑦ 약과가 구워지면 뜨거운 상태에서 바로 집청 시럽에 담근다. 속까지 배면 빼서 체에 받쳐 여분의 시럽을 뺀다.

① 소주와 설탕, 알룰로스를 잘 섞어 반죽용 시럽을 만든다.
② 조청과 생강, 통계피, 물을 냄비에 넣고 중불로 끓인다. 끓으면 약불로 줄여 5분 정도 더 끓여 집청 시럽을 만든다.
③ 밀가루에 소금과 현미유를 넣어 손바닥으로 골고루 비벼 중간체에 내린다.
④ 기름 먹인 밀가루에 반죽용 시럽을 나누어 넣으면서 주걱으로 잘게 자르듯이 반죽한다. 날가루가 보이지 않으면 한 덩어리로 뭉쳐 휴지한다.
⑤ 반죽을 소분해 약과틀에 박아 모양을 만들고 뒷면에 꼬챙이로 구멍을 4~6개 낸다.
⑥ 140℃ 기름에 반죽을 넣어 뒤집어가며 속까지 충분히 익힌다.
⑦ 뜨거울 때 집청한다. 속까지 배면 빼서 체에 받쳐 여분의 시럽을 뺀다.

반죽 재료를 바꿨다, 찹쌀 약과

찹쌀 약과라 부르지만 찹쌀만으로 만드는 것은 아니다. 찹쌀을 전체 밀가루 분량의 20% 내외 넣는다. 30% 이상 넣으면 튀길 때 부풀었다가 식으면서 납작해진다. 찹쌀을 10%만 넣어도 겉은 더 바삭하고 내부의 수분량이 높아져 더 부드러워진다. 이른바 겉바속촉이 된다. 찹쌀 약과는 튀김 기름을 덜 흡수하고, 튀길 때 반죽이 풀어질 확률이 낮다.

간편하게 만든다, 도넛 약과

시판 도넛 믹스는 이미 설탕과 기름, 우유, 베이킹파우더가 들어 있어 간단하게 약과를 만들 수 있다. 기름에 튀긴 도넛과 비슷한 맛이 나 요즘 입맛에 잘 맞지만 약과 특유의 텍스처와 식감, 향기는 없다. 집청 시럽에 담그는 대신 설탕과 계피를 섞어 뿌리기도 한다. 1948년 손정규는 자신의 책 〈우리음식〉에서 약과를 집청하는 대신 설탕을 뿌리는 시도를 했다.

반죽 밀가루 200g, 찹쌀가루 20g, 참기름 34g, 소금 2g
반죽용 시럽 꿀 50g, 소주 32g, 생강즙 10g
집청 시럽 조청 360g, 물 60g, 생강 12g, 통계피 4g
튀김 기름 적당량

반죽 밀가루 200g, 시판 도넛 믹스 60g, 습식 찹쌀가루 36g, 달걀 1개, 포도씨유 12g, 설탕 96g, 소금 2g, 계피가루 2g
집청 시럽 설탕 360g, 물 400g, 레몬껍질 20g, 통계피 4g
튀김 기름 적당량

① 꿀과 소주, 생강즙을 잘 섞어 반죽용 시럽을 만든다.
② 집청 시럽 재료를 모두 넣고 중불로 끓인다. 끓으면 약불로 줄여 5분 정도 더 끓여 집청 시럽을 만든다.
③ 밀가루와 찹쌀가루에 소금을 섞어 중간체에 내린다.
④ 섞은 가루에 참기름을 넣고 손바닥으로 골고루 비벼 중간체에 내린다.
⑤ 반죽용 시럽을 나누어 넣으면서 스크래퍼나 주걱으로 자르듯 반죽한다.
⑥ 날가루가 안 보이면 양손으로 뭉쳐 랩이나 젖은 면포로 싸서 휴지한다.
⑦ 반죽을 작은 덩어리로 소분해서 약과틀에 박아 모양을 만든다.
⑧ 반죽 뒷면에 꼬챙이로 구멍을 4~6개 낸다.
⑨ 140℃ 기름에 반죽을 넣어 뒤집어가며 속까지 충분히 익힌다.
⑩ 뜨거울 때 집청한다. 속까지 배면 빼서 체에 받쳐 여분의 시럽을 뺀다.

① 집청 시럽 재료를 모두 넣고 중불로 끓인다. 끓으면 약불로 줄여 5분 정도 더 끓여 집청 시럽을 만든다.
② 밀가루와 찹쌀가루, 도넛 가루, 소금, 계피가루를 섞어 중간체에 내린다.
③ 달걀에 설탕을 3~4차례 나누어 넣으면서 잘 섞는다.
④ 체에 내린 가루에 달걀과 설탕 섞은 것, 포도씨유를 넣어 반죽한다.
⑤ 반죽을 랩이나 젖은 면포로 싸서 휴지한다.
⑥ 휴지한 반죽을 약과틀 크기에 맞춰 소분한다.
⑦ 약과 반죽 뒷면에 꼬챙이로 구멍을 4~6개 낸다.
⑧ 120℃ 기름에서 뒤집어가며 앞뒤를 고루 익혀 갈색이 되면 꺼내 기름을 제거한다.
⑧ 뜨거울 때 집청한다. 속까지 배면 빼서 체에 받쳐 여분의 시럽을 뺀다.

귀염뽀짝 만두과

간단하게 말하면 만두과는 만두처럼 만든 작은 약과다. 이름에 걸맞게 만두처럼 안에 소가 들어가고, 다른 한과를 고일 때 웃기로 쓰기 때문에 납작하게 만든다.

기록에 처음 등장한 것은 1611년 허균의 〈도문대작〉인데, 제사나 잔치, 손님 접대에 쓴다고 썼다. 그 이후 수많은 옛 조리서와 궁중 의궤에 등장한 인기 한과였다. 궁에서는 대중소 세 가지 크기로 만들어 각각 다른 그릇에 고여 상에 올렸다. 〈반찬등속〉의 주악도 만두과에 가깝다. 무엇보다 주재료가 밀가루 아닌가.

반죽은 만두 모양으로 만들어야 하니 약과보다 약간 질어야 한다. 소는 〈규합총서〉는 황률과 대추에 계피가루와 후추가루를, 〈시의전서〉는 대추에 꿀과 계피를, 〈증보산림경제〉는 대추와 곶감을, 〈음식법(윤씨)〉는 대추와 황률, 건시에 꿀, 계피, 후추를 섞어 만들었다. 그러니까 소는 대추나 황률, 곶감을 꿀로 반죽해 계피와 후추를 섞어 만들었다. 밤이나 대추 크기로 송편이나 만두처럼 빚어 튀기고 집청해 잣가루나 깨를 뿌렸다. 만두과처럼 생겼지만 피가 더 얇고 더 작은 것은 연사라라 불렀다.

만두과 맛있게 만드는 법
만두과의 화룡점정은 꼬아 만든 가장자리인데, 아주 현실적인 이유에서 만들어졌다. 밀가루에 기름을 먹이니 글루텐이 생성되지 않아 반죽이 붙지 않고 벌어지니, 그 부분을 꼬아 강제로 고정한 것이다. 그래야 튀길 때 사이가 벌어지지 않는데 그것이 사랑스러운 특징이 되었다.

만두과 만들기

112.

반죽
밀가루 200g, 참기름 30g
소금 2g, 후추가루 약간
반죽용 시럽
꿀 65g, 청주 20g
생강즙 10g, 물 15g
소
대추 20g
유자청 건지 4g
유자청 2g
계피가루 1g
집청 시럽
조청 240g, 꿀 120g
물 60g, 생강 12g
통계피 4g
튀김
기름 적당량

1 재료 준비하기
① 소금은 블렌더에 갈거나 칼날로 밀어 곱게 만든다.
② 반죽용 생강은 곱게 갈아 고운체에 밭쳐 즙을 받는다.
③ 꿀과 청주, 생강즙, 물을 섞어 반죽용 시럽을 만든다.
④ 집청용 생강은 편으로 납작하게 썬다.

2 반죽하기
① 밀가루에 소금을 넣고 고운체에 내린다.
② 밀가루에 후추가루를 섞고 참기름을 넣어 손바닥으로 비벼 골고루 기름을 먹여 중간체에 내린다.
③ 반죽용 시럽을 3~4회 나누어 넣으면서 스크래퍼로 자르듯 섞어 날가루가 보이지 않으면 양손으로 한 덩어리로 뭉친다.
④ 뭉친 반죽을 랩이나 젖은 면포로 싸서 20분 이상 휴지한다.

3 집청 시럽 만들기
① 집청 시럽 재료를 모두 넣고 중불로 끓이다가 끓어오르면 약불로 줄여 5분 정도 더 끓인다.
② 완성된 시럽을 따뜻하게 보관한다.

4 소 만들기
① 대추를 마른행주로 닦아 씨를 바르고 곱게 다진다.
② 유자청의 건지도 곱게 다진다.
③ 대추와 유자청 건지와 유자청, 계피가루를 섞어 되직하게 반죽한다.
④ 반죽을 작은 콩알만 한 크기로 떼어 약간 긴 타원형으로 빚는다.

5 만두 모양으로 빚기
① 반죽을 10g씩 떼어 둥글게 뭉쳐 갈라지는 곳이 없을 때까지 가장자리 반죽을 안으로 계속 접는다.
② 위 반죽을 눌러 납작하게 만든다. 갈라지지 않은 쪽이 만두과 겉면이다.
③ 반죽 가운데에 소를 넣고 반으로 접어 엄지와 검지로 소 바로 옆을 돌려가며 세게 눌러 공기를 뺀다.
④ 한쪽 끝부터 조금씩 계속 접어 꼬인 듯한 모양을 만들고, 마지막은 뒤쪽으로 접는다. 너무 조금씩 접으면 튀길 때 풀리므로 과감히 접는다.

6 튀기기
① 140℃의 기름에 넣어 앞뒤를 뒤집어 가며 골고루 익힌다.
② 갈색이 나면 꺼내어 기름을 뺀다.

7 집청하기
① 따뜻할 때 집청 시럽에 담근다.
② 속까지 배어들면 체에 밭쳐 시럽을 뺀다.

주악 아닌, 주악 같은 주악

요즘 유행하는 주악은 전통 한과 장인들을 당황하게 만든다. 단순히 당황하는 정도가 아니라 머리를 내저으며 '이제 은퇴할 때가 되었나' 홀로 자책하게 된다. 물론 그 마음의 한 자락엔 반발심도 있다. '아니 그건 주악이 아니야' 외치고 싶다. 순수 장인 지수가 높을수록 더 당황하는 것 같다. 요즘 유행하는 주악, 구체적으로 개성주악으로 불리는 이것은 작은 사과 같기도 하고 도넛 같기도 하다. 둥글게 부풀려 바삭한 설탕 코팅을 입히고 위에는 크림이나 과일, 치즈 뭐가 되었든 화려한 장식을 올리기도 한다. 〈반찬등속〉의 주악과는 비교할 필요조차 없다. 〈반찬등속〉 주악은 애당초 다른 전통 주악하고 또 다르니까.

1989년에 발간된 〈한국민속종합조사보고서〉 향토음식 편에는 주악이 서울 지방의 향토 떡으로 기록되어 있다. 찹쌀을 익반죽해서 송편처럼 빚어 화전보다 기름을 넉넉히 두르고 지져 집청한다. 반죽에 색 재료를 넣어 여러 색으로 만들어 떡의 웃기로 썼다. 떡 위에 올려야 하니 납작하다. 전라도 향토 주악도 있다. 찹쌀 반죽을 동글납작하게 빚어 기름에 지져 소를 넣고 반을 접는다. 모양은 납작한 송편, 그러니까 서울 주악과 같다. 이것을 오색으로 만들어 색 맞춰 돌려 담고 그 위에 대추채와 밤채, 석이채를 올린다.

지금 유행하는 주악의 모태인 개성주악은 서울 것과도 전라도 것과도 다르다. 본명은 우메기다. 찹쌀에 멥쌀을 섞고 막걸리로 반죽한다. 크기도 손바닥만 하고 모양도 둥글납작하게 만들어 속까지 잘 익히기 위해 가운데를 꾹 눌렀다. 찹쌀에 막걸리를 넣었으니 기름에 튀기면 부풀어 올랐다가 다 익으면 가라앉는다. 그러니 누군가 아쉬웠을 거다. 튀길 때 동그랗게 복숭아 엉덩이처럼 예쁘던 것이 튀김 기름에서 꺼내 시간이 지나면 납작해지니 말이다. 그래서 멥쌀 대신 밀가루를 넣어 식어도 다시 가라앉지 않는 주악으로 만들어냈다. 이것이 새로운 주악의 탄생이다. 찹쌀을 막걸리로 반죽했으니 식감은 여전하다. 처음 입에 넣으면 쫄깃하지만 씹으면 녹는 것 같다.

주악 맛있게 만드는 법
주악의 매력 중 하나는 씹을 때 녹는 느낌이다. 그런데 밀가루가 많아지면 밀가루 냄새가 나고 녹는 듯한 느낌도 사라진다. 밀가루 분량은 전체의 15~20%가 적당하다. 팽창한 상태로 고정되면서도 밀가루 맛도 나지 않고 주악 특유의 녹는 듯한 식감을 유지하려면 말이다.

주악 만들기

116.

반죽
습식 찹쌀가루 160g
밀가루 32g, 설탕 20g
소금 2g, 생막걸리 40g
물 20g

집청 시럽
설탕 90g
물엿 50g
물 100g
통계피 4g
유자청 건지 10g

장식
호박씨 20개

1 반죽하기
① 습식 찹쌀가루와 밀가루를 각각 중간체에 내린다. 여기에 소금과 설탕을 넣고 한데 섞는다.
② 섞은 가루에 뜨거운 물과 생막걸리를 넣고 익반죽한다. 말랑할 정도로 치댄다.
③ 치댄 반죽을 랩이나 젖은 면포로 싸서 20분 이상 휴지한다.

2 성형하기
① 휴지한 반죽을 다시 치댄다.
② 18g씩 소분해서 경단처럼 둥글게 빚은 다음 손바닥으로 눌러서 1cm 두께로 둥글납작하게 만든다.
③ 젓가락 같은 도구로 가운데에 구멍을 뚫는다. 구멍이 작으면 튀길 때 다시 붙어버린다.

3 두 번 튀기기
① 100℃의 기름에서 속까지 익히면서 부풀린다.
② 동그랗게 부풀면 160℃ 기름으로 옮겨 노릇하게 튀긴다.
③ 좀 더 튀겨 모양이 가라앉지 않게 한다.

4 집청하기
① 물과 설탕, 물엿, 통계피, 유자청 건지를 넣고 끓여 집청 시럽을 만든다.
② 튀긴 주악이 아직 뜨거울 때 집청 시럽에 담갔다가 건져 망에 밭쳐 여분의 시럽을 뺀다.

바삭하고 고소한 매작과

매작과는 한과 중에서 보기 드물게 대중적이다. 엄청난 솜씨나 비싼 재료 없이도 충분히 맛있게 만들 수 있다. 어릴 때 결혼 전까지 음식이라고는 전혀 해본 적 없는 초보 주부였던 친척 언니네 놀러 가면 매작과를 만들어주었다. 언니의 지시만 따르면 어린 우리도 뒤집어 모양을 낼 수 있을 정도로 어렵지 않았다. 어설픈 솜씨가 더해져도 매작과는 여전히 바삭하고 고소하고 달콤했다.

매작과는 밀가루 반죽을 얇게 밀어 긴 직사각형으로 자르고 가운데 칼집 내서 뒤집은 다음 기름에 튀겨 시럽에 집청해서 만든다. 핵심은 밀가루 반죽이다. 최대한 얇게 밀어 최대한 바삭하게 튀겨야 한다. 씹는 순간 아삭바삭 소리가 들려야 제대로 맛있다. 문제는 매작과를 예쁘게 만들기 위해서는 그 반대로 해야 한다는 것이다. 그러니까 반죽을 두툼하게 밀어 낮은 온도에서 천천히 튀겨야 한다. 그래야 표면에 기포도 생기지 않고 단정하고 고운 매잡과가 된다. 슬프게도 두꺼운 매작과는 맛도 떨어지고 때로는 질길 정도다.

매작과는 오랜 역사와 전통을 자랑하지는 않는다. 고작 130여 년 전인 1890년대 〈시의전서〉에 처음 나왔다. 밀가루를 얇게 밀어 직사각형으로 잘라 가운데 칼집을 세 줄로 내고 뒤집어 튀기는 것이 지금의 방법과 같다. 〈시의전서〉가 참고한 〈규합총서〉에는 나오지 않는다. 100년 가까이 지나는 동안 새로 생긴 것인지, 〈시의전서〉를 필사한 집안이나 마을 고유의 한과였는지는 알 수 없다. 궁중 연회에는 딱 한 번 올랐는데, 매엽과라는 이름으로 기록되었다.

매작과와 같은 방법으로 만드는 것에 차수과와 타래과가 있다. 모양만 다르다. 실타래 같다 하여 타래과. 두 손을 마주 잡은 모습 같다 하여 차수과(叉手菓)라 불렀다. 매작과는 참새가 매화나무에 앉아 있는 모습 같다 하여 붙은 이름이다. 이 중 궁중 연회에 자주 오른 것은 차수과다. 흰색과 붉은색 두 가지로 만들어 한 접시에 놓았다. 붉은색은 흰 반죽을 붉은 지치기름에 튀겨 만들었다.

차수과는 매작과보다는 역사가 길다. 1611년에 나온 〈도문대작〉에 여주 사람이 만든 차수과가 희고 부드럽고 가늘고 연하고 달콤하다고 기록되어 있다. 1924년에 발간된 〈조선무쌍신식요리제법〉에는 매작과와 타래과 두 가지가 모두 실렸다. 매작과는 50여 년이 지난 1970년대부터 집에서 쉽게 만들어 먹는 과자가 되었고, 타래과는 사라져 보이지 않는다.

약과 반죽으로도 매작과를 만들 수 있다. 이때는 반죽을 얇게 만들 필요가 없다. 칼집도 한 번만 넣고 집청도 약과처럼 한다.

매작과 맛있게 만드는 법

앞에서 말했듯이 얇게 만들어야 아삭하고 바삭하다. 제면기를 쓰면 최대한 얇게 밀 수 있다. 그런데 질면 아무리 덧가루를 써도 제면기에 달라붙으니 반죽이 되어야 한다. 튀긴 후 좀 딱딱하다.

바삭한 매작과를 만드는 또 다른 방법은 집청한 다음 한 번 더 튀기는 것이다. 그러면 시럽의 수분이 날아가 오랫동안 바삭하다. 집청 시럽을 뺀 다음 체에 담아 100℃ 정도의 낮은 온도에서 잠깐 튀긴다. 높은 온도에서 오래 튀기면 집청 시럽이 타버린다.

그러나 매작과는 무엇보다 만들어 그 자리에서 먹는 것이 맛있다.

매작과 만들기

120.

매작과 한가운데 세 줄의 칼집을 넣는 이유는 무엇일까. 튀길 때 지나치게 부풀어 속이 텅비어 공갈빵 같아지는 것을 막기 위해서다. 반죽을 4등분하듯 같은 간격으로 칼집을 세 번 넣는다.

반죽
밀가루 400g
물 200g
소금 4g

색 재료
생강 10g
치자 2조각
백련초가루 1g
파래가루 4g

집청 시럽
설탕 360g
물 400g
물엿 50g

덧가루
감자전분 약간

튀김
기름 적당량

1 준비하기
① 소금은 블렌더에 갈거나 칼날로 밀어 곱게 만든다.
② 생강은 아주 곱게 다진다.
③ 백련초 가루와 파래 가루는 물 1큰술을 넣어 불리고, 치자는 물 100g에 두 조각을 넣어 색을 우린다.
④ 설탕과 물을 넣고 중불로 끓이다 설탕이 녹으면 약불로 줄여 반으로 졸아들 때까지 끓여 집청 시럽을 만든다.

2 반죽하기
① 밀가루에 소금을 섞고 체에 내려 50g씩 나누어 각각에 색 재료와 물을 넣어 반죽한다.
② 각각의 반죽을 젖은 랩이나 젖은 면포로 싸서 20분 이상 휴지한다.

3 모양 만들기
① 휴지한 반죽을 2mm 이하로 얇게 민다. 감자전분을 덧가루로 사용한다.
② 반죽 정중앙에 위아래 1cm 정도 남기고 칼집을 한 번 길게 넣는다.
③ 먼저 낸 칼집과 반죽 한쪽 끝 사이에 다시 칼집을 넣는다. 나머지 쪽도 마찬가지로 칼집을 낸다.
④ 반죽의 양쪽 모서리를 중앙 칼집 사이로 빼서 뒤집어 모양을 잡는다.

4 튀기기
① 모양 낸 반죽을 150~160℃ 기름에 넣어 젓가락으로 모양을 잡으면서 튀긴다.
② 다 익으면 체로 한 번에 건져내어 기름을 뺀다.

5 집청하기
① 튀긴 반죽을 집청 시럽에 10분 정도 담근다.
② 매작과를 체에 밭쳐 여분의 시럽을 뺀다.

6 다시 튀기기
① 100℃의 기름에 집청한 매작과를 잠깐 튀겨 시럽의 수분을 제거한다.
② 체에 밭쳐 기름을 제거한다.

모양에 따라 이름이 다르다

두 가지 색 매작과

반죽을 뒤집는 특성을 이용해 두 가지 색이 조화로운 매작과를 만든다. 색이 다른 두 장의 반죽을 마주 붙여야 하므로 반죽은 얇아야 한다. 다만 너무 얇으면 색이 서로 비쳐 예쁘지 않다. 색의 대조와 배합이 중요하므로 각각의 색이 너무 흐려도 매력 없고 너무 강해도 경박해 보인다. 제면기를 쓰면 편하다.

① 반죽에 각각의 색 재료를 넣어 색이 다른 반죽을 두 장 만든다.
② 각각의 반죽을 2mm 두께로 얇게 민다.
③ 반죽 두 장을 을 겹쳐 밀대로 밀어 원래 두께로 만든다.
④ 매작과처럼 직사각형으로 자르고 동일한 간격으로 칼집을 세 줄 넣어 뒤집는다.

타래과

실타래같이 만들어 타래과란 이름이 붙었다. 반죽이 질면 모양을 잡기 어렵다. 반죽이 마르면 타래를 만들 때 뚝뚝 끊어지므로 실처럼 성형한 반죽을 비닐로 덮어두고 하나씩 꺼내 만든다. 옛날에는 고무줄 새총 같이 생긴 도구를 만들어 썼다. 이 책에서는 리본처럼 만들었다.

① 반죽을 얇게 밀어 국수 가락처럼 자른다. 제면기를 쓸 경우 2mm 정도가 좋다.
② 비닐로 덮어 수분이 날아가지 않도록 한다. 마르면 끊어진다.
③ 길게 자른 반죽을 왼손 엄지와 검지 사이에서 리본 같은 모양을 만든다.
④ 남은 반죽으로 가운데를 세 번 감고 끝에 물을 묻혀 붙인다.
⑤ 편편한 판에 올려 모양을 고정한다.

매작과

새가 나뭇가지에 앉아 있는 모양이라 매작과라 이름이 붙었다. 매접과, 매잡과, 매엽과 같은 이름으로도 불렸다. 가운데 칼집을 넣을 때 위아래 끝을 1cm씩 남겨야 뒤집을 때 끊어지지 않는다. 반죽을 4등분하듯 같은 간격으로 칼집을 세 줄 넣는다.

차수과

매작과 종류 중 유일하게 궁중 의궤에 등장한다. 두 손을 엇갈려 마주 잡은 모양이라 차수과라는 이름이 붙었지만 정확한 모양은 전해지지 않는다. 그래서 각자 해석에 따라 다양한 모양으로 만든다. 이 책에서는 왕관 모양으로 만들었다.

쿠키 커터 꽃

쿠키나 설탕 공예용 커터로 원하는 모양을 만든다. 원하는 모양에 맞는 색을 골라 반죽해 커터로 자르면 표현할 수 있는 것이 무궁무진하나. 이 책에서는 세 가지 색으로 반죽을 하고 꽃 모양의 커터를 사용했다.

---

① 2mm 두께로 얇게 민 반죽을 5×2cm 크기로 자른다.
② 정중앙에 위아래 끝을 1cm 남기고 칼집을 길게 넣는다.
③ 중앙의 칼집을 중심으로 양쪽에 하나씩 더 칼집을 넣는다.
④ 반죽의 양쪽 끝을 모아 가운데 칼집 사이로 넣어 뒤집는다.
⑤ 사이가 벌어지지 않도록 모양을 잡는다.

① 반죽을 얇게 밀어 3×6cm 직사각형으로 자른다.
② 반죽의 긴 쪽을 반으로 접는다.
③ 접힌 쪽에 같은 간격으로 칼집을 네 번 넣는다.
④ 칼집 넣은 반죽을 다시 폈다가 다시 접되 칼집이 한 마디씩 어긋나게 붙인다. 끝에 물을 묻히면 잘 붙는다.
⑤ 양 끝을 이어 붙여 둥글게 만든다. 마찬가지로 반죽 끝 쪽에 물을 묻혀 붙인다.

① 밀가루에 오미자물, 치자물, 생강즙을 넣어 세 가지 색 반죽을 만든다.
② 각각의 반죽을 밀대로 얇게 편다.
③ 커터로 모양을 찍어낸다. 한 번에 깔끔하게 찍는다.
④ 세 가지 크기의 반죽을 겹쳐 가운데를 눌러 반죽끼리 붙인다. 꽃잎 끝부분을 매만져 모양을 살린다.

매작과 반죽에 색 넣기

흰색
흰색 반죽은 맛을 내기 위해 다진 생강이나 즙을 넣는다. 생강즙이 들어가면 반죽이 삭기 시작하므로 반죽 후 바로 튀긴다.

치자
단호박보다 화려하고 순도 높은 노란색이 난다. 전날 물 1컵에 치자 4개를 잘라 넣어 색을 우린다. 급하게 쓸 때는 따뜻한 물에 우린다. 요즘은 치자가루도 많이 쓴다.

단호박
호박 종류에 따라 조금씩 다르지만 대체로 차분하고 고급스러운 노란색이 난다. 주로 말린 가루를 쓰는데, 호박 맛이 나지 않는다.

백련초
백련초로 낸 붉은색은 인디언 핑크나 벚꽃 색에 가까워 애조를 띤다. 온도가 높은 기름에서 오래 튀기면 색이 날아가 없어지므로 빨리 튀겨야 한다.

비트
붉은색 중에서 가장 강렬하며 많이 넣으면 보라에 가까운 짙은 색이 된다.

어떤 재료는 특별한 맛과 향이 있지만 대부분은 그냥 색만 낸다. 여기 나온 색 재료 외에 붉은색 재료로 감 가루와 석류가 있고, 노란색은 울금, 녹색은 매생이와 클로렐라가 있다. 건조 분말은 미리 물에 불려 넣으면 색을 더 고르게 낼 수 있다. 같은 재료라도 제조사에 따라 색감이 조금씩 다르다.

자색고구마
화려한 붉은색을 만든다. 전형적인 붉은색에 가장 비슷하다.

녹차
연두나 연한 녹색을 만들 수 있다. 차분하고 고급스러운 느낌이 든다. 많이 넣어도 색이 진해지지 않는다.

쑥
조금 넣으면 연한 올리브그린에 가깝고 많이 넣으면 진한 녹색이 된다. 원재료의 향이 유지된다.

파래
색도 색이지만 무엇보다 반죽이 맛있어진다. 아주 곱게 다져 미리 물에 불려 쓴다. 감태나 매생이를 대신 써도 좋다.

청치자
치자에서 추출해 만든 색소로 자연에 없는 푸른색을 낸다. 조금만 넣어도 강한 색을 내므로 극소량씩 넣으면서 색을 확인한다.

꽃 같은 요화과

잘 알려지지 않은 한과로, 여러 이름으로 불렀다. 더 정확히 말하면 게재된 문헌마다 다른 이름으로 나온다. 요화과, 요화삭, 요화산자, 요화대, 요홧대, 묘홧대, 요산, 소요화, 묘산 등이다. 궁중 의궤엔 요화로 기록되었다. 이름마다 별 차이가 없어 같은 음식으로 보인다. 그런데 이름이 통일되지 않았다는 것은 그만큼 알려지거나 정착되지 못했다는 방증이기도 하다. 근대 이후에는 몇십 년에 걸쳐 출간된 〈조선요리제법〉 개정판을 제외하면 다른 책 어디에서도 나오지 않았다. 다만 사라진 것이 안타까울 만큼 이름도 묘하고 생김새도 묘하다. 좀 모던하다. 여뀌꽃처럼 생겼다 해서 요화라 불렸다는데, 가지 끝에 아주 작은 꽃들이 모여 있어 마치 빼빼로 과자 같다. 옛날 사람들은 반죽을 산가지(계산이나 점술용으로 쓰던 가늘고 긴 막대기)나 비녀같이 만들었다. 반죽을 젓가락처럼 길게 만들어 튀겨 한쪽 끝을 손으로 잡을 수 있을 만큼 남기고 조청이나 꿀을 발라 고물을 묻힌다. 궁에서는 지치 기름과 울금으로 고물에 붉은색과 노란색 물을 들여 삼색 요화를 만들었다.

요화과 맛있게 만드는 법
된 반죽을 밀어 길게 자르고 살살 굴려 모서리를 둥글게 해서 튀긴다. 가늘기 때문에 좀 딱딱해도 똑똑 부러뜨려가며 먹을 수 있다. 오히려 딱딱해야 힘이 생겨 구부러지지 않는다. 반죽 재료는 〈조선요리제법〉과 〈조선무쌍신식요리제법〉은 메밀가루를, 〈역주방문〉은 밀가루에 찹쌀가루를 섞어 썼지만, 이 책에서는 밀가루로만 반죽했다. 고물은 튀밥을 갈아 체에 내려 붙인다. 깨나 견과류 다진 것도 괜찮다. 꿀이나 조청, 물엿이 아니라 초콜릿을 묻혀도 된다. 재미와 모양으로 먹는 것이니까.

표 14. 옛 조리서에 나온 요화과

시기	문헌	이름	만드는 법				
			주재료와 반죽	성형 1	성형 2	튀기기	집청과 기타
1809년	규합총서	묘화산자	밀가루에	소금물을 짭짤하게 한 데다가 꿀 타서 되게 반죽하여	주가치 같이 썰어	중계와 같이 지져	각색 고물을 산자와 같이 올려라.
1827년	임원경제지	요화산자			여뀌꽃 모양으로 된 것이 있고		홍백의 강반을 붙이고 그 자루를 1치 정도 남기고 염두라 하는 것이다.
1800년대 중	역주방문	소요화	좋은 밀가루와 찹쌀가루를	3홉씩 끓인 소금물을 식혀서 반죽한다. 산자보다 더 질게 반죽하여 넓게 편다.	한 식경 후(4~5시간)에 안반 위에 비비어	산자 그릇에 지져낸다.	
1870년경	명물기략	요홧대, 요산			비녀같이 덩어리를 만들어	지진 것에	엿을 바르고 고물을 무친 것으로
1917년	조선요리제법 초판	요홧대	메밀가루에 설탕을 섞어	끓는 물에 반죽하여	강정처럼 기름에 지져서		조청을 바르고 찹쌀을 지에를 쪄서 말려 지진 것을 묻히나니라.
1924년	조선무쌍신식 요리제법	묘홧대, 요홧대, 묘산	메밀가루를 조청이나 설탕에 섞되	끓는 물에 반죽하여	네모지고 길쭉하게 썰어	기름에 지져서	조청을 바르고 산자에 묻히는 찹쌀 지진 것을 묻는다. 이것도 찹쌀 붉은 것을 묻혀 쓰나니라.

요화과 만들기

이름 그대로 여뀌꽃처럼 아주 가늘고 길게 만들었다. 특히 붉은색 고물을 붙이면 진짜 여뀌꽃 같다. 여러 가지 색 반죽으로 만들고 다양한 견과류를 고물로 붙였다. 귀엽고 사랑스럽다.

반죽
밀가루 200g
소금 2g, 물 90g
색 재료
치자 1조각
녹차 가루 2g
백련초 가루 1g
집청 시럽
설탕 100g
물엿 20g
물 50g
고물
튀밥 20g
피스타치오 20g
땅콩 20g
해바라기씨 20g
지치 기름 4g
튀김
기름 적당량

1 준비하기
① 시판하는 튀밥을 분쇄기에 굵게 갈아 굵은체에 내려 세건반을 만든다.
② 세건반을 반으로 나누어, 반은 백세건반으로 나머지 반에는 지치 기름을 조금 넣고 버무려 붉은 세건반을 만든다.
③ 피스타치오와 땅콩, 해바라기씨는 다져 굵은체에 걸러 가루를 제거한다.
④ 치자 한 조각을 물 50g에 담가 색을 우린다.

2 반죽하기
① 밀가루에 소금을 섞고 중간체에 내려 각각 50g씩 넷으로 나눈다.
② 밀가루 50g을 물로만 되직하게 반죽해 랩이나 젖은 면포로 싸서 20분간 휴지한다.
③ 나머지 밀가루에 각각 녹차 가루와 치자물, 백련초 가루를 넣어 녹색과 노란색, 붉은색 반죽을 만들어 랩이나 젖은 면포로 싸서 20분간 휴지한다.

3 성형하기
① 각각의 반죽을 말랑하게 치대 3mm 두께로 평평하게 민다.
② 민 반죽을 12cm로 길게 썬 다음 다시 3mm로 가늘게 썬다.
③ 가늘게 썬 것을 손으로 굴려 몸 전체는 둥글게 하고 끝은 가늘게 만든다.

4 튀기기
① 120℃ 기름에 넣어 속까지 익도록 천천히 튀긴다.
② 기름에서 꺼내 기름을 뺀다.

5 고물 묻히기
① 설탕과 물엿을 섞고 물은 조금만 넣어 아주 진한 집청 시럽을 만든다. 한쪽 끝을 4cm 정도만 빼고 시럽을 묻힌다.
② 큰 그릇에 세건반을 넣고 요화과를 넣어 까불러 고루 묻힌다.
③ 여분의 고물을 털어낸다.
④ 다진 피스타치오와 땅콩, 해바라기씨, 홍세반도 같은 방법으로 묻힌다.

몸에 좋거나 혀에 좋거나, 정과

정과, 그러니까 식물의 열매나 뿌리, 줄기를 꿀이나 설탕 같은 당에 조린 음식이 우리에게만 있는 것은 아니다. 콩포트, 콩피, 프리저브처럼 세계 어디에서나 흔한 디저트다. '세상에 이런 일이' 유의 TV 프로그램에서 오랑우탄이나 침팬지 혹은 어떤 동물이나 곤충이 과일을 꿀에 담가 먹는다더라 하는 목격담이 나와도 이상하지 않을 정도다. 과일과 꿀이라니. 그야말로 누구도 거부할 수 없는 꿀 조합 아닌가.

우리 전통 정과는 과일만 꿀에 조린 것은 아니다. 궁과 민간 모두 생강과 도라지, 모과, 산사 같은 다양한 식물의 뿌리와 열매로 정과를 만들었다. 1997년 한국문화재보호재단에서 출간한 〈한국음식대관〉을 보면 연근, 생강, 도라지, 무, 우엉, 당근, 모과, 산사, 동아, 송이, 다시마, 청매, 백매, 행인, 맥문동, 이포, 당속, 웅지 등으로 만든 43종의 정과가 나온다. 요즘에도 무화과, 금귤, 키위 등 전에 쓰지 않던 열매나 뿌리로 만든 새로운 정과가 계속 등장한다. 〈반찬등속〉에도 가장 많은 종류가 나온 한과가 정과다.

정과가 최초로 기록된 문헌은 1450년경 〈산가요록〉으로 동아와 생강, 앵두 정과가 나온다. 이 세 가지는 조선 시대 다른 문헌에도 많이 등장한다. 그중에서 가장 특별한 것은 동아정과다. 사회에 3~5일 묻어두어 수분을 제거하고 질감까지 단단하게 바꾼다. 이 과정을 마치면 묻은 재를 씻어내고 다시 며칠간 물에 담가 냄새를 우려낸다. 이게 끝이냐고? 아니 시작이다. 겨우 운동복을 입고 러닝화를 신고 출발선에 섰을 뿐이다. 본게임은 이제부터다. 땅 소리가 나면 동아는 첨병 꿀물로 뛰어들어가 찐득할 때까지 조려진다. 요즘은 잘 만들지 않는다. 동아도 구하기 어렵지만, 도대체 사회, 그러니까 조개껍데기를 불에 태워 빻아 만든다는 그것을 어디에서 구한단 말인가. 혹 구했다 해도 아파트 어느 구석에 며칠간 묻어둔단 말인가.

옛 조리서에 나온 정과는 대부분 꿀에, 드물게는 조청에 조려 만들었다. 〈반찬등속〉에서는 연근과 생강, 모과는 꿀에, 박오가리는 조청에 조렸다. 설탕에 조리기 시작한 것은 〈반찬등속〉보다 4년 뒤에 나온 〈조선요리제법〉 초판이다. 이때부터 설탕이 주 당액 재료가 되었다. 설탕이 수입되기 시작한 것은 고려 시대로, 주로 약재로만 쓰다가 조선 시대에는 점차 궁이나 반가에서 기호품으로 먹기 시작했다. 그래서 조선 시대에도 궁에서는 꿀에 설탕을 같이 넣어 정과를 만들었다.

다 된 정과는 따뜻할 때 체에 밭쳐 남은 당액을 제거한다. 식으면 재료에 두껍게 엉겨 붙어 잘 빠지지 않는다. 말릴 때는 정과와 당액이 달라붙지 않게 건조망을 바꿔 주고, 주기적으로 뒤집어 앞뒤를 골고루 말린다. 말리면서 손에 찬물을 묻히고 만져 정과의 모양을 잡아준다.

정과의 매력인 쪽득한 식감과 투명감이 본격적으로 생기는 것은 건조할 때다. 재료마다 건조 시간은 달라지지만 대체로 '꾸덕꾸덕해질 때'까지 말린다. 겉은 말랐지만 속은 어느 정도 촉촉한 상태다. 굳이 숫자로 표현하자면 수분율 10%까지 말린다. 바람이 잘 통하는 상온이나 40℃ 내외의 건조기에서 말린다. 건조기에서 말릴 때는 조직이 부드럽고 얇은 것은 3~4시간, 단단한 것은 6~7시간이다. 다만 건조기에서 적당한 선까지 말리고 마무리는 상온에서 하는 것이 좋다. 말리지 않고 체에 밭쳐 당액만 빼고 촉촉한 채로 끝낼 수도 있다. 특히 과일은 그 상태로 시럽 안에 담가두었다가 필요할 때 건져 쓴다.

정과는 당도가 높아 실온 보관도 가능하지만 장기간 보관할 때는 냉동한다.

정과 맛있는 만드는 법

정과를 만들 때 가장 중요한 것은 처음부터 당도가 높은 당액에 조리지 않는 것이다. 급격하게 삼투압 작용이 일어나 조직이 딱딱해지거나 쪼그라들고 당액도 제대로 스며들지 않는다. 처음에는 분량의 절반 정도와 충분한 물을 넣고 조리다가 물이 반쯤 줄어들면 나머지 당 재료를 넣어 당액의 농도를 순차적으로 높여가며 삼투압 작용이 천천히 일어나도록 한다.

처음 만들 때는 어려웠지만, 원리를 이해하고 나니 마치 10년 된 시험 족보를 받은 것처럼 오히려 실패하기가 더 어렵다. 그간 실패한 이유를 솔직히 고백하면 처음에는 투명해진다는 말을 곧이곧대로 해석했다. 연근정과를 유리처럼 투명하게 만들기 위해 얼마나 많은 연근을 조리고 또 조렸던가. 얼마나 자주 완성된 정과를 창문에 비춰봤던가. 한심할 지경이다.

표 15. 옛 조리서에 나온 정과의 재료

시기	문헌	모과	산사	앵두	복숭아와살구	배	살구	복숭아	다래	유자	유자와배	귤	백매-청매	산포도-포도	복분자	들쭉	대추	행인	수박	동아	생강	연근	도라지	인삼	천문동	맥문동	유감	죽순	순	송이	웅지	무지	우무
1450년 경	산가요록			O																	O	O											O
1540년 경	수운잡방																				O	O											
1611년	도문대작														O															O			
1680년 경	요록		O																		O												
1766년	증보산림경제					O	O	O				O									O	O	O		O								
1809년	규합총서	O	O				O	O	O												O	O			O	O	O						
1827년	임원경제지	O	O	O			O	O	O	O		O	O								O	O	O	O	O	O							
1600년대 말~1700년대 초	잡지																				O												O
1800년대 중	역주방문																											O					
1854 중	음식법 (윤씨)	O	O				O	O	O			O									O	O	O		O	O	O						
1880년 경	음식방문																															O	
1890년대	시의전서	O	O				O			O		O	O								O	O											
1896년	규곤요람 (연세대)																				O	O											
1917년	조선요리제법 초판	O	O							O	O		O	O							O	O		O	O								
1924년	조선무쌍신식요리제법	O	O	O			O	O				O									O	O											
1939년	조선요리제법 9판	O	O							O		O	O								O	O		O	O								

정과의 기본 원리

단계별 기본 원리를 이해하면 설탕 뿌려 만드는 정과법도, 데쳐 시럽에 담그는 당침법도, 환원당 원리로 만든 편강법도 전 과정을 쉽게 파악할 수 있다. 모든 단계를 거쳐 잘 만들어진 정과는 쫄깃하다. 누가 과편을 젤리라고 했던가. 정과의 식감이 더 젤리에 가깝다.

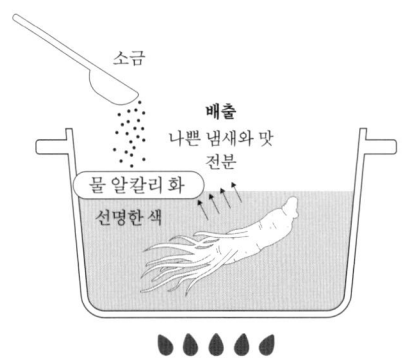

전처리 과정에서 재료의 조직이 부드러워지고,
나쁜 냄새와 맛, 전분이 배출된다.

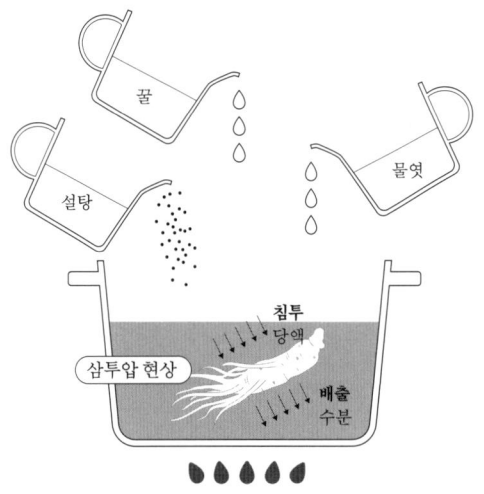

당액에 재료를 넣고 가열하면
삼투압 작용이 일어나
세포 안의 수분이 배출되고 그 자리에 당액이 침투한다.

1 손질할 때 재료의 껍질을 벗기거나 벗기지 않는 이유

재료를 단순히 깨끗하게 씻는 것만이 아니라 당액이 좀 더 쉽게 침투할 수 있도록 손질한다. 일단 단단한 껍질은 벗긴다. 특히 인삼과 도라지는 제일 바깥쪽의 투명하고 얇은 막뿐 아니라 속껍질까지 한 꺼풀 벗겨야 한다. 눈물 나게 아까워도 눈 딱 감고 벗기자. 여러 쪽이 붙어 있는 큰 생강은 완성된 모양을 예상하며 자잘한 뿔은 다 떼어내고 깨끗이 씻어 껍질을 벗기고 편으로 썬다. 뿌리 종류는 틈새나 옹이에 낀 흙이나 이물질까지 깨끗하게 제거하고 너무 잔 뿌리는 잘라내는 것이 낫다. 이와 반대로 조직이 무르고 연한 재료는 깨끗이 씻는 것만으로 손질을 끝낸다. 감귤류는 끓는 물에 한 번 튀겨 출하할 때 코팅한 왁스를 제거한다.

2 재료를 미리 데치거나 찌거나 담가 전처리하기

손질할 때와 마찬가지로 전처리도 조릴 때 꿀이나 시럽이 잘 침투되도록 재료의 조직을 부드럽게 만드는 과정이다. 본격적인 공격에 앞서 미리 적의 조직을 와해시키는 작업이라고 할까. 손질한 재료를 데치거나 찌거나 물에 담그는데, 이때 재료 안의 전분이 빠지면서 나중에 완성된 정과가 투명감을 갖게 된다. 동시에 재료가 가진 쓴맛이나 매운맛까지 제거되니 일거양득이다. 전 단계가 물리적 손질이라면 이 단계는 화학적 손질이다. 데치는 물에 소금을 넣으면 알칼리성을 띠어 재료의 색이 더 선명해진다. 사과나 배처럼 효소가 있는 과일은 변색되므로 썰자마자 설탕을 뿌리고 쩌서 조직도 부드럽게 만들고 효소도 죽인다. 떫은맛이 있는 연근은 식초를 넣고 삶는다. 오렌지나 귤, 키위, 딸기 같은 과일로 건정과를 만들 때는 전처리가 필요 없다. 조직이 부드럽고 수분이 많은 데다 높은 열에서 색소가 파괴되기 때문이다. 칼로 썬 쪽에 설탕을 뿌려 삼투압 작용이 일어나 수분을 배출시킨 다음 말리거나 시럽에 담그는 당침법으로 정과를 만든다.

3 처음에는 낮은 당도에서 조려야 하는 이유

이 단계가 정과에서 가장 중요한 과정이다. 설탕이나 꿀 등의 당액에 조리는 과정에서 삼투압 작용이 일어나 수분이 빠지면서 그 자리에 당액이 스며든다. 처음부터 당도가 높은 액체에 재료를 넣고 끓이면 삼투압 작용이 급격하게 진행되어 조직이 쪼그라들게 되며 정과가 딱딱하고 투명감을 갖기 어렵다. 처음에는 당 재료 분량의 50%와 3배 정도의 물을 붓고 당도가 아주 낮은 상태에서 끓이기 시작한다. 끓기 시작하면 바로 약불로 줄여 천천히 조린다. 그래야 정과가 낮은 당도에서 점점 높은 당도까지, 단계별로 삼투압 작용이 천천히 일어난다. 조릴 때는 속뚜껑을 덮어 물 위로 재료가 떠오르지 않아야 당액이 골고루 스며든다. 가능한 한 뒤적이지 않는 것이 좋고 용기의 뚜껑은 열어놓거나 일부만 덮어 수분이 잘 증발되도록 한다. 재료에 따라서는 일정 기간 끓였다 식히는 과정을 반복하는데, 식히는 동안 수분이 빠져 삼투압 작용이 더 천천히, 그러나 효과적으로 진행된다.

조청이나 물엿, 대체당을 쓸 때는 각각 당도가 설탕의 30~70%로 낮으니 양을 늘린다.

4 정과 특유의 식감과 향기 만드는 단계

이제 전면전이다! 보충병을 투입한다. 남겨두었던 당을 넣어 정과 당액의 농도를 높인다. 투입하는 시점은 정과 당액의 부피가 반 정도 줄어들었을 때다. 이때도 다 넣지 말고 남겨둔 분량의 절반만 넣고 끓이다가 중간에 나머지 분량을 넣는다. 그래야 투명하고 부드러운 정과가 된다. 정과의 윤기와 투명함, 쫀깃함, 특유의 갈색은 이 시기에 결정된다. 이제 정과는 불을 줄여도 당액이 보글보글 끓고 색도 점차 진해진다. 가열할수록 색이 진해지면서 독특한 향이 생기는데, 이는 캐러멜화 현상과 마이야르 반응 때문이다. 이 두 가지 화학변화에 대해서는 조청에서 좀 더 자세히 설명하겠다. 쓰는 당의 종류와 가열 온도, 조리는 시간에 따라 색과 향이 미묘하게 달라진다. 이 과정에서 바닥에 눌어붙거나 탈 수 있다. 뒤적이거나 용기를 통째로 돌려 당액에 골고루 잠기도록 한다.

충분히 투명하거나 부드럽지 않으면 추가로 물을 넣고 가열해 이 과정을 되풀이한다. 점점 재료 안의 수분 함량이 줄고 당도가 높아져 식감이 쫀깃해진다.

시간과 정성이 만든 인삼정과

그동안 선물했을 때 가장 반응이 좋았던 정과는 단연코 인삼과 도라지였다. 단것 싫어한다던 사람도 기쁘게 받는다. 이 두 가지는 우리나라 정과를 특별하게 만드는 주역이자 지금도 여전히 사랑받는 녀석들이다. 뿌리 하나하나까지 다듬는 놀라운 정성, 완성까지 걸리는 긴 시간, 쌉쌀한 맛. 비교 불가다. 검붉은 색에 고고한 곡선의 몸매, 거기에 흐르는 투명한 물광 피부까지. 보기와 다른 쫀득함은 덤이다. 영험한 약효를 생각하면 쓴맛도 반갑다.

놀랍게도 인삼정과의 역사는 짧다. 처음 등장한 것이 1890년대 나온 〈시의전서〉다. 게다가 서운할 정도로 설명도 시원찮다. 그저 "길경(도라지)정과처럼 한다"라고 쓰여 있다. 도라지정과가 더 오래되고 더 알려졌다는 이야기다.

인삼은 대체로 통으로 만든다. 드물게 4~5cm로 토막 내거나 굵은 것은 편으로 비스듬히 썰어서도 만든다. 그래도 통으로 하는 것이 가장 빛나고 아름답다. 시간과 노력도 많이 든다. 특히 껍질을 잘 벗겨야 하는데, 투명하고 얇은 막만 벗기는 것이 아니라 그 아래 속껍질까지 벗긴다. 좀 힘들다. 간편하게 하고 싶다면 바늘이나 얇은 꼬챙이로 몸통에 구멍을 많이 내서 찜통에서 쪄서 전처리한다. 다만 이 방법은 집에서는 잘되지 않는다. 적절한 시설과 장비를 갖추고 높은 압력에서 고온으로 쪄야 효과적이다.

인삼정과 잘 만드는 법

인삼정과의 탐스러운 갈색은 당액에서 끓였다 식히는 과정을 반복해 완성한다. 이 과정을 여러 번 반복할수록 색은 진해진다. 정과 재료로는 3년근 인삼 정도가 적당하다.

인삼정과 만들기

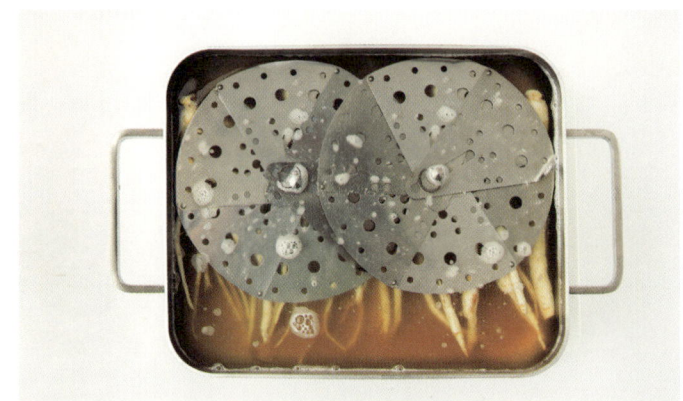

138.

기본 재료

인삼 750g(1채)

소금 4g

당액

꿀 250g

조청 550g

물엿 150g

물 2.5kg

1 인삼 손질하기

① 굵은 뿌리는 살리고 몸통의 자잘한 뿌리는 떼어낸다.
② 뇌두는 그대로 두고 틈새까지 깨끗하게 씻는다. 뇌두를 잘라내면 조릴 때 몸통이 쉽게 갈라진다.
③ 칼로 얇은 속껍질까지 한 겹 벗긴다. 이 과정이 정말 중요하다.

2 전처리 하기

① 냄비에 손질한 인삼을 나란히 한 켜 깐다.
② 그 위에 뿌리와 머리가 엇갈리도록 다시 한 켜 깐다. 같은 방식으로 서로 엇갈리게 켜켜이 쌓는다.
③ 인삼이 다 잠길 정도로 물을 부은 뒤 소금을 넣고 중불에서 끓인다.
④ 공기 방울이 올라오기 시작하면 바로 약불로 줄여 10분 정도 삶는다. 불 세기는 공기 방울이 한 방울씩 올라올 정도로 조절한다. 과격하게 삶으면 몸통이 터진다.
⑤ 인삼 몸통이 전체적으로 부드러워지면 불을 끄고 식힌다.
⑥ 인삼은 체에 밭치고, 삶은 물은 따로 받아놓는다.

3 정과 조리기

① 다시 냄비에 인삼의 머리와 뿌리가 한 층씩 엇갈리도록 나란히 올린다.
② 인삼이 다 잠길 정도로 인삼 삶은 물을 붓고 모자라면 찬물로 보충한다.
③ 조청을 절반 분량만 넣고 속뚜껑을 덮어 중불로 끓인다.
④ 공기 방울이 한 방울씩 올라오면 바로 약불로 줄여 30분간 가열한다.
⑤ 불을 끄고 뚜껑을 닫아 24시간 그대로 둔다.
⑥ 나머지 분량의 조청을 넣고 끓였다 식히는 위 과정을 반복한다. 물이 부족하면 인삼 삶은 물을 보충한다. 다시 24시간 그대로 둔다.
⑦ 꿀을 넣고 끓였다 식히는 과정을 한 번 더 반복한다.
⑧ 전체적으로 투명감이 돌면 마지막으로 물엿을 넣어 더 조린 후 불을 끈다. 이때 원하는 색이 나오지 않았으면 끓였다 식히는 과정을 다시 반복한다. 물이 부족하면 보충한다.

4 건조하기

① 인삼이 따뜻할 때 두 손으로 조심스럽게 꺼내 건조망에 올려 여분의 집청 시럽을 뺀다. 몸통이 갈라진 것은 손바닥으로 가볍게 쥐어 붙인다.
② 시럽이 빠지면 다른 건조망으로 옮긴다. 손에 물을 묻혀 모양을 잡는다.
③ 꾸덕꾸덕해질 때까지 말린다. 중간중간 건조망을 바꿔 달라붙지 않게 한다.

졸깃하고 영롱한 도라지정과

도라지는 통이나 4~5cm로 토막 내서 정과를 만든다. 몸통이 굵은 것은 비스듬히 편으로 썰어 만들어도 좋다. 이때는 반드시 설탕과 물엿 같은 투명한 당 재료를 골라 한 번만 조려 도라지 고유의 밝은 피부색을 살린 다음 건조할 때 식용 꽃을 붙이고 설탕을 묻혀 장식한다. 통으로 할 때는 인삼정과처럼 끓였다 식히는 과정을 여러 번 반복해 짙은 갈색으로 만든다. 통정과로 쓰는 도라지는 몸통의 두께가 일정하고 굵은 뿌리가 2~3개로 갈라진 것이 좋다. 몸통의 자잘한 뿌리는 조리는 과정에서 다 녹아 없어지므로 다듬을 때 아예 떼어버린다. 뿌리가 구부러지지 않고 넉넉하게 들어가는 크기의 냄비를 사용한다.

도라지정과는 인삼정과보다 100여 년 전인 1766년 〈증보산림경제〉에 처음 등장했다. 당시 이름은 길경정과였다. 요즘은 인삼과 도라지 외에도 두릅이나 당귀로도 정과를 만든다.

도라지정과 맛있게 만드는 법
인삼과 마찬가지로 껍질을 잘 벗기는 것이 중요하다. 표면의 투명하고 얇은 막만 벗기는 것이 아니라 그 아래 속껍질까지 벗겨야 한다. 통으로 할 때는 며칠간 끓였다 식히는 과정을 반복해 원하는 색을 만드는데, 식히는 동안 수분이 빠져나와 다시 가열하면 삼투압 작용이 쉽게 일어난다. 다 된 정과를 잘라보았을 때 안까지 투명감이 돌아야 잘된 것이다. 도라지정과는 완성 후 콩가루나 설탕을 묻힌다.

도라지정과 만들기

기본 재료
도라지 300g
소금 2g
당액
설탕 150g
물엿 60g
꿀 30g
물 1kg
고물
설탕 100g

1 도라지 손질하기
① 아래쪽 굵은 뿌리는 살리고 몸통의 자잘한 뿌리는 떼어낸다.
② 머리를 잘라내고 틈새까지 깨끗하게 씻는다.
③ 도라지 몸통 중앙에 길고 얕게 칼집을 내서 그 부분에 칼을 대고 돌리듯 껍질을 당겨 깨끗이 벗긴다. 속껍질까지 한 겹 벗긴다.

2 전처리 하기
① 냄비에 손질한 도라지를 나란히 한 켜 깐다.
② 그 위에 뿌리와 머리가 엇갈리도록 다시 한 켜 깐다. 같은 방식으로 켜켜이 쌓는다.
③ 도라지가 다 잠길 정도로 물을 부은 뒤 소금을 넣고 중불에서 끓인다.
④ 공기 방울이 올라오기 시작하면 바로 약불로 줄여 10분 정도 삶는다. 불 세기는 공기 방울이 한 방울씩 올라올 정도로 조절한다. 과격하게 삶으면 몸통이 터진다.
⑤ 도라지가 전체적으로 부드러워지면 불을 끄고 식힌다.
⑥ 도라지는 체에 밭치고, 삶은 물은 따로 받아놓는다.

3 정과 조리기
① 다시 냄비에 도라지의 머리와 뿌리가 엇갈리도록 한 층씩 나란히 올린다.
② 도라지가 다 잠길 정도로 도라지 삶은 물을 붓고 모자라면 찬물로 보충한다.
③ 설탕을 절반 분량만 넣고 속뚜껑을 덮어 중불로 끓인다.
④ 공기 방울이 한두 방울 올라오면 바로 약불로 줄여 30분간 가열한다.
⑤ 불을 끄고 뚜껑을 닫아 24시간 그대로 둔다.
⑥ 나머지 설탕을 넣고 끓였다 식히는 위 과정을 반복한다. 물이 부족하면 도라지 삶은 물을 보충한다. 다시 24시간 방치한다.
⑦ 물엿을 넣고 끓였다 식히는 과정을 다시 반복한다.
⑧ 전체적으로 투명감이 돌면 꿀을 넣어 더 조린 후 불을 끈다. 이때 원하는 색이 아니라면 상태를 보며 끓였다 식히는 과정을 다시 반복한다. 물이 부족하면 보충한다.

4 건조하기
① 도라지가 따뜻할 때 두 손으로 조심스럽게 꺼내어 건조망에 올려 여분의 집청 시럽을 뺀다. 몸통이 갈라진 것은 손바닥으로 가볍게 쥐어 붙인다.
② 시럽이 빠지면 다른 건조망으로 옮긴다. 손에 물을 묻혀 모양을 잡는다.
③ 꾸덕꾸덕해질 때까지 말린다. 중간중간 건조망을 바꿔 달라붙지 않게 한다.
④ 잘 마른 다음 설탕을 묻힌다. 입맛에 따라 콩가루를 묻혀도 좋다.

볼 빨간 홍옥정과

나는 홍옥이 좋다. 생긴 것은 새침하니 맛은 새콤하다. 어려서는 한 번에 10개도 너끈히 먹어 치웠다. 지금은 그 정도로 많이 먹지 못하지만 잠깐 나왔다 바로 사라지는 홍옥을 1년 내내 기다렸다 잊지 않고 산다. 그런데 홍옥의 새콤함을 1년 내내 정과에 가두어놓고 즐길 수 있다고? 처음 맛보는 순간 반해버렸다. 홍옥을 편으로 잘라 소금물에 담갔다. 살짝 쪄서 말리면 향긋한 정과가 된다. 홍옥의 특성인 빨간 껍질과 노란빛 과육이 마르고 나서도 오롯이 남아 있어 보기만 해도 침이 고인다.

어쨌든 홍옥이 정과가 될 수 있는 것은 보기와 달리 다른 사과에 비해 과육이 단단하기 때문이다. 먹을 때 아삭아삭하지 않던가. 홍옥 특유의 신맛을 설탕의 단맛으로 균형을 맞춰주니 맛도 제대로다. 홍옥 외에 우리나라에서 개발한 품종인 아리수도 정과가 된다. 설탕을 뿌리면 삼투압 작용이 일어나 수분 배출이 잘되는 데다 사과의 신맛과 설탕의 단맛의 균형이 맞춰져 훨씬 맛있어진다. 고온에 찌면 사과의 효소가 죽어 갈변되지 않는다. 배도 같은 방식으로 정과로 만들 수 있다.

기본 재료
홍옥 200g(약 1개)
당 재료
설탕 300g
소금물
물 400g
소금 3g

1 홍옥 손질하기
① 홍옥을 깨끗이 씻는다.
② 사과씨 제거기로 가운데 씨를 도려낸다.
③ 사과의 둥근 모양을 살려 통으로 3mm 두께로 썬다.
④ 소금물을 만들어 썬 사과를 잠깐 담근다.

2 찜통에 찌기
① 시룻밑을 깔고 사과끼리 겹치지 않게 올린다. 겹치면 과육에 붉은 물이 든다.
② 김 오른 찜통에 올려 뚜껑을 덮고 3~5분간 찐다.
③ 넓은 접시에 설탕을 담아 찐 사과를 올려 가볍게 눌러 앞뒤면에 설탕을 묻혀 건조망에 올린다.

3 말리기
① 사과 표면의 설탕이 다 녹으면 다시 설탕을 뿌린다.
② 위 과정을 2~3회 반복하여 말린다. 밀폐 용기에 넣어 냉동실에 보관한다.

희한하게 맛있다, 금귤정과

금귤은 생으로 먹으면 대단치 않은 맛이지만 정과로 만들면 이상할 정도로 맛있다. 색도 모양도 귀엽고 살짝 질긴 듯 쫄깃한 식감도 매력적이다. 굳이 비슷한 식감을 찾자면 쫀드기다.

반으로 잘라 씨를 빼서 설탕에 조려 만드는데, 지나치게 끓이면 색이 진해지고 안의 과육이 녹아 모양이 쪼그라든다. 조리는 중에는 알 수 없으므로 끓였다 식히는 과정을 반복하면서 판단한다. 설탕도 처음부터 다 넣으면 급격한 삼투압 작용이 일어나 모양이 변형되므로 처음에는 분량의 반만 넣고 끓이기 시작해 중간중간 추가한다. 금귤의 고운 빛깔과 모양을 최대한 지키는 방법이다. 건조기에서 40℃로 2~3시간 말린 다음 상온에서 상태를 보며 마저 말린다. 건조기에서만 말리면 7시간 정도 걸린다. 건조하지 않고 시럽에 담가두었다가 써도 좋다. 꼭지는 보통 따는데, 그냥 둬도 나름 귀엽다.

이 방법 외에 2mm 두께로 잘라 설탕을 뿌려 말려도 되는데, 이것은 이것대로 좋다. 씹는 순간 껍질 안에 박힌 새콤한 즙이 알알이 터져 이루 말할 수 없이 상큼하고 향긋하다.

〈규합총서〉에 나오는 귤정과와 달리 금귤정과는 그리 역사가 길지 않다. 도서관에서 찾아낸 금귤정과에 관한 가장 오래된 기록은 1998년에 출간된 최순자의 〈전통한과〉다. 비교적 근래에 만들기 시작한 것 같다.

금귤정과 만들기

금귤은 조직이 단단한 편이지만, 센불을 쓰거나 오래 끓이면 내부 조직이 흐물어져버려 모양이 예쁘게 잡히지 않는다. 그러므로 공기 방울이 뽀글뽀글 날 정도로 낮은 온도에서 한 번 끓인 다음에는 뜨거운 시럽에 담가 식히는 과정을 반복해 삼투압 작용이 천천히 일어나게 한다.

기본 재료
금귤 300g
당액
설탕 400g
물엿 50g
물 300g
소금 1g

1 금귤 손질하기
① 금귤을 깨끗하게 씻어 끓는 물에 3~4초 가볍게 데쳐 찬물에 헹군다.
② 금귤의 꼭지를 따고 반으로 자른다. 수평으로 잘라야 예쁘다.
③ 꼬챙이나 포크 끝으로 금귤 씨를 제거한다.

2 조렸다 식히기
① 금귤에 물과 설탕 200g, 소금을 넣고 중불로 끓인다.
② 끓으면 바로 약불로 줄여 15분가량 천천히 끓인다. 공기 방울이 뽀글뽀글 올라올 정도로 약하게 끓인다.
③ 불에서 내려 뚜껑을 닫고 하루 동안 그대로 둔다.
④ 다음 날 금귤을 건져내고 시럽에 설탕 150g을 더 넣고 끓인다.
⑤ 시럽이 끓으면 80℃ 정도까지 한 김 식힌다.
⑥ 시럽에 금귤을 넣어 다시 하루 동안 그대로 둔다.
⑦ 하루 뒤에 금귤을 다시 건져내고 시럽에 설탕 50g과 물엿 50g을 넣고 끓여 80℃ 정도로 한 김 식힌다.
⑧ 다시 금귤을 넣고 하루 동안 그대로 둔다.

3 건조하기
① 투명감이 생긴 금귤을 체에 밭쳐 여분의 시럽을 제거한다.
② 건조망에 올려 원하는 상태가 될 때까지 건조한다.

빨간맛 배오미자정과

우리 전통 음식의 중요한 재료인 오미자와 배가 만났다. 이 정과를 설명하자면 이렇다. 배의 식감에 오미자의 색과 새콤한 맛을 더하고 설탕과 물엿으로 향취를 높였다.

배정과는 궁과 민간 모두 만들었다. 〈규합총서〉에서는 유자와 함께 유리류라는 정과를 만들었고, 〈시의전서〉에서는 배를 그저 도톰하게 저며 꿀에 조렸다. 궁에서 부르는 이름은 생리전과였는데, 각색 정과 한 접시를 만들 때 빠지지 않았다.

배도 홍옥정과처럼 편으로 썰어 건정과를 만들 수도 있지만, 여기에서는 오미자 시럽을 만들어 담가 고운 빛깔과 새콤한 맛을 더했다. 이런 방식을 당침법이라 한다. 말리지 않고 체에 밭쳐 여분의 시럽을 빼고 먹어도 된다.

기본 재료
배 300g, 설탕 50g
당액
물 200g, 설탕 100g
물엿 60g
색 재료
오미자물 50g
(오미자 35g, 물 100g)

1 배 손질하기
① 배를 깨끗이 씻어 껍질을 벗기고 반으로 자른 다음 최대한 사각형 모양이 나오도록 칼로 자른다.
② 다시 배를 3mm 두께로 납작하게 썰어 양쪽 면에 설탕을 뿌린다.
③ 끓는 찜통에 배를 올려 살짝 찐 다음 식힌다.

2 오미자 시럽 만들기
① 오미자를 가볍게 헹궈 물에 하룻밤 담가 색을 진하게 우려낸다. 오미자 물에 설탕을 넣고 중불로 가열하다 끓으면 약불로 줄여 5분 정도 끓인다.
② 마지막에 물엿을 넣어 설탕시럽을 만들어 식힌다.

3 시럽에 담그기
① 배를 오미자 시럽에 4시간 정도 담근다.
② 원하는 색이 나오면 꺼내어 체에 밭쳐 여분의 시럽을 제거한다.
③ 시럽이 어느 정도 남아 있는 상태로 밀폐 용기에 넣어 냉장고에 보관한다.

여러 색 편강

편강을 만들 때 무엇보다 필요한 것은 인내심이다. 설탕이 다 녹아 시럽이 되어도 지치지 말고 계속 젓는다. 그러다 팬의 가장자리부터 결정이 생겨도 멈추지 말고 생강이 완전히 건조되어 바스락거릴 때까지 계속 저어 습기를 날린다. 그러지 않으면 어렵게 만든 편강이 눅눅해 맛이 없고 색도 예쁘지 않고 구질구질하다.

편강은 물의 온도에 따라 설탕의 녹는 양이 달라지는 원리를 이용해 만든다. 생강과 설탕을 넣고 가열하면 설탕이 녹으면서 삼투압 작용이 일어나 생강에서 물이 생기고 그 물에 다시 설탕이 녹는다. 계속 가열하면 물이 기화되면서 양이 줄고, 물의 양이 줄면 물에 녹을 수 있는 설탕의 양도 줄어드는데, 이때 물에 녹아 있던 설탕이 다시 결정이 된다. 이 결정이 환원당인데, 처음의 이당류 설탕이 아니라 단당류인 포도당이나 과당이다. 그래서 새로 생긴 가루는 설탕보다 훨씬 미세하다. 완성된 편강은 바삭하고 납작한 말린 생강에 미세한 포도당과 과당 가루가 붙어 있는 모습이다. 설탕이 녹았을 때 색 재료를 넣어 여러 색의 다양한 편강도 만들 수 있다.

편강 맛있게 만드는 법

편강은 너무 두꺼운 것보다 적당히 얇아야 더 바삭거리고 맛있다. 다만 너무 얇으면 만드는 중 생강이 접혀 모양이 예쁘게 되지 않는다. 말릴 때 접힌 생강은 펴서 편편한 그릇으로 잠시 눌러놓아 모양을 잡는다.

편강은 책상 옆에 두었다가 입이 심심할 때 먹기 좋다. 생강의 알싸한 맛으로 졸음도 쫓고 생강에 붙어 있는 미세한 포도당과 과당으로 당도 보충할 수 있다.

백련초편강 만들기

편강

생강 100g

설탕 50g, 소금 1g

치자편강

생강 100g

설탕 50g

치자물 30g

소금 1g

녹차편강

생강 100g

설탕 50g

녹차 가루 4g

소금 1g

백련초편강

생강 100g

설탕 50g

백련초 가루 2g

소금 1g

1 생강과 색 재료 준비하기

① 큰 생강으로 골라 자잘한 뿌리는 떼어버리고 큰 덩어리만 남긴다.

② 껍질을 까고 깨끗이 세척해 1mm 두께로 썬다.

③ 끓는 물에 소금을 넣고 생강을 데친 후 찬물에 헹궈 꼭 짜 물기를 제거한다.

④ 치자는 하루 전에 물에 담가 색을 우리고, 녹차 가루와 백련초 가루는 1시간 전에 물 1큰술을 넣어 불린다.

2 편강 만들기

① 바닥이 두꺼운 팬에 생강 100g과 설탕 50g, 소금을 넣어 중불로 가열한다.

② 설탕이 녹아 시럽이 될 때까지 나무 주걱으로 젓는다.

③ 팬의 가장자리에 하얀 결정이 생기면 약불로 줄인다. 계속 젓는다.

④ 시럽이 다 증발하면 불을 더 약하게 조절한다. 계속 저어 수분을 완전히 증발시킨다.

⑤ 넓은 쟁반에 펼쳐 식힌다. 접힌 것은 펴서 모양을 잡는다.

3 치자편강 만들기

① 바닥이 두꺼운 팬에 생강 100g과 설탕 50g, 소금을 넣어 중불로 가열한다.

② 설탕이 녹아 시럽이 될 때까지 나무 주걱으로 젓는다.

③ 설탕이 다 녹으면 치자물을 넣고 계속 젓는다.

④ 팬의 가장자리에 하얀 결정이 생기면 약불로 줄인다. 계속 젓는다.

⑤ 시럽이 다 증발하면 불을 더 약하게 조절한다. 계속 저어 수분을 완전히 증발시킨다.

⑥ 넓은 쟁반에 펼쳐 식힌다. 접힌 것은 펴서 모양을 잡는다.

4 녹차편강 만들기

① 바닥이 두꺼운 팬에 생강 100g과 설탕 50g, 소금을 넣어 중불로 가열한다.

② 설탕이 녹아 시럽이 될 때까지 나무 주걱으로 젓는다.

③ 설탕이 다 녹으면 물에 불린 녹차 가루를 넣고 계속 젓는다.

④ 팬의 가장자리에 하얀 결정이 생기면 약불로 줄인다. 계속 젓는다.

⑤ 시럽이 다 증발하면 불을 더 약하게 조절한다. 계속 저어 수분을 완전히 증발시킨다.

⑥ 넓은 쟁반에 펼쳐 식힌다. 접힌 것은 펴서 모양을 잡는다.

5 백련초편강 만들기

① 바닥이 두꺼운 팬에 생강 100g과 설탕 50g, 소금을 넣어 중불로 가열한다.

② 설탕이 녹아 시럽이 될 때까지 나무 주걱으로 젓는다.

③ 설탕이 다 녹으면 물에 불린 백련초 가루를 넣고 계속 젓는다.

④ 팬의 가장자리에 하얀 결정이 생기면 약불로 줄인다. 계속 젓는다.

⑤ 시럽이 다 증발하면 불을 더 약하게 조절한다. 계속 저어 수분을 완전히 증발시킨다.

⑥ 넓은 쟁반에 펼쳐 식힌다. 접힌 것은 펴서 모양을 잡는다.

어른의 맛, 쫄깃한 강란

란은 재료를 으깨 꿀에 조려 원래 모양으로 다시 만든 한과다. 도대체, 왜, 굳이 멀쩡한 밤이나 대추, 생강을 으깼다가 다시 본래 모양으로 복원했을까 싶지만, 먹어보면 이해가 된다. 으깨고 다시 조리는 과정을 통해 원재료와 다른 식감과 농축된 맛을 갖게 된다. 같은 재료를 비슷한 방법으로 만들되 '으깨어 다시 뭉치는' 과정이 없는 밤초나 대추초와 비교해보면 이유가 더 확실해진다. 특히 강란은 쫄깃한 식감도 식감이지만, 알싸한 생강 향이 입안을 개운하게 한다. 고기를 무겁게 먹고 나서 입가심으로 최고다. 한마디로 으른의 맛, 으른을 위한 젤리다.

강란은 생강을 곱게 갈아 헹궈 매운맛을 빼고 꿀에 조려 다시 원래 모양으로 만든다. 옛 조리서에는 생강과, 생강편, 생강변, 생란 등 여러 이름으로 나온다. 이 중 가장 재미있는 것은 〈원행을묘정리의궤〉다. 2월 9일부터 16일까지, 고작 8일의 짧은 기간 동안 무려 세 가지 다른 이름으로 기록되었다. 9일과 15일 주다소반과에는 강고, 13일 조다소반과에는 강과, 13일 진찬에는 강란이라고 말이다. 당시만 해도 딱 정해진 이름이 없었던 듯싶다. 왠지 뭐라 써야 할지 주저주저하는 결정 장애를 가진 사관의 모습이 상상되지 않는가. 이후 의궤에는 모두 강란으로 기록되었다. 민간 기록들도 점차 강란이란 이름으로 수렴된다.

모양도 퍽 귀여운데, 처음부터 이렇게 만든 것은 아니다. 〈임원경제지〉에서는 패향처럼 작고 네모난 편으로, 〈음식방문〉에서는 평평한 편으로, 〈음식법(윤씨)〉에서는 반듯하게, 〈음식법(이씨)〉에서는 강정처럼 만들었다. 그러다 1890년대 〈시의전서〉에 처음으로 '세 뿔 지게 모양'을 만들었는데, 지금까지 그렇게 만든다.

강란 맛있게 만드는 법

햇생강으로 강란을 만들면 껍질도 잘 까지고 매운맛도 강하지 않아 좋다. 묵은 생강은 매운맛과 향이 강해 물에 여러 번 헹궈야 하는데 이 과정에서 생강 고유의 알싸한 맛이 다 빠져나간다. 생강을 갈아 찬물에 한 번 헹구고, 그래도 맵다 싶으면 한 번 더 헹구거나 아예 삶아 물에 헹군다. 설탕이나 꿀을 넣고 강불에 끓이다가 끓으면 바로 불을 줄여 오래 조린다. 강한 불로 조리면 단맛이 속속들이 배지 않아 맛이 덜하다. 처음에는 굳이 젓지 않아도 되지만 물이 어느 정도 줄어든 다음부터는 주걱으로 바닥을 긁으며 젓는다. 최대한 수분을 날린다. 어설프게 졸이면 나중에 모양 잡기도 어렵고 쫄깃한 맛도 부족하다.

표 16. 〈원행을묘정리의궤〉의 강란

재료	생강	잣	꿀	흰엿
옛날 도량형 분량	5말	1말	7되	2근
요즘 도량형 분량	90리터(약 450컵)	18리터(약 90컵)	12.6리터(약 63컵)	1.2kg

강란 만들기

강란은 취향을 많이 타는 한과다. 생강 자체에 대한 선호 여부뿐 아니라 매운맛과 조리는 정도, 당도도 각기 선호도가 다르다. 다만 취향에만 맞는다면 향긋하고 쫄깃하니 맛있다.

강란

생강 200g
물 400g
설탕 40g
물엿 30g
꿀 30g
생강 전분 8g
소금 약간

고명

잣 12g

설탕물

설탕 4g
물 100g

1 생강 손질하기
① 생강에 묻은 흙을 제거하고 틈새도 깨끗하게 씻는다.
② 칼로 생강의 껍질을 벗기고 다시 씻어 편으로 얇게 썬다.
③ 블렌더에 생강을 넣고 물을 조금 부어 곱게 간다.
④ 고운체에 밭쳐 생강 건지를 거른다.
⑤ 생강 건지를 찬물에 두 세번 헹궈 매운맛을 뺀 다음 다시 고운체에 거른다. 생강 건지의 물을 꼭 짠다.
⑥ 생강 건지를 헹군 생강물을 따로 모아 전분을 가라앉힌다.

2 당 재료 넣고 조리기
① 냄비에 생강 건지와 설탕, 소금을 넣고 물을 생강이 잠길 정도로 붓는다.
② 센불로 가열하다 끓으면 바로 약한 불로 줄여 서서히 조린다. 거품이 생기면 거둬낸다.
③ 반쯤 조려지면 물엿을 넣고 섞어 끈기가 생길 때까지 저어가며 조린다.
④ 물기가 거의 졸아들고 생강 건지가 한 덩어리처럼 엉기면 꿀을 섞는다.
⑤ 가라앉힌 생강 전분만 모아 생강 건지에 넣고 섞어 계속 조린다. 물 묻은 손으로 만져 손에 붙지 않으면 다 된 것이다.
⑥ 생강을 큰 용기로 옮겨 넓게 펴서 수분과 열을 날린다.

3 잣가루 만들기
① 잣은 고깔을 떼고 마른행주로 닦는다.
② 도마 위에 한지나 키친타월을 여러 장 깔고 칼로 곱게 다진다.
③ 다진 잣을 중간체에 내린다.

4 모양 만들기
① 설탕물을 손에 묻혀 식힌 생강을 소분해 둥글게 뭉친다. 맛이 강하므로 작게 만드는 것이 좋다.
② 소분한 생강을 먼저 삼각형으로 만든 후 각 꼭짓점을 뿔 모양으로 다듬는다.
③ 잣가루를 뿌린다.

아이의 맛, 보슬한 율란

율란은 삶은 밤을 으깨 가루 낸 다음 꿀로 반죽해 다시 밤 모양으로 빚는다. 기가 막힐 정도로 맛있는 것은 아니지만, 한입에 쏙 들어갈 정도로 작게 만들면 꽤 귀엽다. 율란은 강란처럼 자기주장이 강하지 않지만 이쁘장하니 존재만으로 시선을 끈다.

율란이 처음 공식 석상에 모습을 드러낸 것은 1795년 정조 19년 〈원행을묘정리의궤〉다. 행차길에는 조란과 같이 한 그릇에 담겼고, 혜경궁 홍씨의 진연상에는 단독으로 당당히 한 그릇을 차지했다. 비슷한 시기에 민간의 문헌 〈술 만드는 법〉에 처음 나오는데, 율란 안에 대추소를 넣었다. 겨울에는 생밤으로, 여름에는 황률로 만들었는데, 그저 계절 차이로 보인다. 생밤은 햇밤이니 신선해서 맛있었을 것이고, 말린 황률은 수분이 적으니 꿀을 많이 넣을 수 있어 또 맛있었을 것이다.

초기에는 동그랗게도 만들고 도토리나 만두처럼 만들다가 1939년에 나온 〈조선요리법〉부터 밤 모양으로 만들기 시작했다. 〈음식법(윤씨)〉에 실린 율란 만드는 법이 주목할 만하다. 숙율란과 생율란, 두 가지가 나온다. 특히 숙율란은 삶은 밤을 그냥 체에 걸러 꿀에 반죽해 만들지 말고 꿀로 조려 만들어야 맛도 더 좋고 상하지도 않는다고 설명했다. 이 조리법은 후대에 내려오지 않았지만, 이렇게 말한 이유는 충분히 이해된다. 밤을 푹 삶으면 질어져 꿀을 많이 넣을 수 없어 맛이 없다. 그렇다고 덜 삶으면 체에 내리기가 정말 어렵다. 이래저래 당도가 적당하고 맛있는 율란을 만들기가 어려우니 강란처럼 꿀을 넣고 조려 만들라 했을 것이다.

율란 맛있게 만드는 법

지금은 황률, 그러니까 말린 밤 대신 생밤을 쓴다. 꿀을 최대한 많이 넣기 위해서는 밤을 보슬보슬하게 삶아야 하는데, 하루 정도 실내에 두어 살짝 말려 삶으면 더 보슬보슬하다. 그러면 반죽할 때 꿀을 더 넣을 수 있어 더 맛있어진다.

표 17. 〈원행을묘정리의궤〉의 율란 재료

재료	황률	꿀	계피가루	후추가루	잣	설탕
옛날 도량형 분량	2말5되	6되	1냥	3전	8되	3 덩어리
현재 도량형 분량	45리터(약 225컵)	10.9리터(54.5컵)	38g	11g	14.4리터(72컵)	3 덩어리

율란 만들기

162.

율란의 성패를 좌우하는 것은 사실 타고난 솜씨다. 혀보다는 눈으로 먹는 한과이니 말이다. 작게 만들수록 더 귀염뽀짝하다. 좀 심심하다고 느낀다면 반죽에도 계피를 넣는다.

기본 재료
밤 200g
꿀 30g
소금 2g

고명
잣가루 6g
계피가루 2g

1 삶은 밤 가루 내기
① 밤을 하루나 이틀 정도 실내에 꺼내놓아 살짝 말린다.
② 깨끗이 씻어 물을 넉넉하게 부어 20~30분간 푹 삶는다.
③ 뜨거울 때 속껍질까지 깨끗하게 벗긴다.
④ 회전식 치즈 그라인더에 삶은 밤을 넣고 갈아 중간체에 내린다.

2 잣가루 만들기
① 잣의 고깔을 떼어 마른행주로 닦는다.
② 도마 위에 한지나 키친타월을 여러 장 깔고 그 위에 잣을 올려 칼로 곱게 다진다.
③ 다진 잣을 중간체에 내린다.
④ 잣가루에 계피가루를 섞는다.

3 반죽하기
① 밤가루에 소금과 계피가루를 섞는다.
② 밤가루에 꿀을 나누어 넣으며 반죽한다. 뭉쳐질 정도면 된다.

4 성형하기
① 밤 반죽을 작은 밤 크기로 소분해 둥글게 뭉친다.
② 둥글게 뭉친 밤 반죽의 한쪽 끝을 먼저 뾰족하게 다듬은 다음, 다시 밤처럼 빚는다.
③ 둥근 쪽에 꿀을 살짝만 발라 잣가루와 계피가루를 섞은 고명을 묻힌다.

표 18. 옛 조리서에 나온 강란

시기	문헌	만드는 법					
		주재료 손질	조리기 1	조리기 2	성형	고물	기타
1809년	규합총서	햇생강을 곱게 다져 가루가 되도록 하여 물에 담가 체에 밭쳐 짜서 물기 없이 하여	노구솥을 숯불에 놓고 생강을 넣어 숟가락으로 저어 꽤 볶아 물이 다 마르거든 꿀을 많이 쳐 조린다.	꿀과 생강이 합하여 거의 엉긴 후 빛 고운 엿을 양은 식성대로 넣어 조린다.	손에 묻혀 끈끈하거든 내어 만들어	잣가루를 묻힌다.	
1827년	임원경제지	생강은 깨끗한 물에 하룻밤 담가두었다가 껍질을 벗기고 도마에 놓고 칼로 다진다.	꿀과 엿을 뜨거운 냄비에 넣고 녹인다. 꿀이 많으면 무르고 엿이 많으면 딱딱하니, 무르지도 딱딱하지도 않게 한다.	여기에 다진 생강을 넣고 뭉근한 불에 조린다. 자주 저어가며 호박색이 될 때까지 조린다.	불을 끄고 식혀서 패향 모양의 작고 네모난 편으로 만들어	잣가루를 묻힌다.	생강이 늙으면 맵고 어리면 담백하니 맵지도 담백하지도 않게 하라. 〈옹희잡지〉
1880년경	음식방문	좋은 생강을 껍질 벗겨 저며 매운맛 알맞게 삶아 건져 가늘게 두드려	꿀물에 조린다.		소반에 기름 발라 고르게 펴놓고 위에도 손에 기름 발라 반반하게 만들어놓고 칼로 알맞게 베어	잣가루를 묻혀 쓴다.	
1854년	음식법 (윤씨)	성하고 좋은 생강을 가늘게 다져 물에 한 번 헹궈 체에 받아 지근지근 눌러 묽어지게 짜라.	꿀에 화합하여 숯불에 조리되 꿀이 졸아서 끈끈하여야 좋지 엿을 넣으면 빛이 사나우니라.	매우 졸여 끈끈하게 하면 윤이 나고 빛이 조금 검으니 그는 뜻대로 하라.	끈끈하거든 계피 넣어 반듯반듯하게 빚어	잣가루를 묻힌다.	잠깐 끓여내면 생강 빛이 그대로 있어 노랗고 부석부석하고 맛이 생신하되 흐트러지기가 쉽다.
1800년대 말	음식법 (이씨)	생강 거피하여 얇게 저며 익게 삶아 물을 죄 짜버리고 잘게 찧어	새옹솥에 꿀을 많이 부어 조리다가	녹말을 조금 넣어	강정처럼 만들어	잣을 써라.	
1800년대 말	술 빚는 법	햇생강을 가늘게 다져 가루 되도록 하여 물에 잠깐 담가 채에 밭쳐 물기 없이 한다.	노구솥을 숯불에 놓고 생강을 넣어 숟가락으로 저어 오래 볶아 마르거든	꿀을 많이 쳐 조려 꿀과 생강과 합하여 거의 엉긴 후 빛 좋은 엿을 식성대로 넣어 조린다.	손에 묻혀 끈끈하거든 내여 만들어	잣가루를 묻혀라.	
1890년대	시의전서	생강을 긁어 정히 씻어 가루같이 곱게 다져서	꿀 많이 넣어 조린다.	송진같이 되면 떠서 계피를 섞어	세 뿔 지게 모양을 만들어	꿀 발라 잣가루를 묻힌다.	
1896년	규곤요람 (연세대)	생강을 말갛게 벗겨 버리고 얇게 썰어서 서속밥같이 다진다. 냄비에 두어 번 삶아서 체에 밭쳐 버리고	꿀을 넣어 조린다. 꿀이 적으면 더 쳐서 조리는데	차츰 덩어리가 질 때 조금 집어서 입에 넣어보아 진득거리면 다 된 것이다.		꺼내놓고 잣을 종이에 싸서 다져서 가루가 되면 생강편에 묻혀서 만든다.	자주 척척 저며서 찧어 체에다 걸러서 꿀에 넣어 조합하면 냄비에 좀 조리나니라.
1800년대 말~1900년대 초	언문후생록	심 없는 좋은 생강을 허물 벗기고 칼로 저며 물에 끓여 독한 물 빠진 후 건져내어 칼로 다져	꿀 반죽하여 쪄내어		둥글게 뭉쳐	잣가루에 굴리라.	
1939년	조선요리법	생강을 껍질을 벗기고 얇게 썰어 매운맛을 우려낸다. 너무 맵지 않을 정도면 건져서 곱게 다진다.	여기에다 꿀이나 설탕을 간 맞추어 치고, 녹말한 컵이면 가볍게 한 숟가락 정도만 넣고 불에 익힌다.		차게 식혀서 조그맣게 떼어 생강 모양으로 만들어	꿀을 발라서 잣가루를 묻힌다.	

표 19. 옛 조리서에 나온 율란

시기	문헌	만드는 법					
		주재료 손질	소	반죽	성형	고물	기타
1700년대	술 만드는 법	밤을 삶아 걸러	대추와 같이 소 넣어	밤처럼 만들어 쓰게 하여도 좋고			
		그저 걸러		꿀에 개어 곁들여 써도 좋으니라.			
1854년	음식법 (윤씨)	밤을 조려 해야 맛도 좋고 상하지도 아니한다.		조란 소같이 하여,	옥초단 모양만큼 만든다. 숙률란은 둥글게 하는 것이 법에는 맞다.	잣가루 묻히나니,	삶은 밤 걸러 하면 좋지 아니하다.
		일시 낮것상이나 봄쯤 실과를 낼 때 생률을 갈아		생강즙과 양념 넣어 생률란을 하면 맛이 생신하고	생것은 둥근 모양이 심히 조잡스러우니 만두 모양이나 모지게 임의대로 다른 모양이 나으니라.		
1880년경	음식방문	밤을 삶아 찧어 걸러	빚을 때 생강 다져 꿀 섞어 소 조금 넣어	꿀 반죽할 때 후추, 계피 양념 넣어	빚어	잣가루 묻혀 쓰라.	
1800년대 말	주식시의	여름에는 황률 가루, 겨울이면 밤을 삶아 어레미에 걸러		생강을 갈아 즙을 내어, 찹쌀가루와 생강즙에 되게 반죽하고 삶아	손에 꿀 묻혀 율란보다 좀 더 크게 하여	잣가루 묻혀 쓴다.	
1890년	시의전서	밤을 삶아 가루 만들어		꿀, 계피 섞어	새알만 하게 만들어	잣가루를 묻힌다.	
		밤을 삶아 찧어 어레미에 걸러서		꿀과 계피가루를 섞어	계란만 하게 뭉치기도 하고 다식판에 박기도 한다.		밤숙이라고도 한다.
1800년대 말~ 1900년대 초	언문후생록	삶은 밤을	조란 소를 넣어	꿀 반죽하여 절구에 찧어내어 다시 쪄	동글게 뭉쳐	잣가루에 굴려라.	
1917년	조선요리제법 초판	황률이나 혹 생률을 삶아서 껍질을 벗기고 절구에 넣고 찧어서 어레미에 걸러 가지고		계피가루와 꿀을 치고 반죽하여	도토리만큼씩 환을 빚어서	잣가루를 묻히나니라.	
1939년	조선요리법	생률을 삶아 까서 방망이로 뭉개 가지고 도드미에 팥 거르듯 거릅니다.		계피가루를 치고 설탕을 넣은 후 꿀을 조금만 넣고 고루 섞어서 반죽합니다.	그것을 작은 밤톨만큼씩 떼어 가지고 밤 모양으로 만들어서	꿀을 바르고 잣가루를 묻힙니다.	이것은 큰 잔치에 생실과 웃기로 하는 것입니다.
1940년	조선요리학	밤을 푹 무르게 삶아서 껍질을 벗기어 가지고는 방망이로 찧어서 체에 걸러		계피가루와 백청을 쳐서 반죽을 해서	밤 모양으로 만드니		
1940년대 말	가정요리	밤은 삶아서 껍질을 벗겨서 양념 절구에 찧는다.		거기다가 설탕과 소금 1/4 작은술, 계피가루를 한 숟갈쯤 넣어서	밤알 크기의 장구 같은 모양으로 만들어서	양가에 실백을 1개씩 박아서 꿀에 한 번 굴려서 잣가루를 묻혀 내놓는다.	
1948년	우리음식	삶은 밤 보늬를 벗기고 으깨서			손가락만 한 굵기로 타원형으로 쥐어 만들어.	꿀 칠하고 실백 다진 것을 묻친다.	

아무도 밟지 않은 함박눈 같은, 유과

모든 순간이 중요하다

1800년대 초 〈주방〉의 저자는 "이렇게 하면 강정이 가장 굵고 눈 쌓인 듯하다"라고 썼다. 놀라운 표현이다. 잘 만든 강정을 씹는 것은 마치 아무도 밟지 않은 함박눈을 밟는 것 같다. 뽀득뽀득 소리 나고 단면의 모습까지 비슷하다.

굳이 조선이나 고려까지 거슬러 올라갈 필요도 없이 불과 20~30년 전만 해도 유과는 한과, 그것도 고급 한과의 중심이었다. 숙련된 기술이 없으면 만들지 못하고, 만드는 데도 며칠이 걸리니 유과로 유명한 명문가나 마을이 따로 있을 정도다. 그래서 다른 한과와 달리 오래전에 상업화되었다. 〈해동죽지〉에 따르면 고려 시대에 섣달이 되기 전부터 강정 장수들이 돌아다녔다. 이 풍경은 조선까지 이어졌다. 1800년대 말에 출간된 〈음식법(이씨)〉에는 "동지철 때에 강정을 집에서 하기가 괴롭거든 가게에 가 고물 아니 무친 새로 지진 강정을 사다가 집에서 콩가루 고물만 묻혀도 맛나고 쉽기도 하니"라는 대목이 나온다. 반갑다. 1849년에 나온 〈동국세시기〉에는 "이달부터 시절 음식으로 시장에서 많이 판다"라고 나온다. 그러니까 강정은 이미 오래전부터 전문가들이 따로 있어, 사 먹는 한과였던 것 같다. 지금도 마찬가지다. 우리나라 인구의 70%가 사는 아파트 어느 구석에 찹쌀을 썩도록 일주일 이상 담가 둘 수 있을까. 혹 가족의 반대와 온갖 시련을 다 이기고 어렵사리 쌀을 불렸다 해도 그 썩은 내 나는 찹쌀을 빻아줄 방앗간 찾기도 하늘의 별 따기다.

유과, 유과라고 말하지만 딱 한 가지를 가리키는 말은 아니다. 삭힌 찹쌀을 가루 내어 술로 반죽한 것을 찌고 치고 밀어 잘라 말려 – 설명하는 것조차 숨차다 – 고온의 기름에서 부풀려 고물을 묻혀 만든 것을 모두 포함한다. 모양에 따라 산자, 강정, 빙사과 등으로 부르고 붙인 고물에 따라서도 이름이 달라진다.

이 중 대표는 강정이다. 최남선은 강정을 "떡국, 수정과와 함께 3대 대표 세찬 음식"으로 꼽았다. 누에고치 모양 같아서 견정이라 하거나 손가락처럼 생겨 손가락강정이라고 했다. 요즘은 유과라 하면 보통 이 손가락강정을 가리킨다. 이 외에도 연회상에 고이기 좋게 삼각형으로 반죽을 잘라 부풀린 감사과, 얇게 만든 연사과가 있다. 강정과 감사과, 연사과 이 세 가지가 궁중 연회에 많이 올랐다. 1848년 헌종 14년 이후의 연회에는 빙사과도 자주 올랐다.

궁중 연회에는 모양별로 다양한 고물을 묻혀 각각 고여 여러 그릇을 만들어 올렸다. 예를 들어 고종 24년 진찬 의궤 기록을 보면 유과류가 총 여덟 그릇이 올랐는데, 강정류가 세 그릇, 연사과류가 두 그릇, 빙사과와 감사과, 한과류가 각각 한 그릇이었다. 그런데 궁의 연회에 한 번도 오르지 않은 유과가 있는데 바로 산자다. 산자는 제례용이기 때문이다. 그래서 주로 흰색 튀밥을 고물로 붙였다.

역사가 긴 만큼 유과 만드는 법은 오래전에 정립되었다. 가장 대표적인 산자와 강정은 17세기에 쓰인 옛 조리서에 많이 등장하는데, 지금과 제법이 크게 다르지 않다. 그 이후 달라진 것은 좀 더 잘 팽창시키는 디테일 정도다. 이조차 18세기에 이르면 거의 합의를 본 듯하다. 그 이후 발전한 것은 아주 사소한 것들뿐이다. 쌀을 더 오래 물에 담근다든지, 방앗간에서 쌀을 더 곱게 빻는다든지, 콩물을 넣는다든지 하는 것들 말이다.

유과를 처음으로 부풀렸을 때의 감동이 떠오른다. 산자 바탕을 차가운 기름에 넣어 덧가루를 제거하고 90~100℃의 뜨거운 기름으로 옮겨 살살 달랬다. 과연 부풀까. 가슴이 콩닥거렸다. 시간이 지나자 바탕의 끄트머리에서 신호가 오기 시작했다. 바로 지옥 불처럼 펄펄 끓는 뜨거운 기름으로 옮겼다. 옮기는 순간 바탕이 사방팔방 마구 부풀기 시작했다. 마치 팡팡 터지는 것처럼, 화산재가 쏟아지는 것처럼, 눈사태가 일어난 것처럼. 어어어 하는 순간 끝나버렸다. 정말 어떻게 손쓸 거를이 없다. 정신이 없었다. 처음 쌀을 물에 담갔을 때부터 가슴 졸이면서 한 과정 한 과정 준비했는데, 막상 부풀리는 결정적인 순간 혼이 빠져버렸다. 이제 조금 익숙해지니 신이 난다. 튀기는 순간 흥분된다. 그동안의 노고가 다 보상받는 기분이다.

유과 맛있게 만드는 법

빙허각 이씨가 〈규합총서〉에서 말한 것처럼 유과는 어느 것 하나 잘못해도 부풀지 않는다. 즉 유과를 맛있게 잘 만드는 단 하나의 결정적인 비법은 없다. 찹쌀을 고를 때부터 마지막 고물을 묻힐 때까지 매 순간 최선을 다해야 한다. 다만 생각지 않은 틈새가 있는데, 그건 반죽의 건조다. 대개 유과가 잘 부풀지 않는 원인이 건조를 잘못한 경우가 많다고 한다. 너무 말려도 덜 말려도 잘 팽창되지 않는다. 문제는 건조의 성패를 알기 어렵다는 것이다. 방법이 없다. 그저 기본 건조법을 충실히 지키고 여러 번 만들어 감을 익히는 수밖에. 이렇게밖에 이야기할 수 없어 정말 미안하다.

유과의 기본 원리

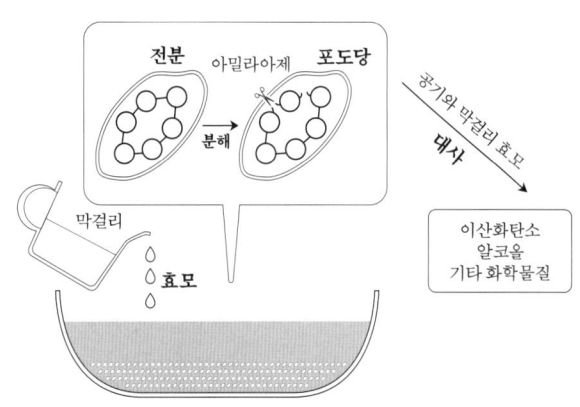

1차로 찹쌀 안의 효소가 전분을 분해해 포도당으로 만들면
2차로 공기 중에 있던 효모와 막걸리의 효모가 포도당을 먹고
이산화탄소와 알코올, 그 외 화학물질을 방출한다.

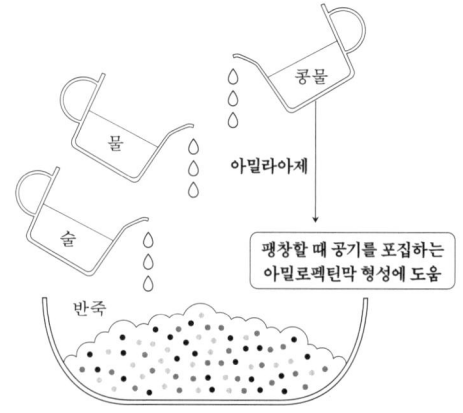

물과 술, 콩물은 반죽 안에 수분 입자와
공기 입자를 제공한다.
콩물 안의 아밀라아제는 아밀로펙틴의 구조를 변화시킨다.

1 썩도록 물에 오래 담가두는 동안 찹쌀에게 생기는 일

찹쌀을 씻어 겨울에는 2주일, 여름에는 1주일 정도 물에 담가 삭힌다. 대략 물의 온도가 15℃라면 15일, 20℃라면 10일, 35℃라면 3일이다. 시간이 지나면 물 위로 골마지가 끼고 그릇 가장자리에 곰팡이가 핀다. 물에 담가놓은 동안 물속에서는 찹쌀의 조직이 느슨해지고 찹쌀 안의 효소가 전분을 분해하기 시작한다. 효소가 다당류 전분을 단당류인 포도당으로 분해하면 공기 중의 효모가 물로 들어와 대사를 시작한다. 한마디로 당을 먹고 이산화탄소와 알코올을 싼다, 아니 대사한다. 이산화탄소와 알코올은 나중에 팽창의 원동력인 작은 공기 구멍을 만든다. 막걸리를 넣으면 수침 시간을 반으로 줄일 수 있다. 막걸리 안에 효모가 있기 때문이다. 이 과정에서 몇 가지 화학물질이 추가적으로 생성되는데, 이 물질들이 나중에 필름처럼 얇은 아밀로펙틴 막이 형성되도록 돕는다. 분해가 진행된 찹쌀은 살짝만 문질러도 으깨어진다. 불린 쌀은 제분기에 세 번이나 뺗는다. 이때 제분기에서 나오는 찹쌀가루는 마치 마구 뭉친 종이 같다. 열도 많이 난다. 이 가루를 다시 고운체에 두 번 내린다. 곱디 고와야 한다는 이야기다. 그래야 나중에 함박눈같이 섬세한 망 구조를 가진 유과를 완성할 수 있다.

2 반죽에 들어가는 물과 술, 콩물이 팽창에 미치는 영향

찹쌀가루를 반죽할 때 물과 술, 콩물을 넣는다. 이 재료들은 각각 맡은 바 임무가 다르다. 일단 물과 술, 콩물의 수분. 찹쌀의 탄수화물이 호화하는 데 필수다. 제대로 호화하지 않으면 팽창에 필요한 아밀로펙틴 막이 생기지 않는다. 즉 팽창하는 공기와 수분을 가두지 못하고 터져버린다. 풍선처럼 말이다. 찹쌀 반죽이 누렇게 될 때까지 30분 이상 푹 찐다. 수분의 역할이 하나 더 있다. 잘게 쪼개져 반죽 안에 고루 퍼지는 것이다. 이 수분 알갱이들은 말리면 일부는 수분 그대로 남지만, 대부분이 증발되면서 그 자리에 공기 구멍만 남는다. 수분이든 공기든 고온의 기름에 들어가면 급격하게 팽창하게 된다. 술은 같으면서도 조금 다르다. 비점이 물보다 낮아 찹쌀이 완전히 호화되기 전에 휘발된다. 즉 물과 다른 공기 구멍을 만들어 팽창된다. 도수가 높을수록 기공이 작고 균일하다. 콩의 아밀라아제는 찹쌀 전분을 분해해 아밀로펙틴의 구조를 변화시켜 튀길 때 팽창하는 수분과 공기를 효과적으로 가둔다. 그래서 콩물을 넣으면 유과가 더 부드럽고 더 바삭거린다. 다만 효소이기 때문에 반죽의 온도가 50℃가 되기 전까지만 활동한다. 그 이상 되면 사멸한다. 콩물은 찹쌀가루 무게의 4~5% 넣는다.

처음 유과를 부풀리는 데 성공했을 때의 기분은 좀 과장하면 우주 발사체의 성공을 보는 것 같았다. 우주선이 더 거대하고 위대한 일이겠지만, 솔직히 너무 먼 이야기 아닌가. 유과는 내 앞에서 펼쳐진 기적이었다. 게다가 알고 보면 유과에도 과학적인 원리가 가득하다. 지금부터 유과 안의 과학을 살펴볼 테다. 이것을 이해한다고 유과를 더 잘 만들 수는 없지만 실패했을 때 원인을 찾는 데 도움이 된다.

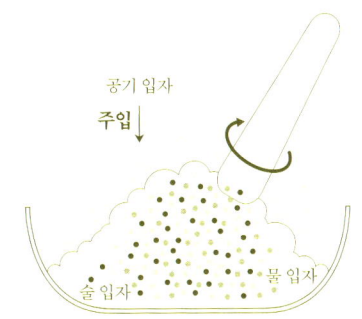

팽창에 필요한 공기 입자를 반죽에 주입한다.
물과 술, 공기 입자를 정리해 고르게 팽창하게 한다.

3 익힌 찹쌀 반죽을 꽈리 치는 이유

유과의 팽창 원리는 간단하게 설명하면 다음과 같다. 반죽 안에 있는 수분과 공기가 고온의 기름에 들어가면 급격하게 팽창하는데, 그 팽창된 공기를 신축성 있는 아밀로펙틴 막이 늘어나면서 가두는 것이다. 앞 단계에서 물과 술, 콩물이 반죽 안에 나중에 팽창에 쓸 수분과 공기 구멍을 만들었다면 이번 단계에서는 꽈리 쳐서 반죽 안에 골고루 분산시킨다.

찹쌀 반죽은 푹 찐 다음 절구나 큰 그릇에 옮겨 방망이로 찧거나 힘 있게 휘젓는다. 이것을 꽈리 친다고 하는데, 그 과정에서 반죽 안의 수분과 공기가 전체적으로 고루 퍼지고 크기도 균일해진다. 그래야 유과를 튀길 때 어느 한쪽이 찌그러지지 않고 고르게 잘 팽창된다. 꽈리칠 때 가끔씩 방망이를 높이 들어 올려 반죽 속으로 공기가 잘 들어가게 한다. 그러다 방망이에 반죽이 실처럼 따라 올라오고 뽀얗고 투명해지면 멈춘다. 대략 방망이로 직접 칠 때는 320회 정도, 펀칭기로는 5분 정도 친다. 그 이상은 오히려 반죽 속의 수분과 공기가 날아가 팽화도가 떨어진다.

4 말려서 성형하기

먼저 넓은 도마에 전분을 고르게 깐다. 반죽을 올리고 다시 위를 전분으로 두껍게 덮어 겉면이 먼저 지나치게 건조되는 것을 막는다. 체를 사용하면 골고루 뿌려진다. 아끼지 말고 충분히 뿌린다. 뜨거울 때는 밀대에 붙어 잘 밀리지 않는다. 그대로 30분에서 1시간 정도 두어 반죽이 식으면 7mm 두께로 고르게 민다. 다시 반죽을 1시간 정도 말려 칼에 붙지 않을 정도가 되면 필요한 유과 종류에 따라 칼로 썬다. 손가락강정이나 방울강정, 빙사과처럼 작은 반죽이 필요하면 더 말린 다음 칼로 자르거나 가위로 자른다. 이때까지는 덧가루를 털어내지 않는다.

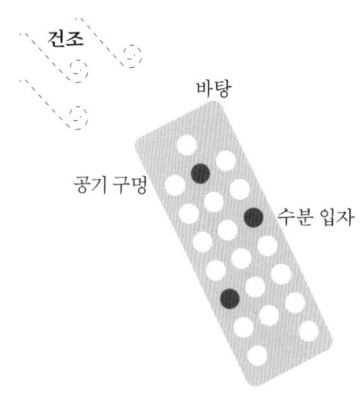

바탕을 건조하면
대부분의 수분과 알코올이 증발하면서
공기 구멍을 남긴다.

5 수분을 15% 정도 남기고 건조하기

옛날에는 뜨겁게 불 땐 방바닥에 종이를 깔고 그 위에 자른 바탕을 나란하게 깔아 앞뒤를 뒤집어가며 말렸다. 심지어 방에 바람이 통하지 않도록 문도 꼭 닫았다. 요즘은 실내에서는 2~3일간, 건조기에서 25℃에 맞춰 24시간 말린다. 지나치게 건조하면 바탕이 갈라지기도 하고 기름에서 팽창시킬 때 내부에 큰 공기 구멍이 생긴다. 대략 수분이 15% 남을 때까지 건조하는데, 손톱으로 눌렀을 때 살짝 자국이 남는 정도다.

말린 바탕을 보관할 때 덧가루를 부드러운 솔로 턴다. 만들어 바로 팽창하는 것보다 밀폐해 냉동실에 보관하면 반죽이 숙성하면서 내부 습기가 골고루 이동해 튀길 때 균일하게 부푼다고 한다. 옛 조리서에는 말린 반죽을 부풀리기 전날 미리 술을 뿌려 수분을 보충했다.

6 바탕을 낮은 온도의 기름에서 먼저 튀기는 이유

지금까지 냄새 나도록 삭히고 땀나게 꽈리 치고 까다롭게 말린 것은 바로 이 순간을 위한 밑작업이었다. 일격에 승부가 나는 것은 아니다. 찬 기름에 담가 불리고, 중간 온도에서 살살 달래 최종적으로 높은 온도에서 빡 한 방에 터트린다.

말린 바탕은 먼저 10℃ 내외의 차가운 기름에 담가 불린다. 딱딱한 조직이 부드러워져 팽창이 잘될 뿐 아니라 표면의 전분도 제거된다. 바탕을 80~110℃ 낮은 온도의 기름에 넣어 서서히 달군다. 바탕 안의 수분과 공기를 서서히, 그러나 골고루 예열하고 바탕을 부드럽게 만들어 아밀로펙틴 막의 생성을 돕는다. 크기에 따라 기름 온도가 다른데, 기본적으로 클수록 온도가 높아야 한다. 크기가 작은 빙사과와 방울강정, 연사는 이 과정을 거칠 필요 없이 바로 부풀린다.

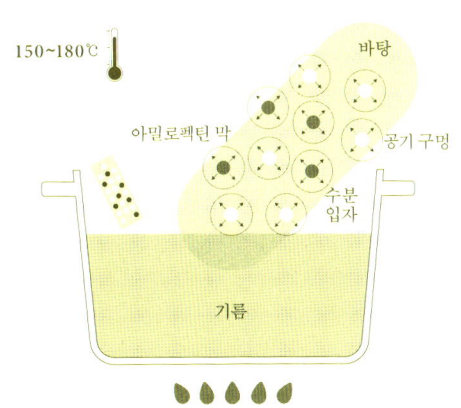

바탕 안의 공기 구멍과 수분이 고온에서 급격히 팽창하는데,
이때 신축성 있는 아밀로펙틴 막이 늘어나면서
팽창된 공기와 수분을 포집한다.

7 고온의 기름에서 본격적으로 부풀리기

1차 예열 과정에서 바탕의 가장자리에서 먼저 반응이 온다. 하얗게 일어나면서 슬슬 꿈틀거리기 시작하면 150~180℃의 뜨거운 기름으로 옮기는데, 고온의 기름에 넣는 순간 마치 화산이 폭발해 용암이 터져 흘러내리는 것처럼 꿈틀거리며 확 부푼다. 바탕 안의 수분과 공기가 고온에서 급격하게 팽창하기 때문인데, 부푼 공기를 찹쌀 안의 신축성이 뛰어난 아밀로펙틴이 얇은 막을 형성해 가둔다. 이것이 부푸는 원리다. 팽창된 다음에도 조금 더 튀겨 수분을 날려 고정한다. 그러지 않으면 나중에 기름에서 꺼냈을 때 부푼 모양이 꺼지거나 깨진다. 평균적으로 3배 부푼다. 이 순간 장인의 솜씨가 돋보인다.

기름 온도와 방법은 바탕 크기에 따라 달라진다. 빙사과는 말린 바탕을 망에 넣어 숟가락으로 저어가며 튀기고 손가락강정과 방울강정은 바탕을 기름에 넣은 다음 전체적으로 저으며 튀긴다. 산자는 숟가락 두 개로 눌러가면서 모양을 잡는다. 기름 대신 자갈이나 숯불을 쓰기도 하는데, 이때도 마른 반죽에 미리 기름을 발라 살살 달래는 준비가 필요하다.

8 집청의 두 가지 역할

튀긴 바탕을 꿀이나 조청물에 담그거나 칠해 고물을 묻힌다. 집청 시럽은 고물을 부착하는 역할도 하지만 유과를 튀길 때 흡수한 기름에 막을 형성해 산소를 차단함으로써 산화되지 않게 한다. 집청 시럽은 취향과 고물 종류에 따라 바꾼다. 흰색 튀밥이 고물이라면 조청과 꿀에 생강과 유자청을 섞어 집청 시럽을 만들고, 색 있는 튀밥은 그 색이 곱게 살도록 투명한 설탕과 물엿으로 만든다. 깨고물을 붙일 때는 꿀이나 조청을 쓰면 맛이 풍부해진다. 식으면 잘 발라지지 않으니 집청 시럽은 중탕을 해두고 따뜻한 상태로 쓴다.

손가락강정 만들기

예부터 큰소리만 치고 실속 없는 사람을 속 빈 강정, 빈 수레 혹은 소문난 잔치에 빗대었다. 그러면 실속 있고 속이 꽉 찬 강정은 어떻게 만들 수 있을까. 그 핵심은 반죽이다. 건조가 끝난 반죽을 반대기 혹은 바탕이라 부르는데, 짧으면 1주일 길면 보름 걸려 완성된다.

반죽
찹쌀 380g
막걸리 100g
반죽용 콩물
청주 60g
불린 흰콩 20g
소금 5g
집청 시럽
꿀 290g
조청 290g
생강 10g
고물
튀밥 200g
덧가루
전분 270g

1 **찹쌀가루 만들기**
① 찹쌀을 깨끗이 씻어 물에 담가 막걸리를 넣어 골마지가 낄 때까지 삭힌다. 여름에는 1주일, 겨울에는 2주일 정도가 적당하다.
② 삭힌 찹쌀은 냄새가 빠질 정도로 여러 번 물에 헹궈 체에 밭친다.
③ 물 뺀 찹쌀을 제분기에 세 번 빻아 고운체에 두 번 내려 아주 고운 가루로 만든다.

2 **반죽해서 찌기**
① 흰콩을 하룻밤 불려 껍질을 벗긴다. 껍질 벗긴 콩과 청주를 분쇄기에 넣고 곱게 갈아 체에 걸러 반죽용 콩물을 만든다.
② 찹쌀가루에 소금, 반죽용 콩물을 넣고 반죽한다.
③ 끓는 찜기에 젖은 면포를 깔고 반죽을 작은 덩어리로 대강 뭉쳐 올린다.
④ 반죽을 30분 이상 푹 찐다. 중간에 한 번 뒤집는다.

3 **꽈리 치기**
① 잘 쪄진 찹쌀 반죽을 절구나 큰 그릇에 쏟아 방망이로 320회 정도 꽈리 친다.
② 중간에 가끔씩 반죽에 공기가 들어가게 방망이를 높이 들어 올린다. 반죽이 실처럼 따라 올라오고 색이 뽀얗고 투명해질 때까지 친다.

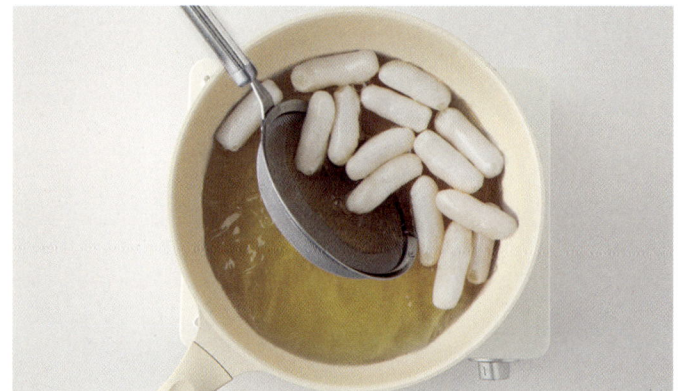

4 성형하기
① 넓은 도마에 전분을 고르고 두껍게 깐다. 체를 쓰면 편하다.
② 꽈리 친 반죽을 올려 위를 다시 전분으로 덮는다.
③ 상온에서 30분~1시간 식혀 반죽을 밀대로 밀어 7mm 두께로 만다.
④ 평평하게 민 반죽을 다시 상온에서 1시간 정도 말린다.
⑤ 반죽을 5×0.7cm 크기로 썬다.

5 건조하기
① 상온에서 건조망에 한지를 깔고 바탕을 놓고 위를 다시 한지로 덮어 말린다. 중간에 뒤집어가며 골고루 말린다. 건조기를 쓰려면 40℃에서 20시간 말린다.
② 바탕이 마르면 솔로 전분을 털어낸다. 손톱으로 눌렀을 때 살짝 자국만 날 정도로 딱딱하게 말린다.

6 차가운 기름에 불려서 1차 튀기기
① 약 10℃ 기름에 담가 남은 전분을 제거하고 바탕을 부드럽게 불린다.
② 바탕이 부드러워지면 100~110℃ 기름에 넣는다.
③ 바탕의 끄트머리가 하얗게 일기 시작하면 높은 온도의 기름으로 옮긴다.

7 2차 튀겨 부풀리기
① 150~160℃ 기름에 넣어 숟가락으로 저어 바탕 전체에 뜨거운 기름이 골고루 닿게 한다.
② 팽창되자마자 바로 기름에서 바탕을 꺼내면 다시 꺼진다. 조금 더 튀겨 팽창을 고정한다.
③ 부푼 바탕을 체에 밭쳐 기름을 뺀다.

8 집청해 고물 묻히기
① 집청 재료를 한데 넣고 끓인다.
② 바탕에 집청 시럽을 바른다. 양이 많을 때는 바탕을 집청시럽이 담긴 그릇에 푹 담갔다가 건져 여분의 시럽을 제거한다.
③ 고물 그릇에 강정을 넣고 전체적으로 흔들어 고물을 묻힌다.
④ 살짝 눌러 고물을 강정에 붙인 다음 꺼내 여분의 고물을 털어낸다.

크기별로 잘라 다른 온도에서 튀기면,

반죽을 5×5×0.7cm로 잘라
1차 100~110℃, 2차 180~190℃의 기름에
튀긴다.

같은 유과 반죽을 어느 정도 두께로 밀어 얼마만 한 크기로 잘랐는가에 따라 이름이 달라진다. 이름이 다르면 말리는 시간과 튀기는 온도가 달라진다. 그 이후 운명도 달라진다.

반죽을 0.3×0.3×0.3cm로 잘게 잘라 150℃ 기름에 튀긴다.

반죽을 2×2×0.2 cm로 잘라
1차 90~100℃, 2차 150~160℃의
기름에 튀긴다.

반죽을 0.5×0.5×0.5cm로 잘라
150~160℃ 기름에 튀긴다.

반죽을 5×2×0.7cm로 잘라
1차 90~100℃, 2차 150~160℃의
기름에 튀긴다.

반죽 2×5×0.7cm로 잘라
1차 90~100℃, 2차 150~160℃의
기름에 튀긴다.

다른 유과가 된다

산자
튀기면 3배 이상 커진다. 산자는 보통 흰 밥풀이나
세건반을 고물로 붙여 제사상에 올린다. 부풀린 모양이
불규칙하면 칼로 면을 다듬어 고물을 붙인다.

빙사과

반죽 자투리를 팥알 크기로 잘라 말린 다음 튀겨 꿀이나 조청에 버무려 다시 굳혀 자른다. 유과로 만든 일종의 엿강정이다.

연사과

연사라고도 불렀다. 뒤가 비칠 정도로 얇게 밀어 만든다. 특이하게 고물을 한쪽 면에만 붙인다. 반가보다는 주로 궁에서 만들었다.

방울강정

바탕은 사각형이지만 튀기면 모든 면이 부풀어 둥그런 모양이 된다. 여러 색으로 만들면 고물을 묻히지 않아도 예쁘다. 작아서 향이 강한 승검초나 계피 같은 고물을 많이 묻혔다.

손가락강정

손가락처럼 생겼다 해서 손가락강정. 누에고치를 닮았다 해서 견병 혹은 원견병이라 불렀다. 요즘 흔히 유과라 하면 이 손가락강정을 가리킨다. 고물을 가장 다채롭게 붙인다.

감사과

반죽을 긴 삼각형으로 잘라 만든다. 안정감 있고 밀도 높게 고이기 위해 태어났다. 〈규합총서〉 〈시의전서〉 〈언문후생록〉 등 일부 문헌에만 기록되었다.

고물에 따라 이름이 다르다

깨강정

세건반강정

매화강정

송화강정

깨강정
1670년경 〈음식디미방〉에 처음 등장했는데, 가장 많이 쓰인 고물이다. 고물로 쓸 때는 껍질을 벗기고 볶아 실깨로 만들어 붙인다. 〈규합총서〉에서는 볶는 시간을 달리해서 깨를 두 가지 색으로 만들어 고물로 썼다.

세건반강정
깨강정 다음으로 옛 조리서에 많이 나온다. 튀긴 찹쌀을 절구에 찧거나 굵은체에 내려 곱게 만들어 붙인다. 그대로 쓰면 백세건반, 지치로 물을 들이면 홍세건반, 송화가루를 묻혀 노란색을 내면 황세건반이라 불렀다. 멥쌀로도 만들 수 있다. 요즘은 기름에 튀기는 대신 열과 압력을 이용해 부풀린 튀밥을 주로 쓴다.

매화강정
찰벼를 센불로 볶으면 알알이 터지는데, 가운데가 갈라져 매화꽃처럼 보인다 하여 이 고물을 붙이면 매화강정이라 불렀다. 크기가 비슷한 것을 골라 줄을 맞춰 단정하게 붙였다. 지치로 색을 들여 붙이면 홍색매화강정이다. 주로 궁에서 쓴 고물이다.

송화강정
송화 고물은 고급스럽고 단아한 멋과 미세한 향기가 있다. 잘 묻지 않으면 송화가루에 꿀을 조금 넣고 전체적으로 비벼 체에 내린 다음 붙인다. 그러면 날리지 않는다. 집청 시럽은 되게 해서 아주 얇게 바른다.

17세기까지는 깨와 콩가루, 튀밥 세 가지를 강정 고물로 많이 쓰다가 19세기부터 다양한 고물이 등장한다. 요즘은 세건반과 깨를 가장 많이 붙인다.

콩가루강정
1700년대 문헌에 처음 등장한다. 옛날에는 노란콩 가루보다 푸른콩 가루를 더 많이 고물로 썼다. 집청꿀에 생강즙을 섞고 가루에는 계피가루를 조금 섞어 향을 보강한다. 콩가루가 너무 건조하면 꿀을 섞어 고루 비벼 체에 내려 붙여도 좋다.

승검초강정
승검초는 주로 크기가 작은 방울강정의 고물로 썼다. 색이 선명하고 예쁜 데다가 의외로 맛도 좋다. 향이 너무 강하다 싶으면 노란콩 가루를 섞는다. 옛날에는 가짜 승검초 가루가 많았는지, 이용기는 〈조선무쌍신식요리제법〉에서 진품 승검초를 묻히면 맛이 향기롭고 좋다고 강조했다.

백자강정
잣가루나 반으로 쪼갠 잣을 줄을 맞춰 붙였다. 집청 시럽을 많이 묻히면 잣 사이로 비집고 흘러내려 곱지 않다. 된 조청을 얇게 바르고 잣을 붙인다. 잣가루를 쓸 때는 계피가루를 섞었는데, 이럴 때는 계백강정이라 불렀다. 궁중 의궤에만 기록이 있다.

흑임자강정
흑임자는 볶아 그대로 쓰거나 가루로 빻아 강정에 묻힌다. 〈규합총서〉에서는 참깨와 마찬가지로 흑임자 고물도 그대로 붙이거나 껍질을 벗겨 푸르스름하게 만들어 두 가지 색으로 썼다.

하늘하늘, 과편

과편은 잊혀진 한과다. 최근에 불고 있는 가슴 벅찬 한과 붐 어디에도 보이지 않는다. 그저 오래된 한과 책과 전문 교육 과정에만 첫사랑의 그림자처럼 잠깐 스칠 뿐이다. 이유는 간단하다. 놀라울 정도로 맛이 있는 것도 아닌데 저장마저 어렵다. 하루나 이틀 정도밖에 저장이 되지 않으니 유통도 불가능하다. 심지어 냉장고에 넣으면 노화가 더 빨리 일어나 과즙이 분리된다. 주재료가 탄수화물이니 당연하다. 보기 드물게 냉장고와 냉동고를 무기력하게 만든다.

그런데 단점을 역으로 생각해보자. 하루 안에 먹으면 신선한 과즙의 새콤함과 달콤함을 부들부들하고 하늘하늘하게 즐길 수 있다. 나는 이 맛의 이름을 초봄의 산들바람이라 짓겠다. 막 달릴 때는 모르지만 멈춰 벤치에 앉아 쉬고 있으면 머리카락 끝을 살짝 날리며 코끝으로 느껴지는 작은 바람 같은, 그러니까 여유로운 맛. 혹은 젊은 엄마의 원피스 끝자락 같은 하늘하늘함. 나는 과편을 좋아한다. 칼로 썰고 손으로 집어 먹을 수 있을 만큼 단단하게 굳힌 것 말고 녹말을 적게 넣어 숟가락으로 떠먹거나 후루룩 마실 만큼 연하게 만든 것 말이다. 너무 탱탱하지 않아서 좋고, 뭔가 과하게 조리하지 않아 좋다. 자연적인 범위의 적당한 탄력도 마음에 든다. 그래, 젤라틴으로 굳힌 젤리가 탱탱 쫄깃이라면 녹말로 굳힌 과편은 부들부들하고 하늘하늘하다. 녹말 대신 한천으로도 만들 수 있다. 또 다른 식감이 된다.

뜬구름 잡는 소리 집어치우고 좀 더 합리적으로 설명하자. 과편은 우리나라 젤리다. 서양 젤리가 과즙을 동물성 젤라틴으로 굳혔다면 우리 것은 과일에 있는 펙틴만으로 응고시키거나 응집력이 부족할 경우 녹말로 굳혔다. 꿀 혹은 설탕, 그 무엇이 되었든 당 종류를 넣어 이 과정을 돕는다.

여기서 '굳힌다', '응고한다'라는 단어를 썼지만 과편은 정확히 고체도 아니고 액체도 아니다. 왜 우리 과학 시간에 배우지 않았던가. 반고체, '젤(gel)' 상태 말이다. 졸졸졸 흐르는 졸(sol), 액체 상태, 그 반대 젤 상태. 조금 더 흐르게 할 것인가, 더 굳힐 것인가는 녹말이나 설탕과 꿀의 정도, 수분, 과일 안에 있는 펙틴, 신맛(산)과 섬유소에 따라 달라진다. 간단히 말하면 단단함은 녹말과 설탕, 펙틴의 양에 비례하고 수분과 신맛, 섬유소에 반비례한다.

과편이 처음 등장하는 문헌은 1450년경에 나온 〈산가요록〉이다. 잘 익은 앵두의 즙을 내 꿀을 넣고 조려 대나무 껍질(대나무 속에 붙어 있는 얇고 하얀 속껍질)이나 기름종이를 손바닥만 하게 잘라 그 위에 올려 굳혔다. 꽤 낭만적이다. 잘 엉기지 않으면 녹말을 넣고 응고시켰다. 17세기까지 200년 동안 줄곧 앵두편만 나오다가 1800년대 초 〈규합총서〉에 이르면 다양한 과편이 꽃핀다. 복분자, 산사, 모과, 살구 등 다양한 제철 과일로 과편을 만들었다. 이 과일들은 모두 신맛이 강한데 꿀이 들어가면 신맛이 조절되어 원래 과일보다 맛있어진다. 모과가 대표적이다. 생으로는 특유의 신맛과 떫은맛, 그리고 오톨도톨한 못 같은 조직 때문에 맛이 없지만 꿀을 많이 넣고 녹말로 굳히면 새콤달콤하고 향기로운 모과편이 된다. 심지어 색도 더 고와져 붉은빛을 띤다.

옛 조리서에 나온 것 중 과즙에 꿀만 넣고 과편을 만든 것은 산사와 앵두뿐이다. 산사는 아가위라고도 하는데 요즘엔 꽃사과라 부른다. 1920년대 최고의 미식가였던 〈조선무쌍신식요리제법〉의 저자 이용기가 "편 중에 맛이 제일"이라 평했을 정도다. 요즘은 말려서 주로 약재로 쓴다.

그런가 하면 녹말이 주인공인 과편도 있다. 이름도 녹말편이다. 과일은 그저 색을 내는 재료다. 녹말풀을 쑤어 오미자로 붉은색을, 치자로 노란색을, 청매로 녹색을 만들었다. 오미자의 붉은색은 연지가 도왔다. 맞다. 연지 곤지 찍고 할 때의 그 연지다. 홍매화(잇꽃)의 꽃술로 만든 염료다. 궁중에서는 과편 중 오로지 녹말편만 만들었다. 오미자와 치자, 두충을 넣어 삼색으로 만들었다. 별 인기는 없었는지, 순조 때 3회, 고종 때 1회, 대한제국 때 1회만 연회에 올랐다. 그것도 그중 두 번은 온전히 한 그릇을 차지하지 못하고 조란과 강란, 율란, 백자병, 서여병과 함께 담겼다. 1900년대 이후에는 식용색소로 만들었다.

제일 웃긴 것은 조선에 진출한 일본 조미료 총판이 만든 요리책 〈사계의 조선 요리〉다. 이 책의 과편에는 일본 조미료 '아지노모토'가 한 숟가락이나 두 숟가락 들어간다. 생각만 해도 끔찍하게 싫다.

	음식법(최씨)	잡지	증보산림경제	임원경제지
앵두	5되	1말	1말	1말
꿀	2되	2되	2되	3되
녹말	조금	×	×	×

옛 조리서에는 녹말의 분량은 정확히 나오지 않는다. 다만 '되게', '조금' 하는 식으로 불분명하게 표현했다. 완성된 과편액 농도는 "묵 쑤듯이"하지만 "묵보다는 조금 묽고", "의이(아주 묽은 죽)보다 조금 되게" 한다. "접시에 퍼보아 굳혀보아 엉기거든" 완성된 것이다. 위의 표에서 〈음식법(최씨)〉〈잡지〉〈증보산림경제〉와 〈임원경제지〉의 앵두편을 보면 앵두와 꿀, 녹말의 분량을 알 수 있다. 꿀은 앵두 부피의 20~40%를 넣었다.

과편 맛있게 만드는 법

보통 과즙 100g에 물 100g, 녹말 9~10g을 기준으로, 자신의 취향에 맞게 녹말의 양을 가감한다. 이 책에서는 녹말의 분량을 줄여 칼로 썰거나 손으로 집어 먹을 수 없지만 용기에 넣어 굳혀 숟가락으로 떠먹을 수 있을 만큼 부드럽다. 응고되었지만 바람 부는 날 풀잎처럼 흔들린다. 후루룩 마셔도 된다.

표 20. 옛 조리서에 나오는 과편 종류

시기	문헌	앵두편	산사편	모과편/모과거른정과	살구편	벗편	복분자편	녹말편	들쭉편	딸기편	유자편
1450년경	산가요록	O									
1660년대	음식법(최씨)	O									
1670년경	음식디미방	O									
1600년대 말~1700년대 초	잡지	O									
1766년	증보산림경제	O		O							
1700년대	술 만드는 법	O			O						
1809년	규합총서	O	O	O	O	O	O				
1827년	임원경제지	O	O		O			O	O		
1800년대 말	음식방문							O			
1854년	음식법(윤씨)	O	O		O	O	O	O		O	O
1800년대 말	주식시의	O									
1800년대 말	술 빚는 법	O	O		O	O	O				
1800년대 말	음식법(이씨)	O						O			
1890년대	시의전시	O	O	O	O	O	O	O	O		
1896년	규곤요람(연세대)		O	O							
1915년	부인필지	O	O	O	O		O				
1917년	조선요리제법 초판	O		O				O			
1924년	조선무쌍신식요리제법	O	O	O				O			
1939년	조선요리법	O			O			O			
1957년	이조궁정요리통고	O			O						

과편의 기본 원리

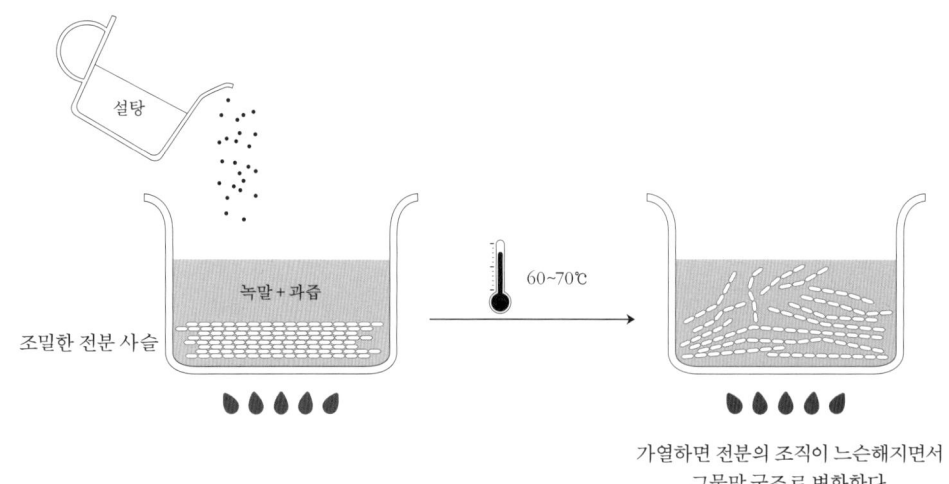

가열하면 전분의 조직이 느슨해지면서
그물망 구조로 변화한다.

1 과일에 따라 과즙 만드는 법이 다른 이유

과일을 찌거나 삶아 고운체에 1~2회 곱게 걸러 과일의 색과 맛을 우린다. 섬유소가 많으면 응고가 잘 안 되니 체에 걸러낸다. 과일의 색에 따라 과즙 만드는 방법을 바꾼다.

노란색과 주황색 과일 카로틴과 크산토필 색소가 들어 있는 카로티노이드 계열 과일로, 노란색이나 주황색, 푸른색을 띤다. 귤, 오렌지, 살구, 토마토, 당근이 이에 속한다. → 지용성 색소라 물에 녹지 않는다. 물을 소량 넣고 삶거나 쪄서 부드러워진 과육을 체에 걸러 쓴다. 만감류는 즙만 짜서 쓴다.

보라색과 붉은색 과일 안토시아닌과 안토크산틴 색소가 들어 있어 적자색이나 붉은색을 띤다. 포도, 블랙베리, 복분자, 딸기, 라즈베리, 앵두, 자두, 복숭아, 사과 등이 있다. → 수용성이므로 물에 끓이면 색소가 우러난다. 바닥이 두꺼운 냄비에 과일을 잘라 넣고 물을 조금 넣은 뒤 뚜껑을 닫고 약불로 가열한다. 부드러워지면 체에 걸러 과즙을 내어 쓴다. 안토시아닌 색소는 산과 알칼리에서는 붉은색, 중성에서는 보라색을 띤다. 고온에서 오래 끓이면 색이 사라진다.

2 녹말 가열해서 겔 만들기

녹말을 가열하면 60~70℃부터 조직이 망처럼 변하면서 그 안에 수분을 가두기 시작한다. 이것을 겔이라고 한다. 녹말 뿐아니라 한천, 젤라틴, 그리고 과일 안의 펙틴도 같은 원리다. 이 네 가지는 각각 다른 질감을 만드는데, 이 중 녹말이 만든 겔이 가장 부드럽다. 펙틴의 겔은 쫄깃하고 한천은 탱탱하고 젤라틴은 탱글탱글하다. 굳는 시간도 다르다. 펙틴이 제일 빨리 굳는데, 시간이 지날수록 더 단단해진다. 녹말과 한천은 굳은 다음, 시간이 지나면 겔 조직의 결속이 깨져 수분이 방출된다. 펙틴이나 전분, 젤라틴은 많이 넣을수록 더 빨리 더 단단하게 굳지만, 한천은 2% 이상이 되면 용해조차 되지 않는 특이체질이다. 이 장의 주인공은 과편이므로, 주로 녹말에 대해서만 이야기하자.

모든 전분이 겔화 되는 것은 아니다. 하필이면 비싼 녹말, 그리고 덜 비싼 동부와 도토리, 메밀의 전분이 겔화 된다. 여기서 아 하고 감탄사를 내뱉는 사람이 있을 것이다. 맞다. 묵 재료다. 이것들은 아밀로스 함량이 높고 포도당의 수가 적당하다. 가열하면 아밀로스가 호화되었다가 온도가 낮아지면 스펀지 모양의 연속적인 그물망 구조를 만드는데, 이 그물망 안에 수분을 가둔다. 물먹은 스펀지를 떠올리면 쉽게 이해된다. 신기하다. 여기서 알아둘 것. 전분과 가루는 다르다. 가루는 그냥 콩이나 곡류를 작은 입자로 빻은 것이고, 전분은 그 가루를 오래 물에 담가 단백질을 분해해 순수한 탄수화물만 분리한 것이다. 또 녹말은 녹두의 전분을 부르는 용어다. 그러니 옥수수녹말이나 고구마녹말, 감자녹말은 틀린 말이다. 옥수수전분, 고구마전분, 감자전분이라고 불러야 한다. 북한에서는 과편을 단묵이라고 부른다. 묵과 같은 원리이니 수긍이 된다.

우리 조상들이 처음부터 겔의 원리를 알고 만들지는 않았겠지만, 원리의 한 자락쯤 이해하면 과편 만들기가 쉬워진다.

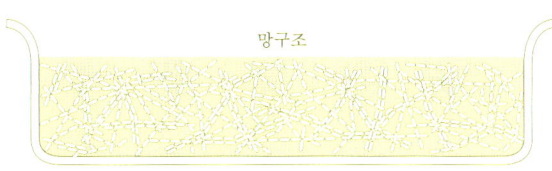

냉각하면 겔화된 그물망이
응고된다. 그물망이 수분을 가둔다.

3 겔화를 돕거나 방해하는 요소

주의점을 말하겠다. 처음부터 약불에서 천천히 끓여야 완성된 후에 겔 상태를 오래 유지할 수 있다. 또 끓일 때 너무 세게 저으면 겔이 잘 형성되지 않는다. 스펀지를 탈수기에 넣고 회전시켜 짜는 것을 연상하면 이해된다. 세게 저으면 과편에 기포도 많이 생긴다. 바닥에 눌어붙지 않을 정도로 천천히 젓는다. 주걱으로 냄비 바닥을 긁는 느낌이다. 윤기와 탄력을 주는 물엿은 처음부터 넣으면 과편이 딱딱해지므로 마지막에 넣는다.
돕는 녀석들 물과 열. 당연하다. 없으면 전분이 호화 자체가 안 되니 겔커녕 겔 친구도 못 만든다.
방해하는 녀석들 과일의 산 성분과 섬유소. 산은 아밀로스가 힘들게 만든 그물망의 길이를 짧게 만든다. 그래서 신맛 강한 과일로 과편을 만들 때 가열 도중 분해가 일어나 일시적으로 묽어진다. 녹말을 충분히 가열해 푹 익힌 다음 과즙을 넣는 것이 좋다. 설탕도 방해자다. 전분 호화에 필요한 수분을 자기가 날름 먼저 쓴다. 방해를 방해하기 위해서는 녹말이 호화된 다음 설탕을 넣는다. 설탕이 들어가는 순간 과편액에 투명감이 생긴다. 섬유소가 많고 신맛이 강한 과일은 조금 더 오래 끓이거나 녹말 양을 늘린다.

4 과편액이 식을 때 겔 안에 벌어지는 일

녹말과 펙틴, 한천, 젤라틴 모두 온도가 낮아져야 형성된 겔이 엉겨 응고되기 때문에 뜨거운 상태에서는 어느 정도 겔화되었는지 알 수 없다. 온도는 각각 다르다. 예를 들어 펙틴은 비교적 높은 70℃에서 겔화되지만 실제로 엉기기 시작하는 것은 30℃ 이하다. 전분은 겔화 되는 온도 아래로 내려가면 응고되기 시작한다.
틀에서 굳힐 때는 먼저 틀에 물을 묻힌 다음 과편액을 붓는다. 물이 많으면 과편액이 묽어져 그 부분이 잘 응고되지 않으므로 말 그대로 묻히는 정도로 해야 한다. 과편액을 부은 후에는 옮기지 않고 그대로 냉각시키는 것이 좋다. 눌러보아 흐물거리거나 손끝에 묻거나 끈적거리면 덜 굳은 것이다. 신맛이 강하거나 녹말의 농도가 부족하면 굳는 데 오래 걸린다.

5 과편이 노화되는 이유

시간이 지나면 다른 탄수화물과 마찬가지로 노화가 일어난다. 겔의 망 구조가 깨지면서 갇힌 물도 탈출한다. 스펀지의 물을 짜는 것과 같다. 그러면 남는 것은 맛없는 녹말 망이다. 묵을 냉장고에 오래 보관하면 딱딱해지는 것과 같은 원리다. 겔 상태를 유지하는 것은 상온에서 1~2일이다. 냉장고에 넣으면 더 빨리 노화되니, 만들어 하루 안에 먹는 것이 가장 좋다. 한천 겔은 하루 이틀 더 오래 보관할 수 있다.

오미자창면   시트러스과편

미니사과과편   팥앙금과편

시트러스과편 만들기

과편은 새콤달콤한 것이 최고다. 시트러스 계열의 새콤한 과일 세 가지를 한 컵에 같이 응고시켜 색 고운 과편을 만들었다. 레몬과 황금향, 자몽은 모두 신맛이 강해 녹말의 겔화가 잘 되지 않으므로 녹말을 충분히 가열한 다음 설탕과 과즙을 순서대로 넣는다. 특히 신맛이 강한 레몬은 과즙 양을 줄이고 녹말을 더 넣거나 더 오래 가열한다. 다만 여기서는 각각의 과편이 흔들면 찰랑거릴 정도로 단단하지 않게 만들기 위해 녹말 양을 늘리지 않았다. 고체인지 겔인지 물인지 혼동될 정도로 말이다.

두 가지 이상의 과편으로 층을 만들 때는 아래 과편액이 어느 정도 응고된 다음 붓는 것이 좋다. 다만 단단히 완전히 응고된 뒤 위 과편액을 부으면 층이 너무 선명하게 분리되어 촌스럽다. 과편액을 한 김 식혀 용기에 붓는다.

자몽과편
자몽즙 100g, 녹말 9g
설탕 30g, 꿀 5g
물 100g, 소금 약간

황금향과편
황금향즙 100g, 녹말 9g
설탕 30g, 꿀 5g
물 100g, 소금 약간

레몬과편
레몬즙 60g, 녹말 9g
설탕 30g, 꿀 5g
물 140g, 민트잎 7장
소금 약간

1 녹말 불리기
① 그릇 3개에 녹말과 물을 각각 넣어 뭉치지 않게 잘 섞어 고운체에 내린다.
② 녹말물을 20분 이상 불린다.

2 세 가지 과즙 만들기
① 자몽와 오렌지, 레몬은 깨끗이 씻는다.
② 반으로 잘라 각각 즙을 짜 체에 거른다.

3 자몽과편 만들기
① 가라앉은 것이 없도록 녹말물을 저어 냄비에 붓고 약불로 가열한다.
② 끓이면서 나무 주걱으로 바닥을 긁듯 천천히 젓는다.
③ 녹말이 다 익어 투명해지면 소금과 설탕을 넣어 녹인다. 천천히 저으며 끓인다. 설탕이 들어가면 녹말액이 더 투명해진다.
④ 녹말액에 자몽즙을 두세 차례 나누어 넣으며 고루 섞는다. 바닥에 눌어붙지 않을 정도로 천천히 젓는다.
⑤ 자몽과편액의 농도를 확인한다. 주걱을 들어 올렸을 때 되직하게 흐르고 찬물에 넣었을 때 엉기면 다 된 것이다.
⑥ 자몽과편액에 꿀을 넣어 섞고 불에서 내려 한 김 식힌다.
⑦ 자몽과편액을 용기의 1/3까지 부어 굳힌다.

4 황금향과편, 레몬과편 만들기
① 황금향과편액은 자몽과편과 동일하게 만든다.
② 자몽과편 윗면이 응고되었는지 확인하고 황금향과편액을 한 김 식혀 가만히 붓는다.
③ 레몬과편액도 동일한 과정으로 만든다. 마지막에 꿀과 민트잎 5장을 같이 넣는다. 레몬과편액이 완성되면 민트잎은 건진다.
④ 황금향과편의 윗면이 응고되면 위에 레몬과편액을 붓고 굳힌다. 굳으면 민트잎 2장을 장식한다.

그 외 과편 만들기

과즙만으로, 미니사과과편

과즙에 꿀이나 설탕을 넣고 가열할 때 응고되는 것은 과일의 펙틴 성분 때문이다. 다만 자체 펙틴만으로 응고되는 과일은 많지 않다. 옛 조리서를 봐도 산사와 앵두뿐이다. 게다가 같은 과일이라도 시기에 따라 응고하는 힘이 다른데, 옛 조리서에 따르면 산사도 서리 내리기 전에 수확한 것은 꿀만 넣어도 응고된다고 한다.

산사의 DNA를 물려받은 미니사과 루비에스로 과편을 만들었다. 펙틴과 색소 함량이 높은 껍질까지 같이 삶아 고운체에 걸러 중량 대비 50%의 설탕과 10%의 물엿을 넣었다. 약불에서 오래 조리면 주황에 가까운 빛을 띠는데 그때 가열을 멈추는 것이 좋다. 더 가열하면 갈색이 되어 예쁘지 않다. 펙틴이 풍부한 레몬즙을 넣으면 더 잘 응고된다. 펙틴이 적은 과일은 시판 펙틴 가루를 넣어 굳힐 수 있다. 심지어 설탕 없이 펙틴 가루와 칼슘만으로도 응고된다. 이 원리로 만든 것이 무설탕 잼이다.

재료 미니사과 200g, 설탕 100g, 물엿 20g, 물 200g, 소금 약간

1 사과즙 만들기
① 사과를 씻어 반을 갈라 씨를 제거하고 3mm 두께로 납작하게 썬다.
② 바닥이 두꺼운 냄비에 사과와 설탕, 물을 넣고 중불로 끓인다.
③ 물이 끓기 시작하면 약불로 줄여 천천히 가열한다.
④ 껍질의 색이 다 빠지고 과편액이 살짝 붉은색을 띠면 분쇄기에 간다.
⑤ 간 사과를 고운체에 내린다. 분쇄기로 갈지 않고 바로 체에 내려도 된다.

2 과편 만들기
① 사과즙에 소금을 넣고 다시 불에 올려 약불로 끓인다.
② 수분이 거의 졸았으면 분량의 물엿을 넣고 수분기가 거의 없어질 때까지 가열한다.

3 과편액 굳히기
① 불을 끄고 미니사과과편액을 잠시 식힌다.
② 그릇에 과편액을 붓고 위를 편편하게 다듬는다.
③ 미니사과과편을 냉장고에 넣어 굳힌다. 시간이 지날수록 더 단단해진다.

녹말편으로 만든 음료, 오미자창면

창면은 음료고 과편은 한과지만 원리는 같다. 둘 다 녹말을 호화시켜 굳힌다. 창면은 과편보다 전분을 더 많이 넣어 단단하게 굳히고 국수같이 썰어 오미자시럽에 넣어 먹는다. 과편은 과즙을 전분의 겔 안에 가두지만, 창면은 전분이 과즙 안에 갇힌 형세다.

창면은 창면, 착면, 청면 등으로 불렸다. 전통적인 음료지만, 식감은 어딘가 현대적이다. 대만 버블티가 타피오카 전분을 둥글게 버블처럼 만들어 넣은 음료라면, 창면은 녹두 전분을 국수처럼 길게 만들어 넣은 음료다. 우리 민족이 가장 즐겼던 새콤달콤한 맛의 진수 오미자시럽에 띄워 말이다. 오미자시럽은 마치 만능 베이스 같다. 배를 썰어 띄우면 배화채고 진달래꽃에 녹말 씌워 익혀 넣으면 진달래화채요, 녹말로 면을 만들어 넣으면 창면이니 말이다. 면이 두꺼우면 목넘김이 좋지 않지만 너무 얇으면 잘 찢어지고 씹는 맛이 부족하다. 2~3mm가 적당하다.

양갱의 이웃 사촌, 팥앙금편

출발은 과편처럼 팥앙금을 녹말로 굳히면 어떨까 하는 생각이었다. 그 시도는 꽤 괜찮아 숟가락으로 떠먹는 양갱이 되었다. 맛있어서 생각날 때마다 가끔씩 만들어 먹는다. 역사도 전통도 없는 방법이지만 한천으로 굳힌 양갱보다 부드럽다. 녹두전분 대신 감자나 옥수수 전분으로 만들면 더 끈적이고 쫀득해지는데 그것은 그것대로 식감이 재미있다.

직접 만든 팥앙금을 곱게 체에 내려 써도 좋고 시판 팥앙금으로 만들어도 된다. 여기서는 시판 팥앙금을 썼다. 직접 만든 팥가루를 쓸 때는 설탕을 아래의 분량보다 많이 넣는다.

양갱과 마찬가지로 단단하게 만들면 칼로 썰 수 있다.

녹말편 녹말 15g, 물 50g
오미자시럽 오미자물 200g(오미자 30g, 물 200g), 설탕 80g, 물 80g

재료 시판 팥앙금 100g, 녹말 10g, 꿀 10g, 흑설탕 8g, 물 100g, 소금 약간

1 오미자시럽 만들기
① 오미자를 가볍게 씻어 물에 넣어 하룻밤 우린다.
② 설탕과 물, 오미자물을 끓여 냉장고에서 차게 식힌다.

2 창면 만들기
① 녹말을 물에 잘 풀어 고운체에 한 번 내린 다음 20분 이상 불려 녹말물을 만든다.
② 입구가 넓은 냄비에 물을 끓인다.
③ 녹말물을 바닥이 얇고 밑면이 평평한 그릇에 살짝 깔릴 정도로 붓는다. 붓기 직전에 가라앉은 녹말을 섞는다.
④ 끓는 물 위에 녹말물 그릇을 올린다. 물이 들어가지 않도록 주의한다.
⑤ 녹말이 익어 하얗게 되면 그릇째 끓는 물속으로 집어넣어 마저 익힌다.
⑥ 잘 익으면 물속에서 녹말이 저절로 분리된다. 억지로 떼어내면 망가진다.
⑦ 익은 녹말을 건져내 찬물에 넣었다가 건진다.

3 오미자시럽에 창면 띄우기
① 녹말편을 가늘게 채 썬다.
② 차갑게 식힌 오미자시럽에 썬 녹말편을 띄운다.

1 전분과 팥앙금 준비하기
① 녹말은 물 50g을 넣고 잘 풀어 20분 이상 불려 고운체에 내린다.
② 팥앙금에 물 50g을 넣어 뭉친 데 없이 잘 푼다.

2 팥앙금편 만들기
① 불린 녹말과 소금을 넣고 약불에서 푹 익힌다.
② 불을 최대한 줄인 다음 물에 푼 팥앙금을 두세 차례에 나누어 넣으며 잘 섞는다.
③ 약불에 올려 눋지 않게 주걱으로 저어 익힌다.
④ 일부를 찬물에 넣어보아 형태가 유지되면 마지막으로 꿀을 섞는다.
⑤ 불을 끄고 뜸을 들인다.

3 용기에서 식히기
① 적당한 용기에 팥앙금편액을 가만히 붓는다.
② 용기째 냉장고에 넣어 식힌다.

한천으로 만든 과편, 우무푸딩

과편을 녹말 대신 한천으로 만들면 어떨까. 응고 원리는 같아도 한천 겔은 녹말 겔보다 조금 더 단단하다.

한천은 우리 바다에서 흔한 우뭇가사리로 만들며 오래 전부터 우리 밥상에 올라왔다. 1450년경에 나온 〈산가요록〉의 우무정과가 가장 오래된 기록이다. 한 번 끓여 굳힌 우무를 다시 가열해 꿀과 후추가루를 넣어 굳혔다. 허균의 〈도문대작〉에도 "우무는 우뭇가사리로 끓여 용해시킨 후 차게 식히면 묵처럼 엉긴다"라고 나온다. 우무로 만든 묵은 지역에 따라 다른 음식이 되었다. 경남에서는 까사리국이 되고, 전남에서는 콩국에 말아서 먹고, 제주도에서는 냉국으로 만들었다. 충남에서는 말렸다가 다시 불려 양념에 무치거나 장아찌로 만들었다. 주로 바닷가에서 반찬 재료로 썼다.

한천의 겔화 원리는 전분과 흡사하다. 한천은 겔이 잘되고 수분을 유지하는 능력이 탁월한 아가로스(전분의 아밀로스와 이름이 비슷하니, 한집안으로 느껴지지 않는가)와 점탄성을 가진 아가로펙틴(이 녀석도 펙틴 패밀리임이 분명하다)으로 구성되었다. 특이한 것은 물에 넣어 용해할 때 농도가 낮아야만 겔이 되는데, 그 농도가 0.2~0.3%다. 그러니까 2g의 한천을 굳혀 묵이나 과편처럼 만들려면 물 1리터가 필요하다. 소량으로 겔화 된다. 한천의 특이한 개성은 여기에서 그치지 않는다. 이 까다로운 녀석은 농도가 2% 이상이 되면 녹지도 않는다. 그러니 잘 굳히겠다고 한천을 듬뿍 넣는 순간, 게임 아웃, 볼 장 다 본 셈이다. 젤라틴으로 만든 겔보다 입안에서 잘 부서지고 약간 불투명하다. 85℃에서 용해되었다가 35℃ 내외에서 다시 굳는다. 물에 담그면 부피가 20배 이상 늘어나고 일단 응고된 것도 65~85℃에서 다시 녹는 성질을 이용해 실이나 가루 형태로 가공해 유통된다. 둘은 모양과 불리는 시간만 다를 뿐 효과는 같다. 실한천은 사용 전 2시간 이상, 가루는 30분 이상 불린다.

도와주는 녀석 0.2% 이하의 농도와 85~100℃의 가열 온도, 그리고 설탕. 이 조건이 갖춰지면 점성과 탄력, 투명도가 증가하고 강도도 높아진다. 불릴 때 처음부터 설탕을 넣으면 안 된다. 물을 좋아하는 설탕이 먼저 날름 물을 먹어버리기 때문이다.

방해하는 녀석 과일의 산. 그래서 한천 용액에 과즙을 넣고 가열하면 겔의 강도가 낮아진다. 먼저 한천 용액을 가열해 다 녹인 다음 과즙을 넣는다. 우유도 한천의 강도를 떨어뜨린다.

우무푸딩 만들기

복분자푸딩

복분자 과즙을 한천으로 굳혀 푸들푸들한 우무푸딩을 만들었다. 과즙을 둘로 나눠, 반은 과즙만으로 나머지 반은 우유와 생크림을 넣고 푸딩액을 만들어 두 층으로 굳혔다. 먼저 부은 푸딩액이 굳지 않으면 두 가지가 섞이고 또 너무 굳으면 층이 분리된다. 먼저 부은 푸딩액의 윗면이 살짝 굳으면 복분자생크림푸딩액을 한 김 식혀 붓는다. 그래야 효과적으로 층을 만들 수 있다.

복분자푸딩액 복분자즙 10g, 설탕 20g, 꿀 8g, 물엿 4g, 가루한천 0.4g, 물 120g, 소금 약간
복분자생크림푸딩액 복분자즙 1g, 설탕 20g, 꿀 8g, 물엿 4g, 우유 35g, 생크림 15g, 가루한천 0.4g, 물 70g, 소금 약간

1 복분자즙 만들기
① 바닥 두꺼운 냄비에 복분자를 담고 물을 1큰술 넣어 뚜껑 닫고 약불에서 10분가량 가열한다.
② 복분자즙을 고운체에 걸러 즙만 받는다.

2 복분자푸딩액 만들기
① 가루한천을 분량의 물에 넣어 30분 이상 불린다.
② 중약불에서 한천이 완전히 녹을 때까지 가열한다.
③ 한천액에 설탕을 넣고 다 녹을 때까지 약불로 가열한다.
④ 위 푸딩액에 복분자즙과 소금을 넣고 섞어 약불로 가열한다.
⑤ 찬물에 넣어 점도를 확인하고 한 김 식혀 용기에 붓는다.
⑥ 냉장고에 넣어 굳힌다.

3 복분자생크림푸딩액 만들기
① 가루한천을 분량의 물에 넣어 30분 이상 불린다.
② 중약불에서 한천이 녹을 때까지 가열한다.
③ 한천액에 설탕을 넣고 다 녹을 때까지 약불로 가열한다.
④ 푸딩액에 우유와 생크림, 복분자즙, 소금을 넣고 섞어 약불로 가열한다.
⑤ 찬물에 넣어 점도를 확인하고 한 김 식힌다.
⑥ 복분자푸딩액의 윗면이 굳었는지 확인하고 그 위에 붓는다.
⑦ 냉장고에 넣어 굳힌다. 응고되면 위를 장식한다.

당근푸딩

당근즙에 우유와 생크림을 넣고 한천으로 굳힌다. 한천을 조금만 넣고 묽게 만들어 찰랑거리는 식감을 만든다. 우유와 생크림을 넣어 끓이다가 마지막에 당근즙을 넣어야 색이 곱다.

녹차푸딩

녹차라테를 한천으로 굳힌다고 생각하면 된다. 녹차 가루는 쓴맛이 있으므로 다른 푸딩보다 설탕과 꿀을 더 넣는다.

재료 당근즙 100g, 설탕 40g, 꿀 8g, 물엿 4g, 생크림 15g, 우유 35g, 가루한천 0.5g, 물 80g, 소금 약간

재료 녹차 가루 5g, 설탕 50g, 꿀 12g, 물엿 4g, 생크림 120g, 우유 75g, 가루한천 1g, 물 30g, 소금 약간

1 당근즙 만들기
① 당근을 깨끗이 씻어 껍질을 벗기고 곱게 간다.
② 간 당근을 고운체에 걸러 즙만 받는다.

2 푸딩액 만들기
① 가루한천을 분량의 물에 넣어 30분 이상 불린다.
② 중약불에서 불린 한천이 완전히 녹을 때까지 가열한다.
③ 한천액에 설탕을 넣고 다 녹을 때까지 약불로 가열한다.
④ 위 푸딩액에 우유와 생크림, 소금을 넣고 섞어 약불에서 끓인다.
⑤ 당근즙과 물엿을 넣고 약불에서 끓인다.
⑥ 마지막으로 꿀을 넣는다.

3 굳히기
① 당근푸딩액을 찬물에 넣어 점도를 확인하고 한 김 식혀 용기에 붓는다.
② 냉장고에 넣어 굳히고, 응고되면 위를 장식한다.

1 녹차라테 만들기
① 우유에 녹차 가루를 넣어 뭉친 것 없이 잘 섞어 녹차라테를 만든다.
② 녹차라테를 고운체에 거른다.

2 푸딩액 만들기
① 가루한천을 분량의 물에 넣어 30분 이상 불린다.
② 중약불에서 불린 한천이 완전히 녹을 때까지 가열한다.
③ 한천액에 설탕을 넣고 다 녹을 때까지 약불로 가열한다.
④ 위 푸딩액에 녹차라테, 생크림, 소금을 넣고 잘 섞어 약불에서 끓여 물엿을 넣는다.
⑤ 마지막으로 꿀을 넣는다.

3 굳히기
① 녹차푸딩액을 찬물에 넣어 점도를 확인하고 한 김 식혀 용기에 붓는다.
② 냉장고에 넣어 굳히고, 응고되면 위를 장식한다.

우리 것의 경계선, 양갱

밤양갱

단호박양갱

백련초양갱

녹차양갱

많은 사람이 양갱을 우리 전통 한과로 알지만 우리가 먹기 시작한 것은 100년 정도밖에 되지 않았다. 얼마 전 어느 드라마에서 과거로 회귀한 왕비가 양갱을 만드는 장면이 나오는데, 고증이 제대로 되지 않은 것으로 보인다. 양갱이 우리나라에 들어온 것은 일제강점기다. 그러다 1945년 광복 후 해태제과가 일본 적산 기업의 공장을 인수해 연양갱을 만들어 판매하기 시작해 누구나 쉽게 먹을 수 있는 과자가 되었다.

옛 조리서부터 1950년대에 출간된 요리책까지, 양갱에 관한 기록은 〈임원경제지〉가 유일하다. 일제강점기에 나온 〈조선무쌍신식요리제법〉과 〈조선요리제법〉에도 양갱은 없다. 그런데 〈임원경제지〉의 양갱은 우리가 아는 양갱과 다르다. 서유구는 중국 책 〈삼재도회(三才圖會)〉의 일본판 〈화한삼재도회(和漢三才圖會)〉의 양갱에 관한 설명을 재인용했는데, 팥에 밀가루를 섞어 시루에 쪘다.

> 팥을 삶아 껍질을 제거하고 체에 쳐서 가루로 한다. 밀가루와 섞어 설탕을 졸인 즙으로 반죽하여 시루에 찐다. 검게 하려면 옥사탕 또는 솥 밑의 그을음을 넣는다.

사실 생각해보면 이상하다. 양갱의 갱이란 글자는 탕, 국물을 가리키는 한자다. 〈반찬등속〉 문자집에도 갱(羹), 채갱(菜羹) 같은 단어가 나온다. 왜 국물 없는 단단한 양갱에 갱이라는 한자를 썼을까. 이성우는 〈한국식품사회사〉에서 이렇게 설명했다.

> 〈당서〉에 낙양에서 9월 9일 중양절에 곡물 가루와 흑설탕을 반죽하여 양의 간처럼 하여 쪄낸 양간병을 먹었는데, 선종 사찰 요리에 여장갱, 별갱, 저갱, 양갱, 어갱, 오향훈어 등의 여러 가지 음식이 나오는데, 이름만 그럴 뿐 식물성 식품이었다고 한다. 불교와 함께 일본에 전해지는데, 1500년대 일본의 조리서에도 양갱을 팥, 마, 설탕, 밀가루, 칡가루를 반죽하여 양의 간 모양으로 다듬어서 쪄내고 이것을 된장 국물에 넣어 먹었다.

된장 국물에 넣어 먹었기 때문에 국물을 가리키는 단어 '갱'이 붙었다는 것이다. 그러니까 일본 양갱도 오래전에는 지금과 똑같지 않았다. 한천으로 굳히기 시작한 것은 이후의 일이다.

나는 어렸을 때 양갱을 정말 좋아했다. 커서는 여행 짐을 쌀 때 응급 식량으로 한두 개 가져갔다. 젤 좋아하는 것은 붉은팥에 밤을 넣어 만든 밤양갱이다. 그 안에 들어간 밤을 씹는 순간 무슨 행운이라도 만난 것 같이 기쁘다. 요즘은 거피 팥이나 동부, 강낭콩으로 만든 흰색 앙금에 색 재료를 넣어 색 양갱을 만들기도 하고 완두나 고구마, 호박을 삶아 팥앙금처럼 곱게 내려 한천으로 굳혀 완두양갱이나 고구마양갱, 호박양갱을 만든다.

밤양갱 만들기

202.

생밤을 쓰면 삼투압 현상 때문에 물이 생기거나 분리된다. 설탕에 조려 밤초를 만들어 쓰거나 통조림 밤을 쓴다. 마지막에 물엿을 넣어 윤기와 탄력을 살린다.

밤양갱액
시판 팥앙금 70g
흑설탕 20g
물엿 8g
가루한천 2g
물 100g
소금 약간

투명 양갱액
설탕 30g
물엿 15g
가루한천 2g
물 100g
소금 약간

밤초
밤 3개, 설탕 40g
물엿 10g, 물 300g
소금 약간

1 한천 준비하기
① 그릇 두 개에 각각 가루한천 2g과 물 100g을 넣어 잘 섞는다.
② 30분 이상 불린다.

2 밤초 만들기
① 밤을 속껍질까지 깐 다음, 칼로 예쁘게 모양을 다듬어 물에 씻는다.
② 끓는 물에 밤을 넣어 5분 정도 삶아 물에 헹군다.
③ 냄비에 물과 설탕, 소금을 넣고 가열한다. 끓기 시작하면 약불로 줄인다.
④ 물이 반으로 줄면 물엿을 넣어 조린다.
⑤ 밤을 체에 밭쳐 여분의 시럽을 제거한다.

3 투명 양갱액 만들기
① 불린 한천을 냄비에 넣고 완전히 녹을 때까지 중약불로 가열한다.
② 설탕과 소금을 넣고 다 녹을 때까지 약불로 가열한다. 나무 주걱으로 바닥을 긁듯 천천히 저으면서 끓인다.
③ 한천액의 점도를 확인한다. 찬물에 넣었을 때 덩어리지는 느낌이 있어야 한다.
④ 다 되었으면 물엿을 넣고 섞어 불을 끄고 한 김 식힌다.

4 투명 양갱액 굳히기
① 양갱틀을 찬물에 넣었다 뺀다.
② 투명 양갱액을 부어 굳힌다.
③ 어느 정도 굳으면 위에 밤초를 모양 있게 올린다.

5 밤양갱액 만들기
① 불린 한천을 냄비에 넣고 중약불에서 다 녹을 때까지 가열한다.
② 한천액에 흑설탕을 넣고 다 녹을 때까지 약불로 가열한다. 나무 주걱으로 바닥을 긁듯 천천히 저으면서 끓인다.
③ 흑설탕이 다 녹았으면 팥앙금과 소금을 넣고 잘 풀어준다.
④ 나무 주걱으로 바닥을 긁듯 천천히 저으면서 약불로 끓인다.
⑤ 점도를 확인한다. 찬물에 넣었을 때 덩어리지는 느낌이 있어야 한다.
⑥ 다 되었으면 물엿을 넣어 섞는다. 불을 끄고 한 김 식힌다.

6 밤양갱액 굳히기
① 투명 양갱액의 윗면이 굳으면 위에 팥양갱액을 붓는다.
② 냉장고에 넣어 굳힌다. 얼음 위에 올려 굳혀도 된다.

6 틀에서 빼서 썰기
① 틀을 뒤집어 양갱을 빼낸다. 잘 빠지지 않으면 칼로 가장자리를 한 번 둘러 틀과 분리시킨다.
② 적당한 크기로 양갱을 썬다.

그 외 양갱 만들기

녹차양갱

두 층으로 된 녹차양갱을 만들고 그 사이에 호박씨를 넣어 장식했다. 틀의 아랫면이 더 곱게 나오므로, 투명 양갱액을 먼저 부어 위로 오도록 한다.

녹차양갱액 시판 흰 앙금 70g, 설탕 20g, 물엿 5g, 가루한천 2g, 물 100g, 소금 약간

투명 양갱액 설탕 30g, 물엿 5g, 가루한천 2g, 물 100g, 호박씨 12개, 소금 약간

1 한천 준비하기
① 그릇 두 개에 각각의 한천과 물을 넣어 잘 섞는다.
② 한천을 30분 이상 불린다.

2 투명 양갱액 만들기
① 불린 한천 한 개를 냄비에 넣고 중약불에서 완전히 녹을 때까지 가열한다.
② 한천액에 설탕과 소금을 넣고 다 녹을 때까지 약불로 가열한다. 나무 주걱으로 바닥을 긁듯 천천히 저으면서 끓인다.
③ 점도를 확인한다. 찬물에 넣었을 때 덩어리지는 느낌이 있어야 한다.
④ 마지막으로 물엿을 넣고 섞은 다음 불을 끄고 한 김 식힌다.
⑤ 찬물에 넣었다 빼서 물을 묻힌 틀에 양갱액을 부어 굳힌다.
⑥ 어느 정도 굳으면 위에 호박씨를 모양 있게 올린다.

3 녹차양갱액 만들기
① 녹차 가루에 물 1큰술을 넣어 불린 다음 흰 앙금과 고르게 섞는다.
② 나머지 불린 한천을 냄비에 넣고 중약불에서 녹을 때까지 가열한다.
③ 한천액에 설탕을 넣고 다 녹을 때까지 약불로 가열한다. 설탕이 다 녹았으면 섞어놓은 녹차와 팥앙금, 소금을 넣고 잘 푼다.
④ 녹차양갱액을 나무 주걱으로 바닥을 긁듯 천천히 저으면서 약불로 끓인다.
⑤ 점도를 확인하고 물엿을 넣고 섞는다. 불을 끄고 한 김 식힌다.
⑥ 투명 양갱액의 윗면이 굳으면 녹차양갱액을 부어 굳힌다.
⑦ 굳으면 틀을 뒤집어 양갱을 빼서 적당한 크기로 썬다.

백련초양갱

견과류를 넣거나 장식할 때는 양갱액이 어느 정도 굳은 다음 놓아야 움직이지 않아 모양이 예쁘게 나온다. 밤과 달리 마카다미아는 건조된 상태이므로 그대로 쓴다.

단호박양갱

앙금 대신 단호박으로 빛 고운 양갱을 만든다. 단호박을 푹 삶아 고운체에 걸렀다. 호박고구마나 완두콩으로도 만들 수 있다.

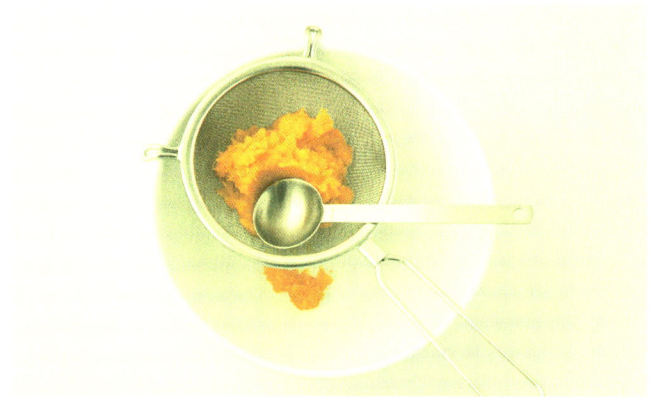

백련초양갱액 시판 흰 앙금 140g, 설탕 20g, 물엿 10g, 가루한천 4g, 백련초 가루 2g, 물 200g, 마카다미아 10g, 소금 약간

1 한천과 백련초 가루, 앙금 준비하기
① 가루한천에 물 100g을 넣고 잘 섞어 30분 이상 불린다.
② 백련초 가루에 물 1큰술 넣어 미리 불러놓는다.
③ 흰 앙금에 물 100g을 넣어 잘 풀어놓는다.

2 양갱액 만들기
① 불린 한천을 냄비에 넣고 중약불에서 완전히 녹을 때까지 가열한다.
② 한천액에 설탕과 소금을 넣고 다 녹을 때까지 약불로 가열한다. 나무주걱으로 바닥을 긁듯 천천히 저으면서 끓인다.
③ 끓인 한천액에 팥앙금과 불린 백련초 가루, 소금을 넣고 잘 풀어준다.
④ 나무 주걱으로 바닥을 긁듯 천천히 저으면서 약불로 끓인다.
⑤ 점도를 확인한다. 찬물에 넣었을 때 덩어리지는 느낌이 있어야 한다.
⑥ 다 되었으면 물엿을 넣고 섞는다. 불을 끄고 한 김 식힌다.

3 양갱액 굳히기
① 틀을 찬물에 넣었다 빼 물을 묻힌 다음 양갱액을 부어 굳힌다.
② 양갱액이 살짝만 굳었을 때 위에 마카다미아를 모양 있게 올린다.
③ 냉장고에 넣어 굳힌다. 얼음 위에 올려서 굳혀도 좋다.

4 틀에서 빼서 썰기
① 틀을 뒤집어 양갱을 빼낸다.
② 양갱을 적당한 크기로 썬다.

단호박양갱 단호박 140g, 설탕 50g, 물엿 10g, 가루한천 4g, 물 200g, 금박 약간, 소금 약간

1 단호박앙금 준비하기
① 단호박을 깨끗이 씻어 푹 삶는다.
② 삶은 단호박을 고운체에 내려 앙금을 만든다.

2 양갱액 만들기
① 한천에 물 200g을 넣고 잘 섞어 20분 이상 불린다.
② 불린 한천을 냄비에 넣고 중약불에서 완전히 녹을 때까지 가열한다.
③ 한천액에 설탕과 소금을 넣고 다 녹을 때까지 약불로 가열한다. 나무주걱으로 바닥을 긁듯 천천히 저으면서 끓인다.
④ 끓인 한천액에 단호박앙금과 소금을 넣고 잘 풀어준다.
⑤ 나무 주걱으로 바닥을 긁듯 천천히 저으면서 약불로 끓인다.
⑥ 점도를 확인한다. 찬물에 넣었을 때 덩어리지는 느낌이 있어야 한다.
⑦ 마지막으로 물엿을 넣고 섞는다. 불을 끄고 한 김 식힌다.

3 양갱액 굳히기
① 틀을 찬물에 넣었다 빼 물을 묻힌 다음 양갱액을 부어 굳힌다.
② 냉장고에 넣어 굳힌다. 얼음 위에 올려 굳혀도 좋다.

4 틀에서 빼서 썰기
① 틀을 뒤집어 굳은 양갱을 빼낸다.
② 양갱을 적당한 크기로 썰어 금박으로 장식한다.

전통과 정통의 틈새, 엿강정

흔히 강정이라 부르지만 정확한 이름은 엿강정이다. 이름에 '엿'이 붙은 이유는 명확하다. 엿이 재료를 접착제처럼 서로 붙여 한 덩어리로 뭉쳐주기 때문이다. 이해되지 않는 것은 '강정'이란 말이 붙는 이유다. 언제부터 만들기 시작했는지도 알 수 없다. 다만 추정은 가능하다. 약간의 억측을 더한 가정이다.

일단, 출발점은 엿이다.

조청을 고아 엿을 만든다. 아무리 깨끗이 박박 긁어도 솥의 바닥이든 옆면이든 엿이 붙어 있다. 그냥 씻어버리기에는 너무 아깝다. 얼마나 귀중한 곡식에, 얼마나 힘들게 만든 단맛인가. 솥에 붙어 있는 엿에 볶은 콩이나 땅콩, 깨를 섞는다. 그럼 콩엿, 땅콩엿, 깨엿이 된다. 훌륭한 아이들 간식이다. 마마, 호환으로 위협하고 순사가 잡아간다고 얼러도 울음을 멈추지 않는 아이의 손에 쥐여주면 바로 닭똥 같은 눈물을 그친다. 양을 늘리고 싶어 콩이나 깨를 더 많이 넣어본다. 그래도 여전히 뭉쳐진다. 이제 엿보다 재료의 양이 훨씬 많아지니 엿은 아니다. 그럼 뭐라 부를까. 실체는 있으나 이름이 없다. 생각해보니 엿으로 굳히는 것이 빙사과와 비슷하고, 엿을 발라 깨나 콩가루를 묻히니 강정과도 유사하다. 그럼 강정류인가? 강정은 아닌데, 그럼 앞에 엿을 붙이면 어떨까. 그럼 엿강정이 된다. 우리 음식 이름은 '재료+방법'이다. 재료 '엿', 방법 '강정' 그래서 엿강정. 다시 엿강정은 만드는 방법이 되어 콩으로 만들면 콩엿강정, 땅콩으로 만들면 땅콩엿강정이 된다. 혼자만의 생각이지만 제법 그럴듯하지 않은가.

엿강정에 대한 근거를 발견한 것은 1936년에 발간된 〈조선요리제법〉 7판이다. 1917년에 발간된 초판과 1921년에 발간된 3판(4~6판은 책이 없어 확인할 수 없었다)에는 나오지 않다가 7판에 잣엿강정, 호두엿강정, 깨엿강정, 땅콩엿강정, 콩엿강정, 대추엿강정, 검은콩엿강정 등 엿강정이 무려 7종이나 나온다. 궁금하다. 초판부터 7판까지, 1917년과 1936년 그 20여 년 사이에 누군가 혜성처럼 나타나 엿강정을 만들기 시작해 책에 실리게 된 것일까. 아니면 이미 존재하던 것을 넣지 않았다가 추가한 것일까.

그런데 이 책에서 주목할 것이 하나 더 있다. 7판에 엿강정만 처음 나온 게 아니다. 다양한 엿도 처음 실렸다. 엿강정과 연이어 나온다. 물론 엿 자체가 처음은 아니다. 검은엿과 광주백당은 초판과 3판에도 나온다. 그러나 콩이나 깨, 견과류가 들어간 엿은 7판에 처음 나온다. 잣엿, 호두엿, 깨엿, 땅콩엿, 대추엿, 검은콩엿 여섯 가지다.

〈조선요리제법〉 1판과 7판 사이에 나온 다른 조리서로는 1924년에 발간된 〈조선무쌍신식요리제법〉이 있다. 엿 항목에 밤엿과 흑두당이 있다. 밤엿은 엿을 밤만큼 떼어내 흰깨나 검은깨를 묻혀 만들고, 흑두당은 검은콩을 볶아 엿에 눌러 박아 만든다. 흑두당의 설명을 보면 콩엿으로 보인다. 엿강정은 어디에도 없다. 그러니 대략 1924년에서 1936년 사이 어느 시점에 견과류나 콩류, 깨가 많이 들어간 엿과 엿강정이 대중에게 알려져 인정받기 시작한 것 같다. 다만 엿강정류는 등장 이후 쉽게 전파되었을 것이다. 잣박산처럼 견과류를 엿으로 버무린 전통적인 방법이 오래전부터 있었기 때문이다.

그럼 엿강정과 엿은 어떻게 구분했을까.

황혜성의 1976년 〈한국요리백과사전〉은 다음과 같이 설명한다. "엿강정은 강정감 즉 콩, 호두 등의 주재료를 된 조청으로 버무려서 뭉친 것이다. 된 엿에 볶은 깨, 생강 등의 부재료를 넣어서 엿을 굳힌 것은 깨엿, 생강엿 등으로 이름을 붙인다." 즉 주재료 콩이나 호두를 조청에 버무려 뭉친 것은 엿강정이고, 주재료 엿에 깨나 생강 등을 넣어서 굳히면 엿이다. 결국 주재료가 무엇인지에 따라 엿강정인지 엿인지 결정된다. 1975년 윤서석은 〈한국요리〉에서 "이 밖에 깨, 콩, 실백 등을 조청과 꿀에 버무려서 만든 엿강정은 아동을 위한 가정용 간식용으로 즐기고 있다라고"했다. 엿강정은 아이들 간식이었던 것이다. 특히 얼린 콩강정이 한때 큰 사랑을 받았다. 불린 검은콩을 한 번 터질 정도로 얼려 볶아 엿에 버무려 만들었다. 얼렸다 볶으면 콩이 연해지기 때문이다.

지금 엿강정은 건강한 음식으로 인식되고 엿강정 전문 브랜드가 생겨 백화점에 입점될 정도다. 전통 재료인 깨나 잣, 콩에 수입 견과류, 다양한 그래뉼러, 오란다, 건과일까지 재료의 범위도 계속 넓어지고 있다. 엿 대신 쓸 수 있는 당 종류도 맛과 당도, 열량에 따라 고를 수 있을 정도로 다양해졌고 필요하면 버터나 색 재료도 넣는다.

엿강정 맛있게 만드는 법

엿강정의 최대 약점은 온도와 습도다. 접착 시럽 재료인 조청과 꿀, 설탕의 약점이기도 하다. 이 녀석들은 물을 너무 사랑해 공기 중의 습기를 빨아들인다. 특히 조청과 꿀로만 굳히면 늦가을부터 초봄까지만 형태가 유지되고 나머지 계절에는 처음엔 모양이 잡혀도 금방 늘어져 흐트러진다. 설탕과 물엿이 좀 더 낫지만 기온이 높고 시간이 지나면 마찬가지다. 완벽한 해결 방법은 없지만 온도가 높을수록 설탕의 비율을 높이고 만들자마자 비닐에 포장해 냉동실에 보관한다. 물론 이것도 냉동실에서 꺼내어 시간이 지나면 흐트러지긴 마찬가지다.

견과류나 깨에 비해 접착 시럽의 양이 많으면 잘 굳지 않고 굳어도 딱딱하다. 조청만 쓰면 잘 굳지 않고 먹을 때 늘어나면서 이에 잘 들러붙는다. 설탕만 쓰면 잘 굳고 바삭하니 맛있지만 시간이 지나면 딱딱하고 잘 부스러진다. 설탕, 꿀, 엿, 물엿, 이렇게 성질이 다른 네 가지 접착 시럽 재료를 각각 동량으로 섞으면 각 재료의 맛과 성질이 융합된다. 동량을 기준으로 해서, 계절과 취향에 맞춰 양을 조절하면 된다. 대체로 꿀과 조청으로 응고한 것은 맛과 향에 깊이가 있고 설탕과 물엿으로 만든 것은 바삭한 식감이 나고 맛은 깔끔하다. 또 색 재료를 넣을 때는 설탕과 물엿같이 투명한 재료로만 접착 시럽을 만들어야 색이 곱게 산다. 설탕보다 열량이 낮은 프락토올리고당이나 알룰로스 등의 대체당을 써도 좋다. 접착 시럽의 농도가 너무 되면 재료와 버무릴 때 골고루 묻혀지지 않고, 너무 연하면 버무리고 굳히는 데 오래 걸린다.

많이 만들 때는 시럽이 식지 않게 따뜻하게 중탕해 놓고 쓰는 것이 좋다. 아무리 약불이라도 계속 가열하면 점점 시럽의 농도가 진해지기 때문이다. 반대로 상온에 두면 굳어 쓰기 어렵다. 볶은 깨나 견과류를 냉장고에서 꺼내 바로 쓰지 말고 먼저 팬에서 한 번 볶은 다음 사용하는 것이 좋다. 그래야 맛도 좋고 버무릴 때 접착 시럽이 골고루 묻는다.

표 21. 옛 조리서와 1950~1980년대 초 요리책에 나오는 엿강정

시기	문헌	저자	잣박산	호두엿강정	깨엿강정	들깨엿강정	흑임자엿강정	땅콩엿강정	콩엿강정	대추엿강정	검은콩엿강정	보리튀밥엿강정	쌀튀밥엿강정	쌀엿강정
1700년대	술 만드는 법	미상	○											
1854년	음식법 (윤씨)	미상	○											
1924년	조선무쌍신식요리제법	이용기	○											
1936년	조선요리제법 7판	방신영	○	○	○			○	○	○	○			
1957년	이조궁정요리통고	황혜성 등	○	○	○			○						
1969년	한국요리	윤서석, 황혜성 등	○											
1971년	궁중음식	황혜성	○	○	○	○		○	○		○			
1975년	한국요리	윤서석	○											
1975년	한국의 요리	장순자	○					○	○					
1975년	세계의가정요리전집	하선정	○						○					
1976년	한국요리백과사전	황혜성	○	○	○	○		○	○		○			
1976년	계절과 식탁	유계완	○									○		
1976년	한국요리	왕준련	○	○	○	○		○	○					○
1982년	한국의 병과류 30선	황혜성	○	○	○	○						○	○	

그림 같은 깨엿강정 3

깨의 가벼운 고소함이 조청과 꿀에 버무려지면 맛과 향이 풍부하고 고급스러워진다. 참깨는 껍질을 벗겨 실깨로 만들면 예쁘고 얌전하다. 양반집 규수의 전형처럼 보일 정도다. 들깨는 고상하고 우아한데 뭔가 모를 야성적인 매력이 있고, 흑임자는 고급스러운데 몰래 섹시하다. 거기에 제각기 어울리는 견과류, 그러니까 붉은 대추나 매끈한 잣이나 갸름한 해바라기씨를 더하면, 네모나게 잘랐을 때 한 폭의 그림 같다. 왜 이렇게 칭찬을 늘어놓느냐고? 내가 좋아하기 때문이다. 특히 얇게 만들면 씹을 때 아사삭 바사삭 식감까지 좋다. 역시 설탕이나 물엿보다는 엿과 꿀에 버무리는 것이 향은 물론 맛까지 풍부해진다. 건강하게 대접받는 느낌이다. 후식이나 간식으로도 좋지만 샐러드 만들 때 몇 개씩 부스트려 넣어도 어울린다. 이 책의 깨엿강정은 전통병과연구원의 레시피로 만들었다. 여러 곳에서 배웠지만 이 곳의 깨와 견과류 조합이 가장 예뻤다. 시럽의 양 등은 변화를 주었다.

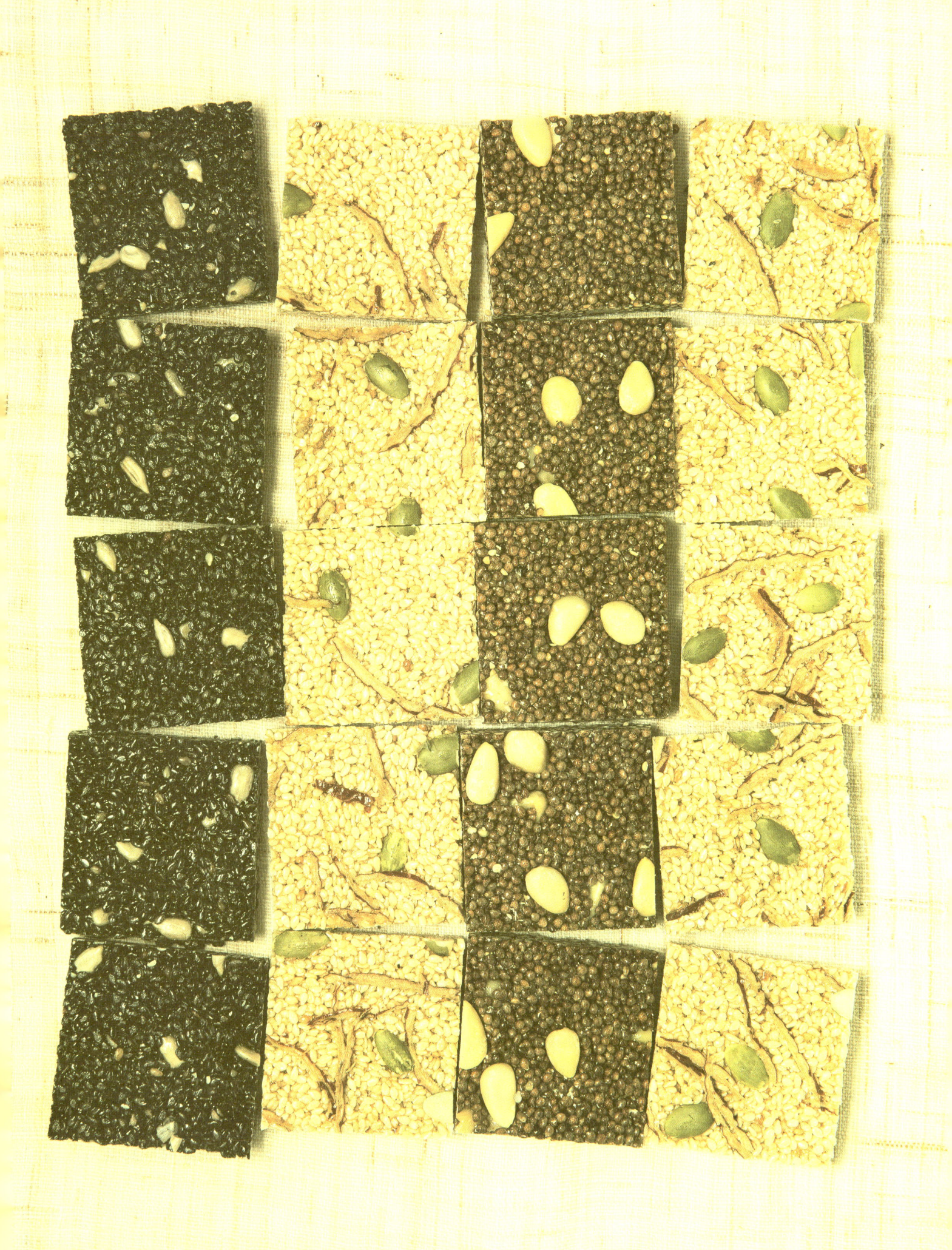

참깨엿강정 만들기

212.

참깨엿강정
참깨 150g
호박씨 15g
대추 10g
접착 시럽 60g

들깨엿강정
들깨 150g
잣 20g
접착 시럽 70g

흑임자엿강정
흑임자 150g
해바라기씨 20g
접착 시럽 70g

접착 시럽
꿀 140g, 조청 140g
소금 약간

1 깨 준비하기
① 참깨는 씻어서 물에 담가 6시간 이상 불려 박박 문질러 껍질을 벗긴다. 여러 번 물을 부어 껍질을 걸러 버리고 남은 깨는 체에 밭쳐 물기를 뺀다.
② 들깨와 흑임자는 씻어 일어 돌을 걸러내고 체에 밭쳐 물기를 뺀다.
③ 각각 타지 않게 볶아 넓은 그릇에 펼쳐 식힌다. 체에 쳐서 남은 껍질과 잡물을 제거한다.

2 고명 준비하기
① 대추는 젖은 행주로 닦아 껍질 부분만 칼로 얇게 돌려 깎아 곱게 채 썬다.
② 호박씨는 물에 가볍게 헹궈 체에 밭쳐 물기를 제거하고 볶는다. 반으로 갈라 두 쪽 낸다.
③ 해바라기씨는 물에 가볍게 헹궈 체에 밭쳐 물기를 제거하고 볶는다.
④ 잣은 마른행주로 닦아 붙어 있는 고깔을 뗀다.

3 접착 시럽 준비하기
① 조청과 꿀, 소금을 냄비에 넣고 중불에서 한소끔 끓인다.
② 접착 시럽을 그릇에 담아 끓는 물에 올려 중탕해놓고 쓴다.

4 엿강정틀 준비하기
① 도마와 엿강정틀, 밀대에 기름을 얇게 바른다.
② 엿강정틀에 대추와 호박씨를 펼쳐놓는다.

5 참깨엿강정 버무리기
① 중불에 팬을 올려 접착 시럽을 넣는다. 시럽 전체에 작은 거품이 생기면 약불로 줄이고 참깨를 넣는다.
② 참깨 전체에 시럽이 골고루 묻도록 섞어 한 덩어리가 될 때까지 버무린다.
③ 시럽에 끈끈한 줄이 생기고 만졌을 때 손에 묻지 않으면 불을 끈다.

6 모양 잡기
① 버무린 참깨를 엿강정틀에 쏟아 틀의 네 모서리부터 채운 다음 밀대로 평평하게 민다.
② 틀을 제거하고 완전히 굳기 전에 적당한 크기로 썬다.

7 들깨엿강정과 흑임자엿강정 버무려 썰기
① 중불에 팬을 올려 접착 시럽을 넣는다.
② 시럽 전체에 작은 거품이 생기면 약불로 줄이고 들깨와 잣을 넣는다.
③ 들깨 전체에 시럽이 골고루 묻도록 섞어 한 덩어리가 될 때까지 버무린다.
④ 시럽에 끈끈한 줄이 생기고 만졌을 때 손에 묻지 않으면 불을 끈다.
⑤ 기름 바른 엿강정틀에 버무린 들깨를 쏟아 틀의 네 모서리부터 채운다. 밀대로 평평하게 민 다음 틀을 제거하고 완전히 굳기 전에 적당한 크기로 썬다.
⑥ 흑임자도 마찬가지 방법으로 접착 시럽에 버무려 엿강정틀에 부어 밀대로 평평하게 민다. 틀을 제거하고 완전히 굳기 전에 적당한 크기로 썬다.

임금님의 엿강정, 잣박산과 마카다미아박산

엿강정의 역사가 짧다고 말하면 불끈 화를 내며 반박할 이가 있으니 바로 잣박산이다. 1800년대까지 거슬러 올라가는 데다가 엿강정 중 유일하게 궁의 연회에 자주 올랐다. 한마디로 역사와 전통을 가진 비싼 녀석, 올드머니 같은 품위 있는 존재다. 한때 사회적 논란이 되었던 용어 '왕의 DNA'를 가진 한과가 있다면 잣박산이다. 지금도 국산 잣으로 만든다면 최소한 왕의 언저리쯤엔 있을 것 같다. 다행스러운 점은 잣박산은 절대 많이 먹을 수 없다는 것이다. 한 개를 먹었을 땐 너무 맛있고 이렇게 호화스럽게 살아도 되나 싶은 생각이 들다가도 두 개째 먹으면 느끼하다. 다진 유차청을 넣으면 좀 산뜻해진다. 궁에서는 백자편, 민간에서는 잣박산, 백자편, 잣엿강정 따위로 불렀다.

기름기가 많은 잣은 잘 뭉쳐지지 않아 다른 엿강정보다 접착 시럽을 많이 넣는다. 잣의 미묘한 천연색감을 살리기 위해 흰 설탕과 물엿만으로 굳힌다. 설탕이 많이 들어가도 잣이 부드럽기 때문에 먹을 때 딱딱하지 않다. 밀대로 밀 때 힘을 과하게 주면 잣이 깨진다. 그래서 엿강정틀에 굳히지 않고 조금씩 떼어 둥글납작하거나 둥글게 굴려 만들기도 한다.

잣박산 만들기

잣의 섬세한 색을 살리기 위해 꿀이나 조청 대신 투명한 설탕과 물엿으로만 버무렸다. 딱딱해져도 잣이 부드러워 잘 씹힌다. 유자청을 접착 시럽에 섞어 잣의 느끼함을 잡았다.

기본 재료 잣 200g
접착 시럽 설탕 20g, 물엿 20g, 유자청 10g, 물 10g, 소금 약간

1 **준비하기**
① 잣은 마른행주로 닦아 붙어 있는 고깔을 뗀다.
② 마른 팬에 잣을 넣고 타지 않게 약불에 살짝 볶는다.

2 **시럽에 버무리기**
① 팬에 설탕과 유자청, 물엿, 소금, 물을 넣고 설탕이 녹을 때까지 약불로 가열한다.
② 설탕이 다 녹고 시럽이 끓기 시작하면 불을 줄인다.
③ 끓는 시럽에 잣을 넣고 시럽이 골고루 묻도록 섞어 한 덩어리가 될 때까지 버무린다. 타지 않도록 조심한다.
④ 한 덩어리가 되고 시럽에 끈끈하게 실이 생기고 만졌을 때 손에 묻지 않으면 불을 끈다.

3 **성형하기**
① 시럽에 버무린 잣을 엿강정 틀에 쏟아 밀대로 평평하게 민다. 잣이 깨지지 않도록 너무 힘을 주지 않는다.
② 잣박산이 어느 정도 굳으면 적당한 크기로 썬다.

마카다미아박산 만들기

견과류의 왕이라는 마카다미아는 잣 못지 않게 맛도 색도 고급스럽고 씹는 느낌도 좋다. 잣박산처럼 설탕과 물엿만으로 버무려 만들었다. 알이 굵어 잣보다 접착 시럽을 적게 넣어도 잘 엉긴다.

기본 재료 마카다미아 200g
접착 시럽 설탕 20g, 물엿 20g, 물 10g, 소금 약간

1 준비하기
① 마카다미아는 부서진 것을 골라내고 마른행주로 닦는다.
② 마른 팬에 마카다미아를 넣고 타지 않게 약불에 살짝 볶는다.

2 시럽에 버무리기
① 팬에 설탕과 물엿, 소금, 물을 넣고 설탕이 녹을 때까지 약불로 가열한다.
② 설탕이 다 녹고 시럽이 끓기 시작하면 불을 줄인다.
③ 끓는 시럽에 마카다미아를 넣고 시럽이 골고루 묻도록 섞어 한 덩어리가 될 때까지 버무린다. 타지 않도록 조심한다.
④ 한 덩어리가 되고 시럽에 끈끈하게 실이 생기고 만졌을 때 손에 묻지 않으면 불을 끈다.

3 성형하기
① 시럽에 버무린 마카다미아를 엿강정 틀에 쏟고 밀대로 민다.
② 마카다미아박산이 어느 정도 굳으면 적당한 크기로 썬다.

무늬깨엿강정

희오리깨엿강정

무지개깨엿강정

코코아다식깨엿강정

바둑판깨엿강정

콩다식깨엿강정

이제부터 깨엿강정의 상급반이다. 어린아이의 주전부리로 시작한 엿강정을 모양 있게 만들어 한정식 코스의 후식으로 내놓아도 좋을 만큼 업그레이드시킨다.

출발은 회오리엿강정이다. 두 가지 다른 재료를 얇게 종이처럼 밀어 두 장을 같이 김밥처럼 만 뒤 얇게 썬다. 조금만 변형하면 태극 모양이나 원통형으로도 만들 수 있다. 다른 방법은 깨엿강정을 얇게 민 다음 필요한 크기로 썰어 그것들을 조합해 모양을 만드는 것이다. 두 가지와 바로 뒤의 바둑판 무늬깨엿강정은 전통병과연구원의 방법이다. 여기에서는 바둑판 무늬와 무지개 모양을 만들었지만 좀 더 숙련되면 福 자나 壽 자 같은 한자 문양을 만들 수도 있다.

다른 나라에도 우리나라 엿강정처럼 견과류나 씨앗 종류를 설탕으로 굳혀 만든 과자가 있다. 브리틀이나 투론 같은 것들인데, 이들과 비교하면 우리나라 엿강정은 접착 시럽이 직게 들어가고 버터 같은 기름도 넣지 않는다. 이 때문에 입맛에 따라 좀 텁텁하게 느낄 수 있는데, 깨엿강정 사이에 콩다식 같은 부드러운 재료를 넣으면 마치 크림을 바른 듯 식감이 촉촉하고 부드러워진다. 모양도 훨씬 더 예뻐진다. 다른 다식 반죽이나 코코아 가루 같은 것으로 여러 가지 맛과 색을 시도해볼 수 있다. 두 가지 색이 대비될수록 더 예쁘다.

무늬 엿강정을 만들 때 전기 프라이팬을 쓰면 아주 편리하다. 낮은 온도로 맞춰놓고 그 위에서 만들거나 먼저 완성된 재료를 두면 굳지 않아 모양 잡기 좋다.

콩다식깨엿강정 만들기

회오리깨엿강정
볶은 참깨 50g
볶은 흑임자 25g
접착 시럽 60g

콩다식깨엿강정
볶은 참깨 100g
콩가루 40g, 꿀 40g
접착 시럽 80g

코코아다식깨엿강정
볶은 참깨 100g
백련초 가루 2g
코코아 가루 20g
꿀 40g
접착 시럽 80g

무지개깨엿강정
볶은 참깨 150g
볶은 흑임자 50g
백련초 가루 2g
치자물 15g
파래 가루 3g
접착 시럽 160g

바둑판 깨엿강정
볶은 참깨 100g
볶은 흑임자 50g
호박씨 80g
접착 시럽 180g

접착 시럽
물엿 250g, 설탕 350g
물 60g, 소금 4g

1 접착 시럽 만들기
① 접착 시럽 재료를 모두 넣고 한소끔 끓인다.
② 시럽을 그릇에 담아 끓는 물에 올려 중탕해서 쓴다.

2 회오리깨엿강정 만들기
① 접착 시럽 40g을 팬에 넣고 끓으면 참깨를 넣어 한 덩어리가 될 때까지 중약불에서 계속 버무린다.
② 비닐을 깔고 위에 버무린 참깨를 올린 뒤 비닐을 사각형으로 접어 밀대로 밀어 얇은 사각 시트로 만든다. 따뜻하게 보관한다.
③ 흑임자도 접착 시럽 20g에 버무려 밀대로 밀어 얇은 사각 시트로 만든다.
④ 김발 위에 참깨 시트를 먼저 올리고 위에 흑임자 시트를 놓아 만다.
⑤ 힘을 줘 눌러 모양을 잡는다. 김발을 풀어서 엿강정을 눌러가며 모양을 다듬는다. 굳기 전에 김밥처럼 썬다.

3 콩다식깨엿강정과 코코아다식깨엿강정 만들기
① 콩가루에 꿀을 넣어 다식처럼 되직하게 반죽해 비닐 위에 놓고 비닐을 사각형으로 접어 밀대로 밀어 얇은 사각 시트로 만든다.
② 참깨에 접착 시럽 80g을 넣고 한 덩어리가 될 때까지 중약불에서 계속 버무린다.
③ 비닐을 깔고 위에 버무린 참깨를 올린 뒤 비닐을 사각형으로 접어 밀대로 밀어 얇은 사각 시트로 만든다. 따뜻하게 보관한다.
④ 김발에 참깨 시트를 먼저 놓고 위에 다식 시트를 올려 김밥처럼 만다.
⑤ 힘을 줘 눌러 모양을 잡는다. 김발을 풀어서 엿강정을 모양을 다듬는다. 굳기 전에 김밥처럼 썬다.
⑥ 코코아다식깨엿강정도 마찬가지 방법으로 만들어 굳기 전에 썬다.

4 무지개깨엿강정 만들기
① 치자를 물에 우리고, 백련초 가루와 파래 가루는 물 1큰술을 넣어 불린다.
② 팬에 먼저 접착 시럽 80g과 치자물을 넣고 끓으면 참깨 50g을 넣고 한 덩어리가 될 때까지 중약불에서 버무린다. 비닐을 깔고 위에 버무린 참깨를 올린 뒤 비닐을 사각형으로 접어 밀대로 5mm 두께로 평평하게 민다.
③ 백련초 가루와 파래 가루도 같은 방법으로 시럽에 버무려 5mm 두께로 밀대로 평평하게 민다.
④ 5mm 두께로 만든 세 가지 색의 엿강정을 겹친 다음 눌러 붙인다. 길이로 반으로 썰어 두 개를 다시 겹친다. 식어서 잘 붙지 않으면 따뜻한 팬에 올려 약불로 가열해 따뜻하게 하면 잘 붙는다.
⑤ 밀대로 밀어 단단하게 붙이고 굳기 전에 썬다.

5 바둑판깨엿강정 만들기
① 참깨에 접착 시럽 120g을 넣고 중약불에서 버무린다. 한 덩어리가 되면 꺼내 밀대로 5mm 두께로 밀어 다시 5mm 폭으로 길게 썬다.
② 흑임자에 시럽 40g을 넣고 버무려 5mm 두께로 밀어 5mm 폭으로 썬다.
③ 길게 자른 참깨와 흑임자를 번갈아가며 바둑판처럼 놓고 서로 단단하게 붙인다. 따뜻하게 보관한다.
④ 호박씨를 볶은 후 다져 접착 시럽 60g을 넣고 중약불에서 버무려 한 덩어리가 되면 밀대로 얇게 민다.
⑤ 도마 위에 얇게 민 호박씨를 놓고 위에 바둑판처럼 붙인 깨엿강정을 올려 네모나게 잘 감싼다. 따뜻한 팬에 올려 모양을 잡아 굳기 전에 썬다.

무궁무진 건강엿강정
feat.
김

엿강정으로 만들 수 있는 재료는 무궁무진하다. 원하는 맛이나 식감, 영양을 고려해 재료를 골라 자신만의 시그니처 엿강정을 만들 수 있다. 식사 대용이나 간식, 다이어트 등 목적에 따라서도 재료를 선택해 만들 수도 있다. 나는 도서관에 갈 때 현미튀밥에 견과를 듬뿍 넣어 엿강정을 만들어 가져가는데 건강을 챙기면서도 아주 간편하게 요기할 수 있다. 거기에 김을 붙이면 아주 맛있다. 먹는 지루함이 사라진다.

조청이나 설탕, 물엿이 들어가 칼로리가 걱정이라면 칼로리를 대폭 줄일 수 있는 대체당을 쓴다. 여기에서는 설탕의 절반을 알룰로스로 대체하고 향미를 위해 꿀을 넣었다. 알룰로스는 열량은 설탕의 10분의 1이지만 당도는 70% 정도다.

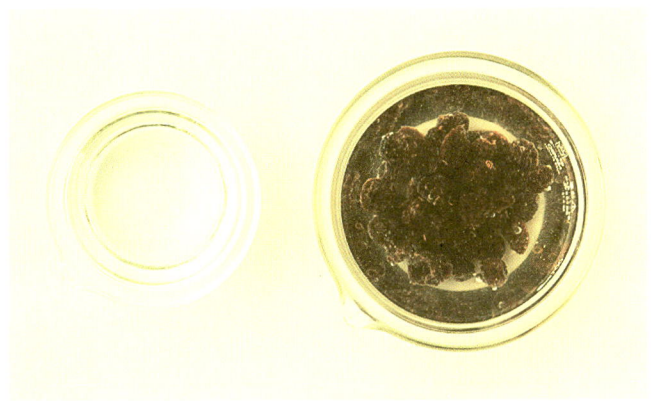

견과
해바라기씨 30g
피스타치오 40g
땅콩 40g, 아몬드 20g
말린 크랜베리 30g
호박씨 30g
구운 김 2장

접착 시럽
알룰로스 40g
조청 40g
꿀 10g
소금 2g

1 재료 전처리하기
① 견과류는 각각 볶아서 다진다. 맛이 고소해진다. 물에 한 번 가볍게 헹궈 볶으면 더 좋다.
② 건과일은 따뜻한 물에 담가 부드럽게 만든다. 당도도 낮아진다. 굵직하게 다진다.

2 강정 버무리기
① 팬에 접착 시럽 재료를 모두 넣어 중불에서 끓인다.
② 접착 시럽이 끓으면 중약불로 줄여 다진 견과류와 건과일을 넣고 골고루 섞는다.
③ 한 덩어리가 되고 끈기가 생기면 불을 끈다.

3 성형하기
① 버무린 견과를 도마 위에 올려 밀대로 얇게 민다.
② 완성된 견과엿강정 양면에 김을 놓고 붙을 정도로 가볍게 눌러 민다.
③ 굳기 전에 5×5cm 크기로 자른다.

쌀엿강정 *feat* 과일건정과

흰쌀엿강정
백련초쌀엿강정
치자쌀엿강정
흑임자쌀엿강정
파래쌀엿강정
청치자쌀엿강정

말린 밥을 고온의 기름에 넣어 팽창시킨 튀밥으로 만든다. 찹쌀과 멥쌀 모두 가능하고 맛도 크게 차이 없다.

쌀엿강정은 〈요록〉에 건방병으로 처음 등장하지만 그 이후 어떤 옛 조리서에서도 흔적을 찾을 수 없다. 그러다 1976년 발간된 왕준련의 저서 〈한국요리〉에 "주재료로 쌀을 쪄서 바짝 말려 방망이로 밀어 알알이 떨어지게 하여 볶은 것을 엿과 버무리는 쌀엿강정도 있다"라는 대목이 나온다. 그 전에 출간된 요리책 어디에서도 찾기 어려우니, 대략 이 시기부터 일반들에게 알려지기 시작한 것 같다. 1982년 발간된 황혜성의 저서 〈한국의 병과류 30선〉에는 백산이라는 한과가 나오는데, 보리튀밥과 쌀튀밥을 엿에 버무려 만든 엿강정이다. 사진을 보니, 쌀이나 보리를 압력에 의해 튀긴 튀밥이다. 요즘 나오는 밥풀과자처럼 보인다. 1996년 편찬된 윤숙경의 〈우리말 조리어 사전〉에도 쌀엿강정이 언급된다. 엿강정을 "잣, 깨, 콩, 쌀 등의 곡식을 볶거나 튀겨 묽게 녹인 엿에 버무려 틀에 넣고 식혀서 굳혀 자르거나 경단 같이 뭉쳐 만든 과자. 재료에 따라 콩엿강정, 깨엿강정, 쌀엿강정 등이 있다"라고 설명한다. 다만 쌀엿강정은 오랫동안 전통 한과로 인정받지 못했던 것 같다. 한국음식을 집대성한 1987년 강인희의 〈한국의 맛〉에도, 2000년 〈한국음식대관〉 한과 편에도 쌀엿강정은 나오지 않는다.

다만 알려진 다음에는 쉽게 우리 것으로 정착했을 것 같다. 오래 전부터 튀밥을 강정이나 산자 고물로 썼기 때문이다. 만들지 않은 것이 오히려 신기하다.

옛날에는 기름 대신 깨끗하게 씻은 모래를 가열해 그 안에 말린 밥을 넣고 같이 볶아 부풀렸다. 모래 대신 소금에서도 튀길 수 있다. 고운 소금을 200℃ 이상으로 뜨겁게 가열한 다음 말린 밥을 넣고 볶으면 된다. 다 튀겼으면 체에 쳐서 여분의 소금을 제거한다. 기름에 튀긴 튀밥보다 조금 작게 부푼다.

튀밥 만들기

쌀을 충분히 호화시키는 것이 가장 중요하다. 양이 적을 때는 삶는 것이, 많을 때는 찌는 것이 더 편하다. 삶을 때는 물을 넉넉히 붓고 물이 끓을 때 쌀을 넣어 익힌다.

튀밥
찹쌀 1kg
소금물
물 1kg
소금 14g

1 쌀 호화하기
① 찹쌀을 깨끗이 씻어 4시간 이상 충분히 불린다.
② 물이 끓으면 찜통에 올려 찐다. 20분 찌고 찬물에 헹궈 다시 찌는 과정을 두 번 반복한다.
③ 쌀이 충분히 익으면 5분 정도 뜸을 들인다.

2 소금물에 담그기
① 밥을 체에 담고 큰 그릇에 찬물을 받아 체째 넣고 살살 흔들어 씻는다. 서너 차례 새 물을 받아 씻는다. 밥알이 깨지지 않도록 조심한다.
② 더 이상 뿌연 물이 나오지 않으면 물기를 뺀다.
③ 소금물을 만들어 밥을 체째로 5분 정도 담가 간한다.

3 밥알 말리기
① 소금물에서 밥을 꺼내 물을 빼고 그릇에 넓게 펼쳐 말린다. 중간중간 뒤집는다.
② 마르기 시작하면 덩어리진 것을 떼어낸다.
③ 씹어보아 딱 소리가 날 정도로 딱딱하게 마르면 밀폐 용기나 비닐봉지에 담아 냉동실에 보관한다.

4 고온의 기름에서 튀기기
① 튀기기 전에 말린 밥에 물을 한두 차례 분사해 고루 섞어 그릇에 담는다. 랩을 씌워 밀봉해 1시간 이상 두어 수분이 밥알에 스며들게 한다.
② 행주를 깔고 말린 밥을 올려 다시 행주로 덮은 다음 밀대로 밀어 밥알을 알알이 떼어낸다. 뭉친 밥을 그대로 튀기면 덩어리져 딱딱하다.
③ 알알이 떼어낸 밥알을 중간체에 쳐서 부스러진 가루를 제거한다.
④ 기름을 180℃로 가열한 뒤 작은 체에 말린 밥을 담아 통째로 튀긴다. 튀길 때 수저로 젓는다.
⑤ 기름을 뺀다.

치자쌀엿강정 만들기

228.

색깔 쌀엿강정의 접착 시럽은 투명한 설탕과 물엿으로만 만들어야 색이 곱게 산다. 여섯 가지 색으로 만들어 어울리는 견과류를 섞고 비슷한 색의 과일건정과로 장식했다. 색이 강하면 매력이 떨어진다.

흰쌀엿강정
튀긴 쌀 120g
땅콩 20g, 대추 8g
접착 시럽 60g

치자쌀엿강정
튀긴 쌀 120g
유자청 건지 6g
치자물 5g, 접착 시럽 50g
유자청 10g
황금향정과 6개

백련초쌀엿강정
튀긴 쌀 120g
백련초 가루 2g
접착 시럽 60g
딸기건정과 16개

파래쌀엿강정
튀긴 쌀 120g
호박씨 20g, 파래 가루 1g
접착 시럽 60g
키위건정과 8~10조각

청치자쌀엿강정
튀긴 쌀 120g
마카다미아 20g
청치자 가루 1g
접착 시럽 60g

흑임자쌀엿강정
튀긴 쌀 120g
잣 20g, 해바라기씨 15g
흑임자 5g, 석이버섯 3g
접착 시럽 60g

접착 시럽
물엿 190g
설탕 170g, 물 30g

1 재료 전처리하기
① 대추는 젖은 행주로 닦아 껍질 부분만 얇게 저며 곱게 다진다.
② 땅콩은 껍질을 벗겨 굵게 다진다.
③ 치자 1조각을 물 30g에 하룻밤 담가 색을 진하게 우린다.
④ 백련초 가루와 파래 가루는 각각 물 1큰술을 넣어 불린다.
⑤ 마카다미아는 마른행주로 닦는다.
⑥ 볶은 흑임자는 가루로 곱게 갈아 고운체에 내린다.
⑦ 석이버섯은 따뜻한 물에 불려 배꼽을 떼고 손질해 깨끗이 씻는다. 채로 썰어 마른 팬에 볶아 말린다.

2 시럽 만들기
① 냄비에 접착 시럽 재료를 모두 넣고 끓인다.
② 시럽을 그릇에 넣고 끓는 물에 중탕해놓고 쓴다.

3 엿강정틀 준비하기
① 엿강정틀에 기름을 바르고 과일건정과를 적당히 놓는다.

4 버무리기
① 흰쌀엿강정은 접착 시럽과 대추 다진 것을 넣어 푼 다음 시럽이 끓으면 튀긴 쌀과 땅콩을 넣고 약불에서 버무린다.
② 치자쌀엿강정은 접착 시럽과 치자물, 유자청을 넣고 끓으면 튀긴 쌀을 넣고 약불에서 버무린다.
③ 백련초쌀엿강정은 접착 시럽과 불린 백련초 가루를 넣어 잘 푼 다음 시럽이 끓으면 튀긴 쌀을 넣고 약불에서 버무린다.
④ 파래쌀엿강정은 접착 시럽에 불린 파래 가루를 넣어 잘 푼 다음 시럽이 끓으면 튀긴 쌀과 호박씨를 넣고 약불에서 버무린다.
⑤ 청치자쌀엿강정은 접착 시럽에 청치자 가루를 섞고 시럽이 끓으면 튀긴 쌀과 마카다미아를 넣고 약불에서 버무린다.
⑥ 흑임자쌀엿강정은 접착 시럽에 흑임자 가루와 석이버섯채를 넣고 잘 푼 다음 시럽이 끓으면 튀긴 쌀을 넣고 약불에서 버무린다.

5 모양 만들기
① 각각의 재료가 고루 섞여 한 덩어리가 되고, 만졌을 때 손에 붙지 않으면 불을 끈다.
② 엿강정틀에 버무린 쌀엿강정을 쏟아 네 모서리를 먼저 채운 다음 밀대로 밀어 평평하게 편다.
③ 굳기 전에 엿강정틀을 제거하고 3×5cm 크기로 썬다.

오도독 호두강정

호두강정은 옛조리서에 나오지 않는 현대 한과다. 호두를 시럽에 조려 기름에 튀기거나 오븐에 구우니 호두튀김보다 달콤하고, 껍질을 일일이 벗기지 않아도 되니 만들기도 쉽다. 근데 맛은 기대 이상이다. 아삭함과 고소함이 배가된다. 구절판에 넣어도 좋고 안주로도 좋다.

현대 한과이니 아직 공식적으로 정해진 이름이 없다. 사람에 따라 시럽에 조리니 정과, 기름에 튀기니 강정이라고 부른다. 맛은 엿강정에 제일 가까워 보인다. 처음에는 깨엿강정 위에 장식하기 위해 만들었는데, 맛있다 보니 단독으로 주전 선수가 되었다. 껍질을 벗기지 않고 뜨거운 물에 잠깐 끓여 호두의 떫은맛을 제거한다. 튀기는 게 조금 더 맛있긴 하지만 오븐에 구워도 여전히 맛있다.

재료
호두 100g
설탕 50g
물엿 20g
꿀 20g
물 200g
소금 약간

1 **재료 손질하기**
① 부서지지 않고 모양이 온전히 남아 있는 반각 호두를 고른다.
② 물이 끓으면 호두를 넣고 5분 정도 더 가열한다.
③ 찬물에 가볍게 헹군다.

2 **조리기**
① 호두와 물, 설탕, 소금을 넣고 센불로 끓이다가 끓으면 중불로 줄인다.
② 시럽이 반 남았을 때 물엿을 넣고 약불로 줄인다.
③ 시럽이 거의 사라질 때까지 조리다가 꿀을 넣고 버무린 다음 불을 끈다.

3 **말리기**
① 체에 밭쳐 시럽을 빼고 건조망에 서로 붙지 않게 올려 시럽을 제거한다.
② 150℃ 오븐에서 8~10분간 굽는다. 크기에 따라 굽는 시간이 다르다.
③ 오븐에서 꺼내 식힌다.

정직하고 소박한, 다식

다식의 종류

밀가루다식

대구포다식

백태다식

송화다식

다식, 이 얼마나 깔끔한가. 무슨 재료로 어떻게 만들었는지 한눈에 명확하게 들어온다. 눈속임이 낄 틈이 없다. 만드는 데 엄청난 솜씨도 비결도 필요 없다. 유과와 비교하면 마치 초급반과 박사과정처럼 필요한 기술과 만드는 과정이 다르다. 〈한국음식대관〉에는 다식이 이렇게 설명되어 있다. "곡물 가루, 한약재 가루, 종실, 견과류 등을 날로 먹을 수 있는 것은 그대로, 날로 먹을 수 없는 것은 볶아서 가루로 하여 꿀을 넣고 반죽하여 다식판에 박아낸 것." 바꿔 말하면 어떤 것이든 가루로 만들어 꿀이나 시럽에 반죽하면 다식으로 만들 수 있다. 곡식이나 견과류, 심지어 고기나 생선까지 말이다. 이게 다식의 본질이다. 만드는 방법은 간단하지만 재료는 무궁무진하다.

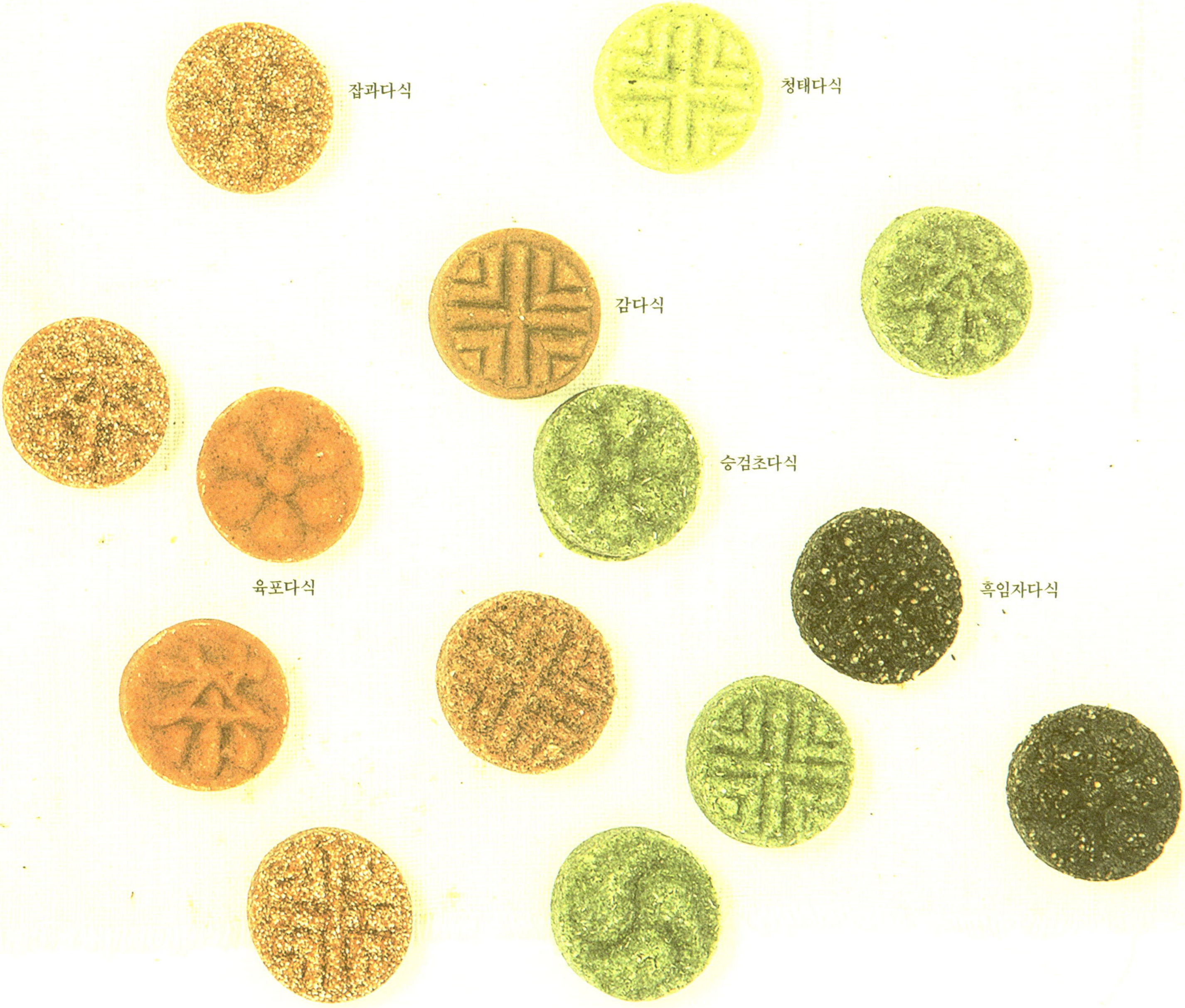

잡과다식 청태다식

감다식

육포다식 승검초다식

흑임자다식

밀가루다식

우리나라 다식의 역사는 밀가루다식으로 시작되었다. 당시 이름은 진말다식이었다. 밀가루를 진말이라 했기 때문이다. 1450년경 〈산가요록〉, 1540년경 〈수운잡방〉, 1670년경 〈음식디미방〉 등 1700년대 이전 문헌에는 오로지 이 다식만 나온다. 그러다 1830년경 〈농정회요〉를 마지막으로 보이지 않다가 140여 년이 지나 1979년 출간된 요리책에 다시 등장한다. 특이하게도 〈수운잡방〉이나 〈산가요록〉 등에서는 밀가루다식을 모래를 깐 기와나 무쇠솥에 넣고 구웠다. 두 방법 모두 뚜껑을 덮어 아래위로 열기가 가도록 했다. 오븐처럼 대류열을 이용한 것이다. 굽는 밀가루다식은 특별히 안동다식법이라 불렀다. 밀가루다식이라니, 왠지 허접하게 느껴지지만 의외로 맛있다. 꿀에 반죽하고 나면 하얀 밀가루가 차분하고 고급스러운 베이지색으로 바뀌고 맛도 향도 구수해진다. 밀가루가 왜 세계적인 곡물이 되었는지 알 수 있다. 정말 맛있는 곡물인 것이다. 밀가루 종류에 따라 맛과 색이 조금씩 다르다.

재료 밀가루 50g, 꿀 33g, 소금 약간

① 기름을 두르지 않은 두꺼운 냄비에 밀가루를 누렇게 될 때까지 볶는다.
② 볶은 밀가루를 식혀 소금을 섞고 꿀로 반죽해 다식판에 박는다.

송화다식

송화는 말 그대로 소나무 꽃가루다. 좀 더 자세히 말하면 수꽃에서 날리는 꽃가루다. 소나무는 암수 한 몸이지만 두 꽃이 피는 시기가 달라 먼저 피는 수꽃은 다른 암꽃을 찾아 날아간다. 이때가 4월에서 6월 초다. 가루는 아주 미세하지만 한 번에 많은 양이 날려 눈에 보이는 것이다. 달짝지근하고 섬세한 향이 있다. 옛날에 더 고급으로 인정받은 것은 잣나무 꽃가루다. 송화보다 빛이 더 희어 백화라 불렀다. 이것을 이용기는 〈조선무쌍신식요리제법〉에서 "다섯 잎사귀 송화가 제일가는 것은 빛이 조금 희나 맑은 향기는 갑절이 된다"고 말했다.

송화다식은 다식 중에서는 상급 레벨에 속한다. 반죽의 되기 맞추기가 까다롭다. 되면 다식 몸에 금이 생기고 조금 질면 모양이 잡히지 않고 늘어진다. 시판 송화는 대부분 정련한 것이지만, 그래도 한 번 더 물에 담가 수비해 쓴맛을 빼고 미세한 잡물도 제거하고 쓰는 것이 좋다. 그래야 송화의 섬세한 맛을 살릴 수 있다.

재료 송화가루 20g, 꿀 36g, 소금 약간

① 송화가루를 고운체에 내려 소금을 섞고 꿀을 넣어 반죽한다.
② 작은 덩어리로 떼어 동그랗게 뭉쳐 다식판에 박는다.

청태다식, 백태다식

1600년대 말 〈주방문〉에 콩다식이 처음 기록되었는데 이후 모습을 보이지 않다가 300년 뒤 1918년 〈조선요리제법〉 2판에 다시 나왔다. 궁에서는 1848년 헌종 14년 연회 이후 모든 연회에 빠짐없이 올랐다. 민간에서는 주로 백태, 궁에서는 주로 청태로 만들었다. 궁의 연회에는 여러 색의 다식을 같이 고였는데, 셋에서 많으면 다섯 가지 색으로 만들었다. 다섯 가지 색은 황청백적흑 오방색으로, 우주의 중심과 동서남북을 가리킨다. 그중 파란색은 봄과 나무를 상징하며 상승하는 기운의 색이다. 주로 청태와 승검초를 섞어 만들었다.

재료 파란콩 가루 100g, 꿀 60g, 소금 약간

① 파란콩 가루를 고운체에 내려 소금을 섞어 꿀을 넣어 반죽한다.
② 작은 덩어리로 떼어 동그랗게 뭉쳐 다식판에 박는다.

잡과다식

마치 가을의 축복 같은 다식이다. 밤, 곶감, 대추, 호두를 가루로 만들어 꿀로 버무려 만든다. 맛도 맛이지만 영양 덩어리다. 오죽하면 〈증보산림경제〉에서 잡과다식을 '방검병'이라 하여 "햇볕에 말려서 저장해두었다가 흉년의 양식에 대비하라" 하였겠는가. 옛날에는 황률 가루와 곶감 가루로 만들었다. 이 책에서는 햇밤과 단감을 얇게 썰어 말려서 분쇄기에 곱게 갈아 대추고와 꿀로 반죽해 계피가루를 조금 섞었다. 가을의 축복을 덧붙이고 싶다면 다식판에 잣가루를 뿌려 박는다. 18세기 말 〈증보산림경제〉에 처음 나온 다식으로 이후 19세기의 문헌 〈농정회요〉 〈음식법(윤씨)〉 〈군학회동〉에 나오는데, 문헌마다 재료가 조금씩 다르다.

재료 감 가루 20g, 밤 가루 20g, 대추고 14g, 잣가루 10g, 호두 가루 8g, 생강즙 4g, 꿀 11g, 계피가루 1g, 소금 약간, 후추기루 약간

① 가루를 모두 섞어 대추고와 생강즙, 소금, 꿀을 넣고 반죽한다.
② 작은 덩어리로 떼어 뭉쳐 다식판에 잣가루를 살짝 뿌리고 박는다.

승검초다식

승검초는 〈반찬등속〉 문자집에는 '신감초'로 표기했는데, 한마디로 당귀의 잎이다. 더 길게 설명하면 뿌리는 한약재인 당귀, 잎은 떡과 한과에 색이나 향을 위해 넣었던 승검초다. 요즘은 대체로 당귀잎으로 부른다.

승검초를 데친 다음 말려 가루로 내고 거기에 콩가루나 녹말을 섞어 만든다. 〈원행을묘정리의궤〉에 처음 등장했는데, 승검초 가루 3말에 녹말 1두 5승을 섞고, 꿀 8승으로 반죽했다. 녹말을 승검초 부피의 5% 넣은 셈이다. 아주 선명한 녹색이었을 것이고, 먹는 순간 온몸이 떨릴 정도로 맛이 강했을 것이다. 이후에는 승검초의 비율은 갈수록 줄어들어 광무 5년(1901년) 의궤에는 승검초를 콩가루의 5분의 1 분량 넣었다. 이 정도가 맛과 색의 균형이 좋다. 승검초는 향이 강해 호불호가 있으니, 소량을 녹말이나 노란콩 가루에 섞으면 품위 있는 녹색이 나온다. 생각보다 향기롭고 괜찮다.

재료 승검초 가루 2g, 노란콩 가루 20g, 꿀 16g, 소금 약간

① 승검초 가루와 콩가루, 소금을 섞어 고운체에 내려 꿀을 넣어 반죽한다.
② 작은 덩어리로 떼어 동그랗게 뭉쳐 다식판에 박는다.

감다식

전통 생강다식에 들어가는 감 가루가 맛있어, 주객을 전도시켜 감다식으로 바꿔 만들었다. 감 가루는 곶감이나 단감, 어떤 것으로 만들든 입에 들어가면 스르르 녹아버리는데, 묘하게 맛있다. 이렇게 맛있는 감가루를 넣어 만든 떡이 삼키기 아까울 정도로 맛있다는 석탄병이다. 생강다식은 옛 조리서에는 강분다식 혹은 강분정방으로 나오고, 궁중 의궤에는 계강다식으로 나온다. 생강 가루나 생강 전분에 계피나 감 가루를 섞고 꿀로 반죽했다. 생강 전분은 생강 가루처럼 향과 맛이 강하지 않아 다식으로 만들면 깔끔하고 개운한 느낌이다.

곶감보다는 단감이 가루로 만들기 쉽다. 감 가루에 꿀이나 시럽을 바로 넣어 반죽하면 녹는 것처럼 뭉치므로 먼저 감 가루와 녹말을 골고루 섞은 다음 꿀을 넣어 반죽한다. 취향에 따라 생강가루의 양은 조절한다. 독특한 단맛이 있고 텍스처도 독특한 데다 색도 고급스럽다.

재료 감 가루 5g, 녹말 10g, 꿀 5g, 생강가루 약간, 소금 약간

① 단감 가루를 고운체에 내린다. 여기에 녹말과 생강가루, 소금을 섞는다.
② 꿀로 되직하게 반죽한 다음 작은 덩어리로 떼어 뭉쳐 다식판에 박는다.

육포다식

소고기육포를 가루로 만들어 꿀과 참기름을 넣고 반죽해 다식판에 박는다. 육포 특유의 향과 맛이 그대로 남아 있다. 가루로 곱게 분쇄하기 위해 먼저 고깃결과 반대 방향으로 아주 가늘게 가위로 잘라야 한다. 〈음식법(윤씨)〉에 나오는 다식인데, 이 책에는 꿩고기나 소고기로 만든 다식도 실려 있다.

재료 육포 50g, 깨 7g, 꿀 11g, 후추가루 약간

① 가위로 육포의 고기결과 반대 방향으로 길게 잘라 결을 짧게 끊는다. 마른 팬에 볶아 분쇄기로 곱게 갈아 체에 내린다.
② 꿀과 깨, 후추가루를 넣고 반죽해 다식판에 박는다.

대구포다식

생선포 다식은 원래 빛이 고운 가을 광어포로 만들었지만 지금은 대구포나 북어포로 만든다. 육포와 마찬가지로 생선의 결이 그대로 살아 있으면 다식판에 박기 어려우므로 잘게 뜯은 다음 가루를 낸다. 북어보푸라기무침을 만들 때처럼 찜통에 살짝 쪄서 가루를 내도 된다. 전복 가루나 새우 가루로도 만든다.

재료 대구포 28g, 깨 7g, 참기름 12g, 꿀 44g, 후추가루 약간

① 대구포를 결과 반대 방향으로 짧게 자른다. 마른 팬에 볶아 분쇄기로 곱게 갈아 체에 내린다.
② 꿀과 깨, 후추가루를 넣고 반죽해 다식판에 박는다.

흑임자다식 만들기

〈증보산림경제〉와 〈임원경제지〉에서 검은깨를 아홉 번 찌고 아홉 번 말려 가루로 만들어 흑임자다식을 만들었다. 아홉 번까지는 아니더라도 빻은 검은깨를 찌고 기름을 짜내는 과정은 필수다. 기름이 많으면 다식을 만든 후에 시간이 지나면 부스러지기 쉽다. 또 찌고 찧는 과정에서 검은깨도 칠흑처럼 검게 된다. 다만 흑임자 기름은 몸에 좋다 하니 굳이 마지막 한 방울까지 죽어라 뺄 필요는 없다. 뭉쳐질 정도만 제거한다.

1766년 〈증보산림경제〉에 처음 등장한 이후 거의 모든 문헌에 빠짐없이 나온다. 지금도 가장, 그리고 유일하게 사랑받는 다식이다. 이 다식이 특별한 이유 중 하나는 다식판의 문양 부분에만 색을 넣을 수 있다는 점이다. 〈규합총서〉에서는 다식판의 글자 부분에만 사탕가루를 넣고 흑임자다식을 만들면 "검은 비단에 흰 실로 글자를 수 놓은 듯하다"고 했다. 색 재료를 넣은 녹말 반죽으로 다식판의 무늬를 채우고 나머지는 흑임자 반죽으로 채워 박으면 무늬 있는 다식이 된다.

재료
흑임자 100g
꿀 56g
소금 약간

1   검은깨 가루 내기
① 검은깨를 깨끗이 씻어 체에 밭쳐 물을 뺀 다음 볶는다.
② 볶은 검은깨를 분쇄기에 갈아 고운 가루로 만들어 체에 내린다.

2   흑임자 준비하기
① 먼저 꿀의 절반 분량을 검은깨 가루에 고루 섞어 그릇에 담는다.
② 김이 올라오는 찜통에 그릇째 넣고 약 10분간 찐다.
③ 흑임자 가루의 색이 충분히 까맣게 되면 꺼내 나머지 꿀을 넣고 섞는다.
④ 흑임자를 절구에 넣고 방망이로 찧는다.
⑤ 절구에서 흑임자를 꺼내 키친타월이나 한지에 싸서 눌러 기름을 뺀다.
⑥ 기름이 너무 많거나 색이 충분히 검지 않으면 찜통에 찌고 기름을 빼는 과정을 반복한다.

3   다식 만들기
① 한 덩어리로 뭉친 다음 다시 소분해 동그랗게 만든다.
② 소분한 반죽을 다식판에 넣고 꾹꾹 눌러 박는다.
③ 판을 뒤집어 다식을 빼고 모양을 다듬는다.

녹말다식 만들기

240.

아니 이번엔 녹말로 만든다고? 괜찮다. 의외로 밀가루다식이 맛있다면 녹말다식은 무척 곱다. 각색 다식을 만들 때 필수로, 치자와 오미자로 녹말을 물들여 노란색과 붉은색 다식을 만들었다. 옛날에는 오미자에 연지를 함께 넣었다. 연지는 옛날 여자들이 입술이나 뺨에, 그리고 시집갈 때 이마에 붉은 점을 찍을 때 쓰던 재료다. 홍화꽃(잇꽃)의 꽃잎으로 만든 색소인데, 15세기에는 잇꽃 1근이 쌀 1섬 정도로 아주 비쌌다. 꽃술로 만든 노란색 향신료 사프란에 못지않은 가격이다.

주로 녹말로 만들었지만, 일부 문헌을 보면 칡이나 고사리, 연근, 감자의 전분으로도 만들었다. 1950년대 이후에는 식용색소를 썼다. 요즘은 감자나 고구마, 옥수수 전분에 백련초나 비트 같은 천연 색 재료를 섞어 만든다. 어찌 되었든 발색이 아주 좋다. 같은 색 재료도 비율을 조절하면 다양한 톤의 다식을 만들 수 있다.

재료
감자전분 100g
치자물 20g
설탕 50g
설탕시럽 60g

치자물
물 100g
치자 1개

1 치자 녹말 만들기
① 물 100g에 치자 한 개를 넣어 색을 우려 고운체에 거른다. 치자를 작게 조각 내면 빨리 우릴 수 있다.
② 전분에 치자물을 넣고 골고루 섞어 체에 내린다.
③ 녹말이 질면 넓은 그릇에 펼쳐 말린다.

2 반죽하기
① 설탕을 분쇄기로 곱게 간다.
② 치자 녹말에 설탕을 고루 섞는다.
③ 설탕시럽을 조금씩 나누어 넣으며 섞어 되직하게 반죽한다.

3 다식 만들기
① 한 덩어리로 뭉친 후 다시 작게 소분해 동그랗게 만든다.
② 반죽을 다식판에 넣고 꾹꾹 눌러 박는다.
③ 뒤집어 판에서 빼고 모양을 다듬는다.

다식 문양에 기원을 담다

만 　 태극 　 나비 　 선(햇살) 　 거북 　 문자 　 팔괘

만(卍)
불교의 무늬. 길상과 만복이 집결한다는 뜻. 무한하고 영원하다는 의미다.

태극
단독으로 쓰거나 꽃무늬나 선, 문자와 같이 새겼다. 두 개로 구성된 태극문을 많이 썼는데 음양의 조화와 태양을 상징한다. 경사스러운 때에는 식물 무늬와 같이 썼다.

나비
조선 시대에 사용한 가장 장식적인 무늬로, 꽃과 같이 쓴다.

선(물결, 햇살)
점이나 선으로 구성되었는데 일반 백성들이 주로 썼다. 지역에 따라 물결무늬나 햇살무늬를 만들었다. 장식적인 의미가 강하다.

거북
거북 자체도 쓰고 등딱지의 문양만 쓰기도 했다. 장수를 의미한다.

문자
福祿壽富貴多男 등의 글자에 추구하는 희망을 담았다. 양반들이 많이 사용하던 문양이다. 문양과 문자를 같이 새긴 것이 조선의 고유 양식이었다.

팔괘
천지만물의 형상과 형태의 기본. 각각 하늘, 못, 불, 번개, 바람, 물, 산, 땅을 가리킨다. 사람의 신체나 가족을 의미하기도 한다.

박쥐
박쥐를 뜻하는 한자 복(蝠)이 복을 의미하는 복(福) 자와 음이 같아 쓰게 되었다. 오복과 장수를 상징한다. 잡귀를 쫓는다는 의미도 있다.

다식은 대체로 동그란 모양으로, 보통은 원 안에 문양을 넣지만 아예 다식 자체가 꽃이나 동물, 꽃 모양인 것도 있다. 평균적으로 다식 하나의 크기는 지름 2.6cm에서 7.8cm, 두께 0.8cm에서 2.0cm로, 편차가 아주 크다. 다식판 한 개에는 다식을 박을 수 있는 구멍이 한 개부터 많게는 21개까지 있었지만 2~9개가 일반적이다. 가장 작은 것이 지름 2.6cm에 두께 0.8cm였는데, 주로 용안육같이 귀한 약재로 다식을 만들 때 썼다. 판의 소재는 피나무나 박달나무, 대추나무, 황양목이었다. 다식판과 떡살을 많이 다루는 고미술 상점 사장님의 말에 따르면 떡살에 비해 상대적으로 다식판은 많이 남아 있지 않다고 한다. 떡살은 일반 백성들도 많이 썼지만, 다식판은 지체 높은 양반들이 주로 사용했기 때문이다. 경북 예천 지방의 다식판을 높이 친다.

꽃　　　문자　　　새　　　국화　　　물고기　　　꽃　　　십자

인동초
우리나라 고유의 무늬로 장식적인 의미다.

새
종류를 알 수 없는 새의 문양을 생동감 있게 새겼다. 길조를 상징한다.

국화
노장사상과 장수를 의미한다.

벌
좋은 일이 일어날 징조로 여겨 꽃 문양과 같이 새겼다. 꽃은 여성, 벌은 남성을 상징하기도 한다.

물고기
물고기는 밤낮으로 눈을 감지 않는다는 의미에서 근면성과 부단한 의지를 뜻한다. 특히 잉어는 득남을 의미했다. 경사스러운 일에 썼다.

동물
주로 경사스러운 일에만 썼다. 커다란 동물은 다식판에 새기지 않았다.

십자
원만한 자연현상을 의미하는데, 수직선은 강건함을, 수평선은 안정을 뜻한다. 외부 원은 무한을 상징한다.

매미
매미는 이슬만 먹는다 하여 맑고 고결한 인간성을 뜻한다. 또는 매미가 허물을 벗듯 낡은 형식을 벗고 새로워지거나 현세에서 이룰 수 없는 높은 정신적 상태를 말한다.

주머니 혹은 단지, 또는 쌈

대접의 진수, 유자쌈

정해진 이름은 없다. 어떤 이는 단지라 부르고 어떤 이는 단자라 부른다. 주머니라 부르는 사람도 있다. 나는 쌈이라 부르기로 했다. 재료 유자, 방법 쌈이다. 잘 어울리지 않는가. 게다가 쌈이라니. 얼마나 전통이 뚝뚝 묻어나는 이름인가.

조선 시대나 일제강점기에 발간된 옛 조리서 어디에도 기록을 찾을 수 없었다. 내가 찾아낸 가장 오래된 기록은 1987년 강인희가 쓴 〈한국의 맛〉이다. 특이하게도 저장 식품으로 분류되어 있다. 녹말 만들기, 온갖 가루 만들기, 엿기름, 조청 만드는 법, 온갖 나물 말리기, 늙은 호박고지, 황률, 굴비 다음에 나온다. 유자청이란 이름을 달고 말이다. 그러니까 이 아름다운 한과의 본명은 유자청이다. 저자가 "추운 겨울에 손님이 오셨을 때, 유자 한 개를 꺼내 썰어서 그 국물과 함께 내면 그 맛이 일품이다"라고 설명했듯이, 손님으로 갔을 때 이 유자청, 아니 유자쌈을 하나 내준다면 아주 황홀할 것 같다.

강인희는 자신의 책에 양반가에 내려오는 음식과 향토 음식, 옛 조리서에 나온 음식까지 총 700여 종의 조리법을 직접 재현해 분량과 조리법을 기록했다. 이 유자청도 남쪽 어딘가 양반가에서 전수받지 않았을까 추정한다. 일반인들에게 알려지기 전까지는 이 음식은 오로지 이분의 제자나 제자의 제자들만 만들었다. 실제로 우리나라에서 전통 요리를 하는 사람은 어떤 방식으로든 이분의 영향을 받았다. 나 역시 마찬가지다.

이 유자쌈을 처음 만들 때는 정말 어렵게 느껴진다. 특히 매듭이 그렇다. 그런데 똑같은 방법으로 묶을 필요는 없다. 어떻게든 단단하게 유자와 속을 고정할 수만 있으면 된다. 실제로 방법을 알려줘도 나중에 보면 열이면 열, 다 다르게 묶는다. 각자 자신만의 방법을 찾게 된다. 어찌 되었든 면사끼리 엮어 조각난 유자 껍질 사이로 소가 보이지 않을 정도로 오므려 고정한다. 유자의 소는 유자 껍질보다 작게 만들어야 하는데 대략 70~80%다. 나중에 시럽을 흡수해 소가 불어나기 때문이다. 불어 부피가 커질 때 유자가 매듭에 묶여 있으니 안의 소가 더 단단하게 뭉쳐져 먹을 때 칼로 썰 수 있게 된다. 옛날엔 항아리에 넣어 땅에 묻어 겨우내 꺼내 먹었다. 마치 김장 김치처럼 말이다. 먹을 때 면사 먼저 자르고 유자 껍질의 칼자국을 따라 그대로 잘라 그릇에 넣고 시럽을 희석해 부어 화채처럼 먹는다. 희석한 시럽을 셔벗처럼 얼려 곁들여 먹어도 별미다.

유자쌈 맛있게 만드는 법
소가 질면 모양 잡아 매듭짓기가 어렵고 먹을 때 칼로 썰기 어렵다. 단단하게 뭉쳐질 정도로 되직한 것이 좋은데, 유자즙이 많으면 소에 다 섞지 말고 시럽 만들 때 넣어 같이 끓인다. 시럽은 유자가 완전히 잠길 정도로 붓고, 뜨지 않게 누름판으로 누른다.

유자쌈 만들기

248.

유자쌈
유자 6개, 설탕 240g
소금 약간, 면실 30가닥
소
밤 240g, 대추 100g
석이 15g
담금 시럽
설탕 760g, 물 760g

1 유자 준비하기
① 유자를 깨끗이 씻어 잘 드는 과도로 투명한 겉껍질을 아주 얇게 벗긴다.
② 끓는 소금물에 유자를 넣어 소독한다. 바로 건져내어 식힌다.
③ 유자 껍질 아래쪽을 1.5cm 정도 남기고 세 번 잘라 6등분한다. 크면 네 번 잘라 8등분한다. 껍질 아래쪽은 반드시 붙어 있어야 한다.
④ 유자 속을 분리해 껍질 안쪽의 흰색 섬유질을 제거한다. 손에 잡히는 것만 없앤다.

2 시럽 만들기
① 같은 분량의 설탕과 물을 냄비에 넣고 센불로 끓인다.
② 끓기 시작하면 중불로 줄여 양이 절반 정도 될 때까지 끓인다.
③ 차게 식힌다.

3 소 준비하기
① 유자씨를 빼내고 속껍질의 두꺼운 부분을 가위로 잘라낸다.
② 유자 과육을 잘게 자르거나 다진다.
③ 밤은 속껍질까지 벗겨 곱게 채 썬다.
④ 대추는 껍질 부분만 얇게 돌려 깎아 곱게 채 썬다.
⑤ 석이는 따뜻한 물에 불려 깨끗하게 씻어 배꼽을 떼고 돌돌 말아 곱게 채 썬다. 마른 팬에 살짝 볶아 말린다.

4 소 만들기
① 밤채와 대추채, 석이채를 골고루 잘 섞는다.
② 잘게 자른 유자 과육과 설탕을 섞는다.
③ 준비한 소를 6개로 나누어 단단하게 뭉친다. 원래 유자보다 작게 만들어야 한다.

5 유자쌈 만들기
① 순면 실을 유자 둘레보다 10cm 길게 잘라 30개 준비한다.
② 끓는 물에 삶아 소독한다.
③ 면사 3개를 서로 엮어 엇갈려놓는다. 4등분했으면 4개를 서로 엮이게 놓는다.
④ 면사 위에 유자 껍질을 놓고 그 위에 동그랗게 만 소를 올린다.
⑤ 껍질을 오므리며 마주 보는 실끼리 묶는다. 유자의 정중앙이 아니라 약간 옆쪽에 묶는다. 나머지 두 가닥의 실도 같은 방식으로 묶는다.
⑥ 남은 면사 한 개를 유자의 중간에 띠처럼 두른다. 먼저 고정해놓은 수직 면사와 만날 때마다 한 번씩 엮는다. 마지막은 단단하게 매듭짓는다.
⑦ 매듭짓고 남은 면사를 짧게 잘라 정리한다.
⑧ 용기에 유자쌈을 넣고 완전히 잠길 정도로 시럽을 붓고 누름판으로 누른다.

6 저장해서 먹기
① 냉장고나 김치냉장고에 보관한다.
② 담은 지 3~4일 지나 시럽에 유자 향이 배면 먹을 수 있다.
③ 유자쌈을 담금 시럽에서 꺼내 면사를 자른다.
④ 잘린 유자 껍질을 따라 반으로 자르고 다시 조각낸다.
⑤ 접시 위에 조각을 올리고 시럽을 약간 붓는다.

고급스러운 단맛, 곶감쌈

버터흰앙금곶감쌈

호두곶감쌈

팥앙금곶감쌈

밤곶감쌈

견과곶감쌈

어릴 때 곶감쌈은 1년에 한 번 간신히 얻어먹는 귀한 음식이었다. 우리 가족이 아니라 오로지 손님, 그것도 아버지 손님만을 위해 소량 만들었다. 당시는 곶감도 호두도 귀했다. 그런데 세상에 곶감에 호두를 말다니! 손님들이 식사하는 동안 나와 동생은 내내 상 언저리에 머물렀다. 마지막 손님이 떠나는 순간, 우리는 우사인 볼트가 되었다. 가장 먼저 차지했던 것은 구절판 안에 놓인 곶감쌈이었다. 우리 가족은 그때 호두말이라 불렀다.

요즘도 구절판을 꾸밀 때 빠지지 않고 들어가지만 곶감쌈의 역사는 짧다. 조선 시대는 물론 일제강점기 조리서에서도 찾을 수 없다. 국립중앙도서관에서 며칠을 보내며 찾아낸 첫 기록은 1969년 일어로 된 〈한국요리〉다. 심지어 이 책에는 두 번이나 나온다. 황혜성이 집필한 서울향토요리 장에 '干柿胡桃包み(곶감호도쌈)'으로, 윤서석이 집필한 병과류 정과류 장에 '干柿のくるみ包み(곶감쌈)'이다. 양쪽 모두 사진이 있는데, 얼핏 봐도 같다. 이후 1970년대 발간된 〈한국요리백과사전〉 〈한국의 요리〉 〈한국요리〉 〈한국의 병과류 30선〉 등 한과가 실린 요리책 대부분에 실렸다. 미루어 짐작하건대, 곶감쌈은 1960년대 말부터 1970년대에 걸쳐 대중화된 것으로 보인다. 우리 집 손님상에 올라간 것도 1970년대 초중반이니 시기도 잘 맞는다. 그렇다고 곶감쌈에게 역사적 뒷배가 전혀 없는 것은 아니다. 〈규합총서〉에 건시단자가 나오는데, 황률 가루를 꿀로 반죽해 곶감으로 쌌다. 단자는 인절미보다 작게 만든 찹쌀떡을 부르는 용어지만, 이 건시단자에는 찹쌀이 한 톨도 들어가지 않는다. 그저 이름이 단자일 뿐. 곶감으로 황률소를 싸서 만든 한과다. 1970년대 중반 이후 나온 요리책에는 점차 황률을 넣은 건시단자는 사라지고 호두 넣은 곶감쌈이 그 자리를 차지했다. 그런데 1969년 〈현대여성백과사전〉을 보면 단서가 있다. 준시단자를 간단하게 만드는 법으로 곶감쌈을 소개하고 있다. 그런데 지금 사랑받는 것은 호두곶감쌈도 건시단자도 아니다. 공식적인 이름은 없다. 사람에 따라 단자나 단자, 또 주머니라고도 부른다. 나는 곶감쌈이라 부른다. 떡이 아니니 단자라 부르기 싫고 주머니는 왠지 저급해 보인다. 보통 우리나라에서 음식에 이름을 붙이는 방법은 재료+조리법이다. 재료는 α+곶감. 방법은 쌈. 호두를 넣으면 호두곶감쌈. 다양한 견과를 넣으면 견과곶감쌈. 옛날처럼 밤소를 넣으면 밤곶감쌈. 이렇게 말이다.

곶감쌈은 반건시를 주로 쓰는데 너무 말랑한 것은 만들다 찢어지고 너무 말린 것은 딱딱해 맛이 없다. 어느 정도 강도가 있되 부드러워야 주머니든 쌈이든 만들 수 있다. 꼭지를 따내고 입구 주변에 남아 있는 딱딱한 껍질을 가위로 도려낸 뒤 씨를 빼면서 곶감 내부를 고루 정리한다. 곶감이 딱딱하면 전체적으로 주물러 부드럽게 만들고, 그것만으로 부족하면 분무기로 물을 아주 살짝 뿌려 밀폐 용기나 비닐봉지에 잠깐 넣어둬 부드럽게 만든다. 곶감쌈은 안에 무엇이 들어가든 따뜻한 차와 어울리고, 신기할 정도로 술안주로 좋다.

표 22. 옛 조리서와 1950~1980년대 초 요리책에 나오는 곶감단자와 곶감쌈

시기	문헌	저자	준시단자/건시단자(설명 혹은 재료)	곶감쌈(설명 혹은 재료)
1809년	규합총서	빙허각 이씨	빛 곱고 좋은 곶감을 속과 껍질을 버리고 넓고 얇게 저며 사기대접에 담고 꿀에 재웠다가 황률소를 양념하여 반듯하게 만들어 곱게 틀 없이 싸 잣가루를 묻힌다.	×
1939년	조선요리법	조자호	숙실과에는 율란, 조란, 생편, 앵두편, 살구편, 백잣산, 잣박산, 대추초, 준시단자, 밤초 등이 있다.	×
1957년	이조궁정요리통고	한희순, 황혜성, 이혜경	재료: 풍기준시 20개, 꿀 조금, 실백(잣가루) 1/3홉	×
1969년	현대여성백과사전	김병설, 정중량 등	건시 10개, 황률 10개, 꿀 2큰술, 실백 1큰술, 계피가루 1작은술	간단하게 하는 법은 곶감에 통으로 깐 호두를 싸서 꼭꼭 눌러 가운데를 자르면 예쁜 건시단자가 된다.
1969년	한국요리	윤서식, 황혜성, 왕준련 등	×	곶감 10개, 호두 20개
1975년	한국의 요리	정순자	건시 5개, 꿀 1큰술, 실백 2작은술, 황률 5개, 꿀 2작은술, 계피가루 1/4작은술	곶감 15개, 호두 15개
1975년	한국요리	윤서석	×	곶감 10개, 400g, 호두 깐 것 10개분, 100g
1975년	세계의 가정요리전집	하선정 편역	곶감 10개, 황률 20개, 꿀 1/2컵, 계피가루 약간, 잣가루 2큰술	×
1976년	한국요리	왕준련	×	곶감 10개, 호두 깐 것 10개
1976년	한국요리백과사전	황혜성	건시 5개, 황률 10개, 잣가루 3큰술, 꿀 2큰술	곶감 10개, 호두 10개, 꿀 1큰술
1979년	한국요리	하숙정	×	곶감, 호두
1982년	한국의 병과류 30선	황혜성	×	곶감 10개, 호두 10개, 꿀 1큰술

견과곶감쌈 만들기

252.

곶감 안에 온갖 건과를 다져 유자청에 버무려 채워 넣는다. 감이 환생하듯, 다시 원래 모양으로 부풀 때까지 속을 채운다. 어떤 건과를 넣어도 어울리지만 호두강정과 대추, 유자청은 맛의 주역이므로 꼭 넣는다. 다만 호두강정은 지나치게 곱게 다지면 아삭한 식감이 살지 않는다. 대추는 고급스럽고 깊은 단맛을 낸다. 대추고도 전체적인 풍미를 살리고 유자청은 필수다. 전체적으로 맛을 잡고 견과류끼리 한 몸으로 뭉쳐지게 만든다. 호박씨와 해바라기씨는 고소하면서도 자기주장이 강하지 않으니 베이스로 많이 넣는다. 다른 재료에 비해 가격도 저렴하니 여러모로 도움이 된다. 여기에서 중요한 것 하나. 모든 재료를 블렌더에 넣고 한 번에 가는 것보다는 재료별로 따로 분쇄해 굵기에 변화를 주는 것이 더 맛난 곶감쌈을 만드는 방법이다. 견과류 끼리의 비율은 취향에 맞게 조절한다.

곶감쌈
곶감 5개
소
호두강정 65g
대추 45g
해바라기씨 40g
호박씨 40g
대추고 25g
유자청 건지 30g
유자청 12g
소금 6g
호두강정
호두 65g
설탕 40g
꿀 20g
물엿 15g
물 200g
소금 약간

1 호두강정 만들기
① 끓는 물에 호두를 넣고 5분 정도 끓인 다음 찬물에 헹궈 건진다.
② 냄비에 호두를 넣고 잠길 정도로 물을 붓는다. 설탕과 소금을 넣고 중불에서 끓인다.
③ 시럽이 반 정도로 줄면 물엿을 넣고 계속 조린다.
④ 시럽이 거의 졸아들면 꿀을 넣고 섞는다.
⑤ 불을 끄고 호두를 체에 밭쳐 시럽을 제거한다.
⑥ 150℃ 오븐에서 8분가량 굽는다.

2 곶감 손질하기
① 곶감 꼭지를 떼고 씨를 입구 쪽으로 밀어 제거한다.
② 곶감 안에 덩어리진 것이 있으면 입구 쪽으로 뺀다.
③ 껍질이 곶감 입구에 남아 있으면 가위로 잘라낸다.

3 견과 소 만들기
① 해바라기씨와 호박씨는 한 번 헹궈 볶아 다진다. 볶으면 더 고소하다.
② 호두강정은 조금 굵게 다진다. 굵어야 호두 맛도 살고 식감도 좋다.
③ 유자청 건지는 건져 곱게 다진다. 대추는 껍질을 돌려 깎아 씨를 빼고 다진다.
④ 다진 견과와 대추, 유자청 건지, 소금을 섞고 대추고와 유자청으로 되기를 맞춘다.
⑤ 곶감 크기에 맞춰 적당한 분량으로 소분한다.

4 곶감쌈 만들기
① 곶감을 미리 벌려놓는다.
② 소분해놓은 소를 조금씩 넣으며 모양을 잡는다.
③ 다 넣었으면 입구 쪽을 마무리한다. 꼭지를 위에 다시 고정해도 좋다.

버터흰앙금곶감쌈

곶감 안에 흰 앙금과 버터를 넣고 말았다. 곶감과 팥앙금, 버터, 이 세 가지는 향과 맛의 상성이 아주 좋다. 가벼운 단맛부터 농후하고 깊은 단맛, 그것을 감싸는 버터의 향. 씹는 순간 눈이 저절로 감겨진다. 버터의 양은 취향에 따라 조절하는데, 여기서는 앙금의 3분의 1 정도 넣었다. 너무 빵빵할 정도로 속을 채우지 말고 살짝 느슨하게 넣고 곶감을 눌러 좀 작게 만드는 것이 좋다. 버터는 나중에 썰었을 때 모양을 생각하며 위치를 잡는다. 흰 앙금 대신 팥앙금을, 버터 대신 크림치즈를 써도 어울린다.

팥앙금곶감쌈

팥앙금에 삶은 밤을 작게 썰어 섞고 곶감으로 감쌌다. 시판 팥앙금이 질면 모양을 잡기 힘드니 아몬드 가루를 섞어 되기를 맞춘다. 시판 팥앙금의 가벼운 단맛이 묵직하고 고급스러워지고, 당도까지 낮아지는 효과가 있다. 밤 대신 땅콩이나 잣, 아몬드 같은 견과도 좋다. 곶감 안을 빵빵하게 채우면 원래 감처럼 둥근 모양이 되고 소의 양을 줄이면 길쭉한 모양이 된다. 쫄깃한 곶감과 부드러운 팥앙금이 잘 어울려 맛있다. 여기에서는 곶감 하나로 만들었지만 곶감을 잘라 펼쳐 여러 개 연결해 김밥처럼 말아서 만들 수 있다.

재료 곶감 3개, 시판 흰 앙금 90g, 가염버터 24g

재료 곶감 3개, 시판 팥앙금 90g, 밤 3개, 계피가루 1g

1 곶감 손질하기
① 곶감 꼭지를 떼고 입구 쪽에 딱딱한 껍질이 남아 있으면 잘라낸다.
② 곶감을 세로로 갈라 씨를 뺀다. 안쪽에 뭉친 것이 있으면 제거한다.
③ 말았을 때 겹쳐지는 곳의 곶감을 살짝 도려내 얇게 만든다.

2 소 준비하기
① 시판 흰 앙금이 질면 아몬드 가루를 조금 섞어 되기를 맞춘다.
② 버터는 납작하고 길게 자른다.

3 곶감쌈 말기
① 곶감을 펼쳐 버터를 올리고 위에 팥앙금을 놓아 곶감으로 잘 감싸 만다.
② 다 넣었으면 입구 쪽을 마무리하고 모양을 잡는다.

1 곶감 손질하기
① 곶감 꼭지를 떼고 입구 쪽에 딱딱한 껍질이 남아 있으면 잘라낸다.
② 곶감을 세로로 갈라 씨를 뺀다. 안쪽에 뭉친 것이 있으면 제거한다.
③ 말았을 때 겹쳐지는 곳의 곶감을 살짝 도려내 얇게 만든다.

2 소 준비하기
① 밤을 삶아 껍질을 벗기고 작게 깍둑썬다.
② 시판 팥앙금에 계피가루를 넣어 골고루 섞는다. 질면 아몬드 가루를 섞어 되기를 맞추고 깍둑썰기한 밤을 섞는다.

3 곶감쌈 말기
① 팥앙금소를 소분해 대략 긴 곶감 모양으로 만들어 곶감으로 잘 감싼다.
② 다 넣었으면 입구 쪽을 마무리하고 모양을 잡는다.

호두곶감쌈

오래 사랑받는 데는 이유가 있다. 무엇보다 호두곶감쌈을 반으로 자르면 짙은 색의 곶감 안에 박힌 호두 모양이 마치 꽃 같아 보기 좋다. 곶감은 부드러우면서도 쫄깃하고 호두는 오독오독하니, 우리나라 사람들이 좋아하는 두 가지 식감까지 갖췄다. 호두는 부스러지지 않고 모양이 제대로 살아 있는 반각짜리를 비슷한 크기로 골라 껍질을 벗기고 다시 꿀로 맞붙여 쓴다. 요즘은 여러 개의 곶감을 펼쳐 이어 붙여 김밥처럼 마는데, 이때는 곶감이 겹쳐지는 부분은 살짝 비스듬히 도려낸다. 완성된 호두곶감쌈은 랩으로 싸서 냉동실에서 굳힌 다음 썰면 모양이 망가지지 않고 잘 썰린다. 여기에서는 곶감 한 개에 맞붙인 호두 두 개를 넣어 옛날 호두곶감쌈처럼 만들었다. 크기에 따라 2쪽에서 4쪽으로 썰어 먹는다.

밤곶감쌈

〈규합총서〉의 건시단자처럼 밤을 삶아 꿀로 반죽해 곶감 안에 넣었다. 잣을 넣어 아삭한 식감을 살렸는데, 잘라놓으면 씨앗처럼 보여 예쁘다. 잣 대신 땅콩이나 피스타치오를 굵직하게 다져 넣어도 잘 어울린다. 밤을 푹 삶아 갈아 체에 내려 꿀을 섞어 되직하게 반죽하고 통잣을 섞는다. 밤은 뜨거울 때 곱게 체에 내려 약간 촉촉하다 싶을 정도로 꿀을 많이 섞어야 맛있다. 건조하면 만들기도 어렵고 단단하게 속이 채워지지 않아 썰 때 모양이 망가지기 쉽다. 호두곶감쌈처럼 랩으로 싸서 냉동실에서 굳힌 다음 썰어도 된다.

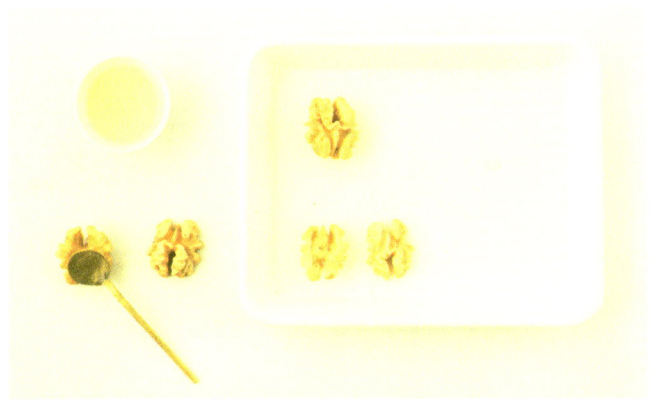

재료 곶감 3개, 호두 12쪽, 꿀 약간

재료 곶감 3개, 밤 9개, 잣 50g, 꿀 90g, 계피가루 1g, 소금 약간

1 곶감 손질하기
① 곶감 꼭지를 떼고 입구 주변에 딱딱한 껍질이 남아 있으면 잘라낸다.
② 곶감을 세로로 갈라 씨를 뺀다. 안쪽에 뭉친 것이 있으면 제거한다.
③ 말았을 때 겹쳐지는 곳의 곶감을 살짝 도려내 얇게 만든다.

2 호두 준비하기
① 호두는 살이 쪼개지지 않고 온전한 모양을 갖춘 반각으로 준비한다.
② 뜨거운 물에 담가 속껍질을 벗기고 140℃ 오븐에서 5분 정도 굽는다.
③ 크기가 비슷한 호두 2개씩 꿀로 맞붙인다. 칼로 서로 붙는 안쪽을 평평하게 정리한다. 그래야 잘 고정된다.

3 곶감쌈 말기
① 곶감 안에 맞붙인 호두를 두 알 넣어 꼭꼭 잘 감싼다. 곶감 크기에 따라 호두가 더 들어갈 수도 있다.
② 2~4조각으로 썰어 먹는다.

1 곶감 손질하기
① 꼭지를 떼고 곶감을 주물러 입구 쪽으로 씨를 밀어 빼고, 곶감 안에 덩어리진 것도 입구 쪽으로 밀어 뺀다.
② 곶감 입구에 딱딱한 껍질이 남아 있으면 가위로 잘라낸다.

2 밤소 준비하기
① 밤을 푹 삶아 뜨거울 때 겉껍질과 속껍질을 벗긴다.
② 삶은 밤을 회전식 치즈 그라인더에 갈아 체에 내린다.
③ 밤에 꿀과 소금, 계피가루를 넣고 반죽해 잣을 섞는다.

3 곶감쌈 말기
① 곶감 입구 쪽을 벌려 밤소를 조금씩 넣어가며 모양을 잡는다.
② 다 넣었으면 입구 쪽을 정리하고 모양을 잡는다.

위대한, 조청

보리 한 알의 달콤한 여정

지금부터 소개할 주인공은 조청이다. 어떤 조청이 어디에 좋다는 이야기는 하고 싶지 않다. 방송이든 소셜미디어든 유튜브든 무엇을 보든지 세상은 기가 막히게 좋은 음식과 위험천만한 음식들로 가득하다. 보고 있으면 모든 식재료와 음식은 만병의 통치이자 동시에 근원 같다. 얼마 전 만난 산부인과 의사는 "요즘은 부족한 것이 아니라 지나치게 많이 섭취하는 것이 문제지요"라 했고, 한 혈관 전문의는 "뭐가 나쁘다, 뭘 먹지 마라 하는데, 그걸 엄청나게 먹을 건 아니잖아요. 그저 몇 점, 몇 숟가락 드실 거잖아요. 그냥 먹고 싶은 것 드세요"라고 조언했다. 난 이들의 말이 합리적이라고 생각한다. 아무리 좋은 것도 너무 많이 먹으면 오히려 해롭다. 조청이 몸에 좋다고 마구 먹어댄다면 뭐 좋겠는가. 다만 조청의 효능에 대해서는 딱 이 말만 하고 싶다. 조선에서는 왕세자에게 아침 공부 전에 조청을 한 숟가락 주었단다. 게임 끝이다. 학창 시절에 내가 성적이 나빴던 것은 다 우리 부모님 탓이다. 왜 아침마다 조청 한 숟가락을 아꼈느냔 말이다.

조청은 한자로 造淸이라 쓴다. 여기에서 청(淸)은 꿀이니, 조청은 만든 꿀, 그러니까 가짜 꿀이다. 우리나라뿐 아니라 동양, 아니 서양을 막론하고 신대륙에서 사탕수수와 사탕무의 대량 재배와 생산으로 설탕이 흔해지기 전까지 인류는 꿀에 단맛을 의존했다. 그런데 꿀벌 한 마리가 하루도 쉬지 않고 죽을 때까지 모을 수 있는 꿀이 고작 28g이다. 채 두 숟가락이 안 된다. 귀하고 비쌌다. 사람들은 꿀 대신 쓸 수 있는 단맛을 찾아 헤맸고, 우리 조상들의 해법은 곡류를 엿기름으로 당화하는 것이었다.

곡류를 엿기름으로 당화하는 것에는 세 가지가 있다. 가장 묽은 것이 식혜, 다음이 조청, 그다음이 엿이다. 조청과 식혜는 재료, 즉 엿기름과 곡류, 물의 비율이 다르다. 〈시의전서〉에는 엿을 만들 때는 찹쌀 1말에 엿기름 1근, 즉 10%의 엿기름을 넣었는데, 식혜를 만들 때는 찹쌀 1말에 엿기름 3근, 그러니까 30%의 엿기름을 썼다. 조청과 엿은 재료의 비율은 같고 오로지 졸이는 정도만 다르다. 조청은 수분을 20%까지, 엿은 10%까지 졸인다. 호박조청을 달이면 호박엿이 되고 수수조청을 달이면 수수엿이 된다. 조청은 수분 정도에 따라 다시 둘로 나뉜다. 숟가락으로 떴을 때 주르르 흐르는 묽은 조청은 떡을 찍어 먹거나 요리에 끈기와 윤기를 주기 위해 쓴다. 된 조청은 한과 만들 때, 그러니까 엿강정을 버무리거나 강정에 고물을 묻히거나 약과 집청할 때 쓴다.

1766년 유중림은 〈증보산림경제〉에서 모든 곡물로 엿을 만들 수 있다고 썼다. 〈주방문〉은 찹쌀, 〈요록〉은 찰기장과 찹쌀, 〈규합총서〉는 찰기장으로 만들었다. 그 외에도 보리, 밀, 현미, 옥수수같이 탄수화물이 풍부한 어떤 곡물로도 조청을 만들 수 있다. 껍질이 단단하고 섬유질이 많으면 두세 조각으로 부수거나 가루로 빻아 죽을 쑤거나 쪄서 엿기름가루와 섞어 삭힌다. 여기에 호박이나 배, 도라지 같은 약효 있는 과일이나 채소를 넣어 만들 수 있다.

요즘 시판 조청은 전통적인 엿기름이 아니라 1%의 효소를 넣어 당화한다. 만드는 시간도 3분의 1로 줄어들고 분해도 잘된다. 다만 강력한 필터로 걸러 당분 외에 다른 영양가가 없다고 한다. 효소 첨가 여부는 포장의 식품 첨가표를 보면 알 수 있다.

물은 삭힐 재료와 동량으로 넣는다. 처음 만드는 사람은 이 정도의 물 분량이 맞는 것일까 의문이 든다. 너무 적어 보여도 걱정하지 말자. 바꿔 생각해보자. 결국은 끓여 날려야 하는데 굳이 물을 첨벙첨벙 많이 넣을 필요가 없지 않은가. 최소한의 분량이 동량, 즉 100%다. 논문 '전통 제조 공정 분석을 통한 조청의 당화 공정 개선'에 따르면 150%의 물을 넣었을 때 생성되는 당의 총량이 가장 높다. 그러니 불안하면 물은 1.5배까지 넣는다. 다만 물이 많으면 당화 후에 조청액을 짜기도 조리기도 힘들다. 물을 미리 계량해놓고 엿기름을 불리거나 밥을 식힐 때도 그 물에서 덜어 쓰면 물 양을 계산하기 쉽다.

〈요록〉에서는 항아리에 담고 기름종이로 위를 싸매어 솥에 넣고 중탕하면서 당화했고, 〈잡지〉에서는 따스한 곳에 넣어두었다. 우리 할머니는 가마솥에 넣고 지푸라기 한두 개씩 태우면서 지겹도록 당화했다. 지켜보는 것조차 힘겨워 다신 조청 따위 먹지 않으리라 외쳤다. 나이 들어 가전의 천국 made in Korea의 혜택을 누린 어머니는 전기밥솥을 쓰기 시작했다. 전기밥솥의 보온 온도는 마치 당화를 위해 태어난 듯 55~60℃다. 지은 밥을 식힌 물에 불린 엿기름가루를 섞고 전기밥솥에 넣어 보온 상태로 세팅해 세월아네월아 8~12시간만 기다리면 된다. 이제 조청이고 엿이고 식혜고 다 누워서 껌 씹기가 되었다. 온도가 너무 낮으면 당화되기 전에 초산 발효되어 신맛이 나고, 너무 뜨거우면 효소가 사멸해 삭지 않는다. 몇 시간이 지나 밥솥 뚜껑을 열었을 때 당화가 전혀 일어나지 않으면 효소가 죽은 거다. 이때는 새 엿기름가루를 물에 불려 섞어 병력을 보충하고 다시 8시간 동안 삭힌다.

표 23. 옛 조리서에 나오는 조청의 분량

시기	문헌	주재료			당화용 물	엿기름	엿기름 불리는 물		기타 재료	
		곡식	분량	상태			물	분량	종류	분량
1600년대 말	주방문	찹쌀	1말	가루	12사발	2되	찬물	3사발	×	×
1680년성	조정방 요록	찰기장	1말	밥	언급 없음	3되	냉수	언급 없음	대추	1되
	시험방	찹쌀	1말	가루	2말	2되	×	×	×	×
1600년대 말~1700년대 초	잡지	멥쌀	1말	밥	언급 없음	1되	찬물	언급 없음	×	×
1809년	규합총서	찰기장	1말	찌기	2병	2되	×	×	대추	4홉
1890년대	시의전서	찹쌀	1말	밥	언급 없음	1되	×	×	×	×

조청의 기본 원리

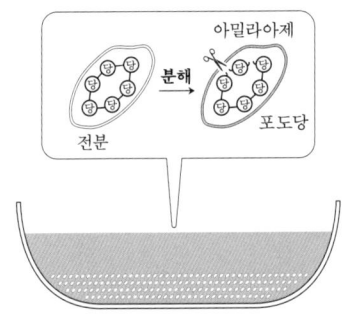

겉보리 안의 효소가 전분을 분해해 싹과 뿌리를 내는 에너지원으로 사용한다.

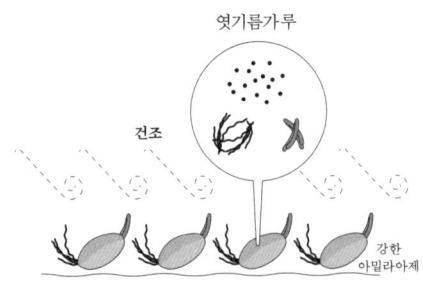

겉보리 안에 효소가 가장 강력하게 생성되었을 때 건조해 힘쎈 아밀라아제를 가둔다.

1 싹 틔울 때 겉보리 안에서 생기는 일

겉보리를 누구나 알 만한 쉬운 단어로 바꾸면 보리의 씨다. 물에 불린 보리는 생명 활동, 그러니까 뿌리를 내리고 싹을 틔우는 활동을 시작한다. 필요한 에너지는 제 몸의 전분을 분해해서 만드는데, 이때 필요한 것이 효소다. 더 정확하게 말하면 아밀라아제다. 마음이 놓인다. 아는 이름 아닌가. 우리 입안에도 있다. 입에서 일어나는 과정이 겉보리 안에서 일어난다는 이야기다. 밥을 먹으면 침 속의 아밀라아제가 전분을 흡수되기 좋은 포도당으로 분해하는 것처럼 말이다. 3일쯤 지나면 싹을 틔우기 위해 더 많은 에너지가 필요해지므로 아밀라아제도 더 많이 생성된다. 아밀라아제의 최적 온도는 18~25℃다. 10℃ 이하에서 성장을 멈추지만 죽지는 않는다. 그래서 냉장이나 냉동 보관해도 된다. 온도가 높아지면 이야기가 달라진다. 37℃ 이상이 되면 성장을 멈추고, 40℃보다 높으면 세포의 구조가 변성되며 50℃에서는 사멸한다. 키울 때 주기적으로 찬물에 헹구고 가운데를 파는 것도 온도를 낮추기 위한 과정이다. 한참 자라고 있는 겉보리에 손을 넣어보면 뜨끈하다.

2 엿기름이 당화력을 갖게 되는 이유

아밀라아제의 힘이 가장 왕성해지는 것은 보리 싹이 1.5cm 정도 자랐을 때다. 이때 보리싹의 성장에 적당했던 환경을 확 바꾼다. 바로 건조시켜버리는 거다. 그러면 힘쎈 효소가 보리 안에 가둬진다. 죽는 것은 아니다. 그저 생장을 멈춘 냉동 인간처럼 건조 엿기름이 된다.

모든 싹이 동시에 1.5cm로 자라는 것은 아니다. 대다수가 대략 1cm 이상 자라면 꺼내어 찬물에 헹궈 체에 밭쳐 물을 잘 빼 넓은 곳에다 얇게 펼쳐 말려야 한다. 그러지 않으면 수분이 남아 싹이 계속 자란다. 이때 햇볕을 쐬면 싹이 녹색빛을 띠지만, 효과에는 차이가 없다. 말리는 데는 평균 실내 온도 20℃일 경우 15~20일 걸린다. 인내심이 필요하다. 깨물어보아 딱 소리가 날 때까지 말리는데 이때가 수분 함량 10% 정도다. 건조기에는 40℃에 맞춰 48시간 동안 말린다. 옛날에는 겨울에 실외에서 말렸는데, 얼렸다 녹였다 하면서 말리면 당화 능력이 최고가 된다고 한다.

건조 과정에서 뿌리와 싹이 말라 어느 정도는 저절로 떨어진다. 아밀라아제는 씨앗 몸통에만 있으니 뿌리와 싹은 싹싹 비벼 떨어뜨린다.

조청의 맛은 낭만적이지만 원리는 치밀한 과학이다. 보리의 싹을 틔워 그것으로 삭히다니! 얼핏 생각하면 만드는 법도 낭만적이다. 조청의 시발점은 엿기름이다. 엿을 만들기 위해 길러 '엿+길음'이다. 직관적인 이름, 맘에 든다. 어디 오해할 데가 없다. '길음'에서 첫 모음의 ㄹ이 뒤로 붙어 기름이 되었다. 충청도 출신인 할머니와 부모님은 엿질금이라 불렀다.

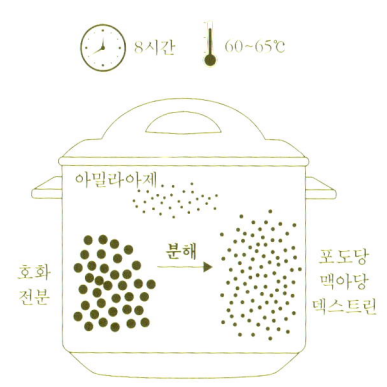

엿기름 안에 가둬둔 효소 아밀라아제의 성장에
최적 조건을 만들어 전분을 당화한다.

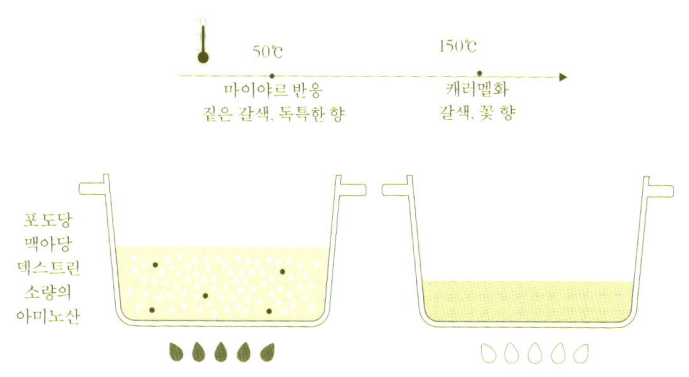

조청물을 가열하면 마이야르 반응과 캐러멜화가 차례로 일어나
특유의 향과 색을 만들어준다.

3 엿기름의 당화력을 높이는 조건

앞 단계에서 우리는 효소, 즉 아밀라아제라는 백만 대군을 양성해서 엿기름 안에 가둬놓았다. 이제 전쟁터에 그들을 풀어줄 때다. 수분과 온도라는 적당한 환경, 그리고 먹이만 있으면 된다. 또 물이 있어야 효소들이 탄수화물을 맥아당이나 포도당으로 잘게 쪼갤 수 있다. 좀 더 있어 보이게 표현하면 가수분해한다. 이들이 좋아하는 먹이는 탄수화물이다. 당연하다. 아밀라아제 아닌가. 이 효소는 탄수화물, 즉 다당류를 먹고 맥아당과 포도당, 덱스트린으로 쪼갠다. 결과가 뭐냐고? 달콤한 물이 된다. 기절할 정도로 단 물은 아니다. 달크므레할 정도? 걱정할 필요 없다. 끓여서 농축하니까. 분해하면서 이 효소들은 특유의 향도 남긴다.

어떤 곡물이나 당화의 기본 원리와 과정은 같다. 다만 단단한 껍질과 강한 섬유질을 가진 곡류는 작게 깨트리거나 잘라 엿기름이 침투할 통로를 뚫어 주고 멥쌀이나 찹쌀보다 엿기름의 양을 늘린다.

당화는 '엿기름 추출액→체에 거른 엿기름→엿기름가루 직접 혼합'의 순으로 잘 된다. 식혜는 체에 거른 엿기름이나 엿기름 추출액을 쓰고 조청은 엿기름가루를 직접 혼합해 당화한다. 앞서 언급한 논문 '전통 제조 공정 분석을 통한 조청의 당화 공정 개선'에 따르면 미지근한 물에 담가 3시간 30분 불린 엿기름가루가 당화 능력이 가장 뛰어나다.

4 조청물을 끓이면 독특한 향과 맛이 생기는 이유

당화가 끝난 조청물을 끓이면 조청을 특별하게 만드는 온갖 신비로운 화학반응이 일어난다. 그 유명한 캐러멜화와 마이야르 반응이다.

캐러멜화는 설탕을 가열했을 때 갈색으로 변하는 현상을 가리킨다. 단순히 색만 변하는 것이 아니라 수백 가지의 다른 새로운 화합물이 생성된다. 신기하게도 들어가지 않은 재료의 맛이 생긴다. 단순한 단내나 구운 향부터 과일과 꽃 향, 말도 안 되게 버터와 우유 냄새까지 더해진다. 심지어 항산화 물질까지 생긴다. 물이 많이 넣고 오랫동안 천천히 캐러멜화하면 더 강한 풍미가 생긴다.

곡물에 있는 소량의 아미노산은 당과 결합해 마이야르 반응을 일으킨다. 이 반응이 무엇인지 궁금하다면 빵 껍질, 초콜릿, 흑맥주, 커피콩, 오븐에서 구운 고기을 떠올려보자. 이 음식들의 먹음직한 색과 진한 향이 반응의 결과다. 이것의 맛과 향은 캐러멜화보다 더 복합적이며 짙으며 고기 향까지 만들어낸다. 고맙게도 조청을 달이는 중에도 마이야르 반응이 발생한다. 조청의 재료인 쌀과 수수, 보리 100g에 각각 2.69g, 11.3g, 2.3g의 단백질이 들어 있기 때문이다. 미량으로 아주 열일한다. 다만 센불로 너무 빨리 끓이면 마이야르가 일어나지 않는다.

50℃에서 마이야르 반응이, 150℃에서 캐러멜화가 시작된다. 이상하다고? 물은 100℃에서 끓는데 조청에서 어떻게 캐러멜화가 일어나냐고? 조청은 순수한 물이 아니기 때문이다. 그 안에 당이 농축되어 있다. 또 장시간 가열해도 예외가 생긴다.

엿기름, 싹을 틔우다

 하루  이틀   사흘

겉보리를 키워 엿기름을 만드는 과정은 밭에 보리를 심어 싹을 틔우는 과정과 같다. 다만 다른 점은 효소의 힘이 가장 셀 때 건조해 그 안에 효소의 분해 능력을 가두는 일이다. 물에 불린 겉보리는 이틀 정도 지나면 뿌리가 나고, 나흘 정도 지나면 싹이 트고, 엿새쯤 되면 필요한 만큼 자란다. 이때 건조한다. 사람이고 엿기름이고 멈출 때를 알아야 한다.

나흘　　　　　닷새　　　　　엿새

엿기름 기르기

겉보리의 싹을 틔워 엿기름으로 기르는 과정은 생명이 탄생하는 기적이다. 경이롭다. 뿌리가 나고 싹이 트고 자라는 것을 지켜 보는 일주일. 기쁘지 않은 날이 하루도 없다.

엿기름

겉보리 500g

1 물에 담그기

① 잡물을 골라내고 겉보리를 깨끗이 문질러 씻는다. 위에 뜬 쭉정이는 다 건져 버린다.
② 물에 담가 24시간 동안 착실하게 불려 체에 건진다.

2 보리 싹 키우기

① 겉보리를 소쿠리나 시루에 담고 천을 적셔 꼭 짜서 덮어 건조도 막고 빛도 들어가지 않게 한다. 겉보리 밑에 천을 깔면 뿌리가 파고들어 헹구기 어렵다.
② 1~3일째는 매일 한 번 찬물로 헹궈 다시 소쿠리에 담는다. 뿌리가 나서 양이 늘어나면 안칠 때 가운데를 파준다.
③ 3일 이후, 뿌리가 자라 양이 늘어나면 소쿠리를 하나 더 준비해 겉보리를 둘로 나누어 안친다. 방법은 같다. 뿌리가 자란 이후에는 서로 엉겨서 뭉친다. 헹굴 때 풀어준다.
④ 4~6일째는 싹이 나서 자란다. 슬슬 열이 많이 나기 시작하는데 과열되면 효소가 죽어버린다. 아침저녁으로 두 번 찬물로 헹궈 다시 안친다. 양이 더 늘어나면 새 소쿠리로 나눈다.
⑤ 싹이 갑자기 확 자라니 잘 지켜본다.

3 건조하기

① 싹이 1.5cm이 되면 겉보리를 찬물에 헹궈 체에 받쳐 물을 잘 뺀다.
② 넓게 펼쳐 말린다. 20℃일 경우 15~20일 걸린다. 건조기는 40℃에서 48시간 말린다.

4 뿌리와 싹 제거하기

① 건조가 다 됐으면 손으로 싹싹 비벼 뿌리와 싹을 떨어뜨린다. 좀 남아 있어도 된다.
② 바로 사용하지 않을 때는 밀봉해서 냉동하거나 김치냉장고에 보관한다. 통째로 보관하고 사용할 때 분쇄기에 간다.

기본 멥쌀조청 만들기

266.

이제 소중히 기른 엿기름으로 달콤한 매직을 일으킬 순간이다. 전기밥솥 덕분에 조청 만드는 일이 쉬워졌다. 보온 기능은 당화하는 데 최적 온도를 가지고 있고, 취사 기능은 조청액을 끓이기에 적합하다.

조청
멥쌀 1kg
엿기름 100g
물 1kg

1 고두밥짓기
① 쌀을 깨끗이 씻어 4시간 이상 담그고 체에 밭쳐 30분 정도 물을 뺀다.
② 고두밥을 짓는다. 잘 익어 밥알이 낱낱이 잘 떨어지고 고들고들해야 한다.

2 엿기름 불리기
① 엿기름을 분쇄기에 간다.
② 엿기름 가루를 따뜻한 물에 2시간 담가놓는다. 분량의 물 중 일부를 덜어 쓴다.

3 삭히기
① 밥이 다 되면 주걱으로 펴 식히고 나머지 분량의 물을 섞는다.
② 물에 불린 엿기름을 밥에 고루 섞는다. 대략 50℃로 온도를 맞춘다.
③ 밥솥에 넣어 보온 상태에서 8시간 삭힌다. 껍질이 두껍고 섬유소가 많은 곡물은 더 오래 당화한다.
④ 윗물이 말갛게 되고 밥풀 몇 개가 물 위에 뜨면 밥을 문질러본다. 영혼이 빠져나간 듯, 미끄럽지 않고 한 줄로 뭉쳐지면 다 된 것이다. 미끈거리면 조금 더 삭힌다.

4 조청물 짜기
① 당화된 곡물을 면이나 삼베 주머니에 넣는다.
② 주머니를 짜 맑은 조청물만 받는다. 밥이 섬유 사이로 비어져 나올 정도로 억지로 짜면 나중에 조청이 맑지 않다.

5 졸이기
① 두꺼운 냄비에 올려 처음에는 센불로 끓인다. 중간중간 거품을 걷어낸다.
② 반 정도 졸았으면 중 불로 줄여 끓이다 쌀알만 한 거품이 나기 시작하면 약불로 줄인다. 가끔 젓는다.
③ 거품이 조금 더 커져 조개 크기가 되면 불을 약하게 줄인다.
④ 조청물을 찬물에 넣어보아 원하는 농도가 되면 불을 끈다. 80브릭스 정도까지 졸여야 저장성이 높다.

대부분의 곡류는 잘 호화해 엿기름으로 삭히면 조청을 만들 수 있다. 재미있는 것은 곡식이나 열매가 가진 성질이 조청이 되어서도 여전하다는 것이다.

찹쌀조청

수수조청

현미조청

찹쌀 조청

찹쌀조청과 멥쌀조청은 나란히 놓고 보면 확연히 다르다. 찹쌀조청은 찹쌀처럼 윤기 있고 매끄럽고 더 곱고 더 투명하다. 약재를 넣고 만드는 조청은 찹쌀을 베이스로 만든다. 평균적으로 찹쌀 1kg으로 약 800g의 조청을 만들 수 있다.

재료 찹쌀 1kg, 엿기름가루 100g, 물 1kg

① 찹쌀을 깨끗이 씻어 4시간 이상 담그고 체에 밭쳐 30분 정도 물을 뺀다.
② 엿기름가루를 따뜻한 물로 2시간 이상 불린다. 분량의 물에서 덜어 쓴다.
③ 찌거나 고두밥을 짓는다. 잘 익어 밥알이 낱낱이 잘 떨어지고 고들고들해야 한다.
④ 밥이 다 되면 주걱으로 펴 식힌다. 나머지 분량의 찬물을 넣고 불린 엿기름을 섞어 50℃ 정도로 맞춘다.
⑤ 밥솥에 넣어 보온 상태에서 8시간 당화한다.
⑥ 윗물이 말갛게 되고 밥풀 몇 개가 물 위에 뜨면 밥을 문질러 본다. 영혼이 빠져나간 듯, 미끄럽지 않고 한 줄로 뭉쳐지면 다 된 것이다. 미끈거리면 조금 더 삭힌다.
⑦ 면이나 삼베로 된 주머니에 넣고 짜서 찹쌀조청물을 받는다.
⑧ 센불에 올려 끓이다가 끓기 시작하면 불을 줄여 원하는 농도가 될 때까지 가열한다. 가끔씩 저어준다.

수수조청

찰수수를 미지근한 물을 여러 번 갈아 씻은 다음 찬물에 담궈 떫은맛을 뺀다. 단단하므로 조각을 내거나 굵게 갈아 쪄서 조청을 만든다. 다른 조청보다 붉은 기가 있고 약간 탁하다. 내 기준으로 가장 맛있는 조청이다.

재료 찰수수 1kg, 엿기름가루 200g, 물 1kg

① 찰수수를 미지근한 물을 갈아가며 여러 번 씻어 찬물에 12시간 담근다.
② 엿기름가루를 따뜻한 물로 2시간 이상 불린다. 분량의 물에서 덜어 쓴다.
③ 불린 찰수수를 분쇄기에서 조각을 내거나 굵게 가루 낸다.
④ 찰수수를 반죽해 1시간 정도 쪄서 푹 익혀 뜸을 들인다.
⑤ 찰수수에 나머지 분량의 찬물을 넣고 식혀 불린 엿기름을 섞어 50℃ 정도로 맞춘다.
⑥ 밥솥에 넣어 보온 상태에서 12시간 당화한다.
⑦ 윗물이 말갛게 되면 찰수수 조각을 문질러 본다. 미끈거리지 않으면 다 된 것이다.
⑧ 면이나 삼베로 된 주머니에 넣고 짜서 수수조청물을 받는다.
⑧ 센불에 올려 끓이다가 끓기 시작하면 불을 줄여 원하는 농도가 될 때까지 가열한다. 가끔씩 저어준다.

옥수수조청

강원도의 유명한 황골엿의 재료가 옥수수다. 다른 조청보다 누런 빛이 나고 맛은 구수하다. 옥수수 껍질이 생각보다 두껍기 때문에 분쇄기로 갈아 가루로 만들거나 최소한 두세 조각을 내야 한다. 통째로는 물에 오래 두어도 잘 불려지지 않는다.

재료 말린옥수수 1kg, 엿기름가루 200g, 물 1kg

① 말린 옥수수를 깨끗이 씻어 분쇄기로 조각을 내어 하룻밤 담근다. 체에 밭쳐 30분 정도 물을 뺀다.
② 엿기름가루를 따뜻한 물로 2시간 이상 불린다. 분량의 물에서 덜어 쓴다.
③ 옥수수 조각으로 되게 죽을 쒀 충분히 익힌 다음 뜸을 들인다.
④ 옥수수죽을 넓은 그릇에 옮겨 식히고 나머지 분량의 찬물을 넣고 불린 엿기름을 섞어 50℃로 맞춘다.
⑤ 밥솥에 넣어 보온 상태에서 12시간 당화한다.
⑥ 웃물이 말갛게 되면 옥수수 조각을 문질러본다. 미끈거리지 않으면 다 된 것이다.
⑦ 면이나 삼베로 된 주머니에 넣고 짜서 옥수수조청물을 받는다.
⑨ 센불에 올려 끓이다가 끓기 시작하면 불을 줄여 원하는 농도가 될 때까지 가열한다. 가끔씩 저어준다.

찰기장조청

찰기장은 대보름에 오곡밥에 넣는 작은 곡식으로 노란빛을 띤다. 탄수화물이 70~83% 포함되어 있다. 단독으로는 잘 먹지 않지만 쌀과 섞어 밥을 짓거나 술을 만들었다. 흔히 기장쌀이라고도 부른다. 대추를 넣어 조청의 풍미를 살린다.

재료 찰기장 1kg, 대추 120g, 엿기름가루 200g, 물 1kg

① 찰기장을 깨끗이 씻어서 물에 12시간 불려 체에 밭쳐 물을 뺀다.
② 엿기름가루를 따뜻한 물로 2시간 이상 불린다. 분량의 물에서 덜어 쓴다.
③ 대추는 씻어 씨만 도려내고 채를 썬다.
④ 찰기장과 대추채를 넣고 밥을 지어 잘 익힌다.
⑤ 기장밥이 다 되면 주걱으로 펴 식힌다. 나머지 분량의 찬물을 넣고 불린 엿기름을 섞어 50℃ 정도로 맞춘다.
⑥ 밥솥에 넣어 보온 상태에서 12시간 당화한다.
⑦ 웃물이 말갛게 되면 찰기장을 문질러본다. 미끈거리지 않으면 다 된 것이다.
⑧ 면이나 삼베로 된 주머니에 넣고 짜서 찰기장조청물을 받는다.
⑨ 센불에 올려 끓이다가 끓기 시작하면 불을 줄여 원하는 농도가 될 때까지 가열한다. 가끔씩 저어준다.

현미 조청

현미는 섬유소가 많고 껍질이 두꺼우므로 가루로 만들어 죽을 쒀 만든다. 잘 불려 압력밥솥에서 푹 익혀 엿기름으로 당화해도 된다. 윤기와 광택은 부족하지만 달지 않고 섬유소가 많아 건강하다. 맛이 구수하다.

재료 현미 1kg, 엿기름가루 200g, 물 1kg

① 현미를 씻어 하룻밤 담근다. 체에 밭쳐 30분 정도 물을 뺀다.
② 엿기름가루를 따뜻한 물로 2시간 이상 불린다. 분량의 물에서 덜어 쓴다.
③ 현미를 분쇄기에 갈아 설기처럼 반죽해 찜통에 30분 정도 찌고 뜸을 들인다.
④ 현미를 넓은 그릇에 옮겨 식히고 나머지 분량의 찬물을 넣고 물에 불린 엿기름을 섞어 50℃로 맞춘다.
⑤ 밥솥에 넣어 보온 상태에서 12시간 당화한다.
⑥ 웃물이 말갛게 되면 현미가루를 문질러본다. 미끈거리지 않으면 다 된 것이다.
⑦ 면이나 삼베로 된 주머니에 넣고 짜서 현미조청물을 받는다.
⑧ 센불에 올려 끓이다가 끓기 시작하면 불을 줄여 원하는 농도가 될 때까지 가열한다. 가끔씩 저어준다.

보리 조청

식이섬유가 많아 조청이 된 다음에도 당도가 낮고 건강에 좋다. 보리의 구수하고 텁텁한 맛이 그대로 남아 있고 색도 진한 편이다. 윤기와 점도, 투명도는 다소 떨어진다.

재료 보리 1kg, 엿기름가루 200g, 물 1kg

① 보리를 깨끗이 씻어 12시간 불려 체에 밭쳐 물기를 뺀다.
② 엿기름가루를 따뜻한 물로 2시간 이상 불린다. 분량의 물에서 덜어 쓴다.
③ 압력밥솥에 보리를 넣고 밥을 짓는다. 다 되면 물을 조금 더 부어 한 번 더 밥을 짓는다. 충분히 익힌다.
④ 보리밥이 다 되었으면 주걱으로 펴 식힌다. 나머지 분량의 찬물을 넣고 물에 불린 엿기름을 섞어 50℃ 정도로 맞춘다.
⑤ 밥솥에 넣어 보온 상태에서 12시간 당화한다.
⑥ 웃물이 말갛게 되면 보리를 문질러본다. 보리는 식이섬유가 많아 쌀처럼 한 줄로 뭉쳐지지는 않는다. 미끈거리지 않으면 다 된 것이다.
⑦ 면이나 삼베로 된 주머니에 넣고 짜서 보리조청물을 받는다.
⑧ 센불에 올려 끓이다가 끓기 시작하면 불을 줄여 원하는 농도가 될 때까지 가열한다. 가끔씩 저어준다.

열매와 뿌리로 만든 조청

호박조청

고구마조청

무도라지조청

과일이나 채소는 탄수화물 비중이 낮아 단독으로는 조청을 만들기 어렵지만 멥쌀이나 찹쌀, 현미와 같이 당화하면 약 같은 조청이 된다.

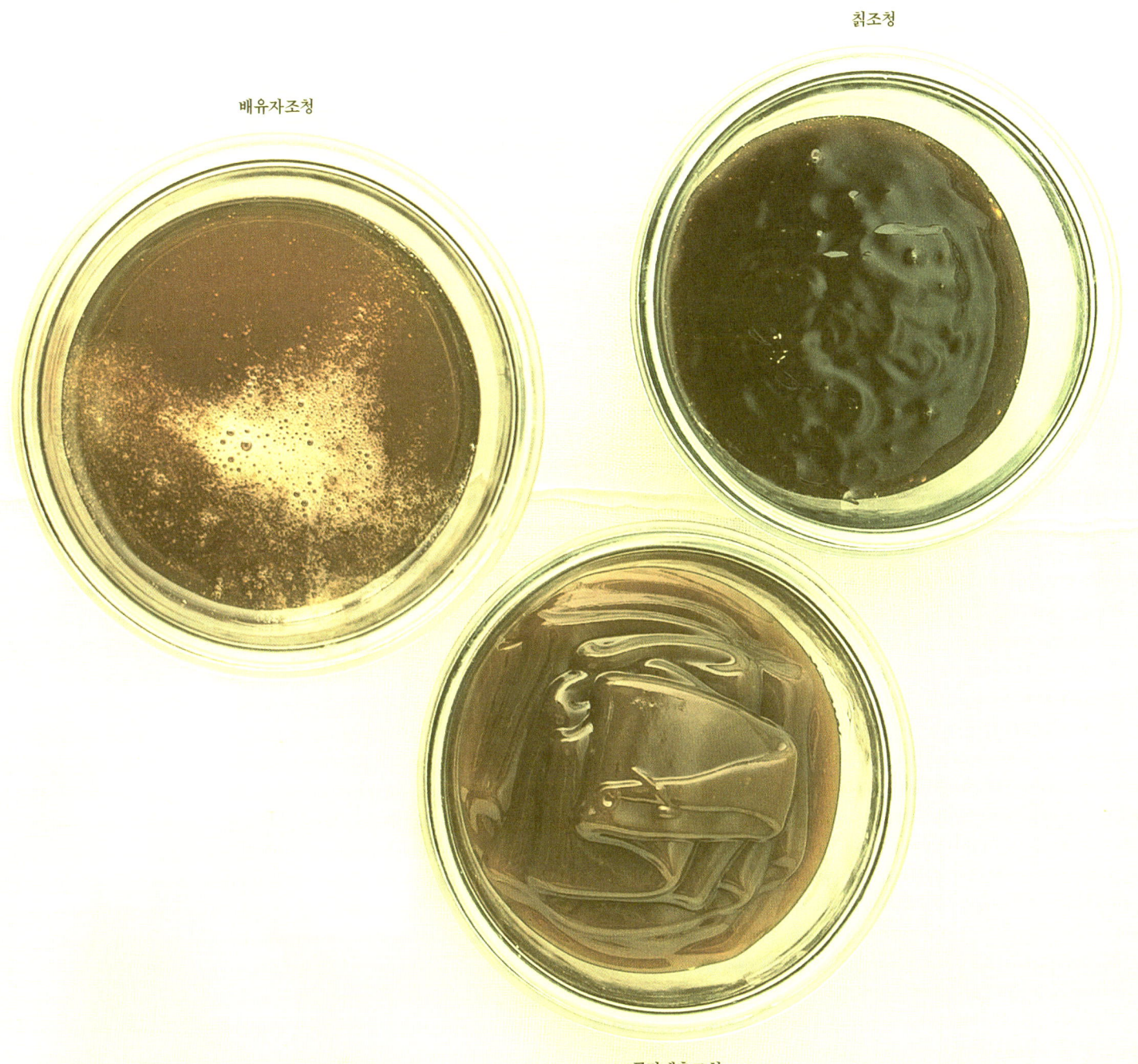

배유자조청

칡조청

곶감대추조청

열매와 뿌리 조청 만들기

호박조청

호박은 탄수화물이 6.5%밖에 없어 단독으로는 조청이 잘 되지 않는다. 쪄서 찹쌀밥과 함께 당화한다. 기본적으로는 두 가지를 동량으로 넣지만 호박 풍미를 살리고 싶을 때는 호박을 쌀의 3배까지 넣는다.

재료 찹쌀 300g, 늙은 호박 500g, 엿기름가루 80g, 통계피 10g, 물 800g

① 찹쌀을 깨끗이 씻어 4시간 이상 담그고 체에 밭쳐 30분 정도 물을 뺀다.
② 엿기름가루를 따뜻한 물로 2시간 이상 불린다. 분량의 물에서 덜어 쓴다.
③ 찹쌀을 찌거나 고두밥을 짓는다. 잘 익어 밥알이 낱낱이 잘 떨어지고 고들고들해야 한다. 밥이 다 되면 넓게 펴 식힌다.
④ 호박은 껍질을 벗겨 푹 익혀 분쇄기에 간다.
⑤ 큰 그릇에 찰밥을 담고 호박 간 것, 찬물을 섞어 식힌다. 불린 엿기름을 섞어 50℃ 정도로 맞춘다. 밥솥에 넣어 보온 상태에서 8시간 당화한다.
⑤ 윗물이 말갛게 되고 밥풀 몇 개가 물 위에 뜨면 밥을 문질러본다. 영혼이 빠져나간 듯, 미끈거리지 않고 한 줄로 뭉쳐지면 다 된 것이다.
⑥ 면이나 삼베로 된 주머니에 넣고 짜서 호박조청물을 받는다.
⑦ 호박조청물에 계피를 넣고 센불에 올려 끓이다가 끓기 시작하면 불을 줄여 원하는 농도가 될 때까지 가열한다. 가끔씩 저어준다.

고구마조청

호박고구마는 탄수화물이 20% 이상이므로 단독으로도 조청이 되지만 고구마만으로 만든 조청은 그저 찐 고구마를 농축시킨 것 같다. 쌀과 같이 만들어야 고구마 향미가 더 산다. 쌀의 20% 정도 고구마를 섞는다. 말린 고구마를 분쇄기에 갈아 죽을 쑤어 당화하면 텍스처가 좀 더 부드럽다.

재료 멥쌀 500g, 호박고구마 100g, 엿기름가루 60g, 물 600g

① 멥쌀을 깨끗이 씻어 하룻밤 정도 불려 체에 밭쳐 물기를 제거한다.
② 엿기름가루를 따뜻한 물로 2시간 이상 불린다. 분량의 물에서 덜어 쓴다.
③ 멥쌀로 고두밥을 지어 뜸을 들인다. 밥이 다 되면 주걱으로 잘 펴 식힌다.
④ 고구마를 깨끗이 씻어 찜통에서 푹 찐다.
⑤ 찐 고구마에 분량의 물 절반을 붓고 분쇄기에 간다.
⑥ 큰 그릇에 밥을 담고 고구마와 나머지 찬물을 넣고 불린 엿기름을 섞어 50℃ 정도로 맞춘다.
⑦ 밥솥에 넣어 보온 상태에서 8시간 당화한다.
⑧ 윗물이 말갛게 되고 밥풀 몇 개가 물 위에 뜨면 밥을 문질러본다. 영혼이 빠져나간 듯, 미끈거리지 않고 한 줄로 뭉쳐지면 다 된 것이다.
⑨ 면이나 삼베로 된 주머니에 넣고 짜서 고구마조청물을 받는다.
⑩ 센불에 올려 끓이다가 끓기 시작하면 불을 줄여 원하는 농도가 될 때까지 가열한다. 가끔씩 저어준다.

무도라지조청

무조청은 감기와 기침을 가라앉히고 목에 좋아 겨울철 상비약으로 만들어놓는 집이 많다. 도라지와 생강까지 넣으면 더 효과적이다. 무와 생강, 도라지에는 탄수화물이 각각 약 3.4%, 17.7%, 20%가 들어 있으니 즙만 짜서 넣기보다 같이 밥을 지어 당화한다.

재료 찹쌀 800g, 무 1.2kg, 도라지 60g, 생강 60g, 엿기름가루 200g, 물 800g

① 찹쌀을 깨끗이 씻어 4시간 이상 담그고 체에 밭쳐 30분 정도 물을 뺀다.
② 엿기름가루를 따뜻한 물로 2시간 이상 불린다. 분량의 물에서 덜어 쓴다.
③ 무를 깨끗이 씻어 채를 썰고, 도라지와 생강은 편으로 썬다.
④ 찹쌀에 무와 도라지, 생강을 넣어 같이 고두밥을 짓는다. 밥이 다 되면 주걱으로 잘 펴 식힌다.
⑤ 큰 그릇에 밥을 담고 분량의 찬물을 섞어 식힌다. 불린 엿기름을 섞어 50℃ 정도로 맞춘다.
⑥ 밥솥에 넣어 보온 상태에서 8시간 당화한다.
⑦ 웃물이 말갛게 되고 밥풀 몇 개가 물 위에 뜨면 밥을 문질러본다.
⑧ 면이나 삼베로 된 주머니에 넣고 짜서 무도라지조청물을 받는다.
⑨ 센불에 올려 끓이다가 끓기 시작하면 불을 줄여 원하는 농도가 될 때까지 가열한다. 가끔씩 저어준다.

곶감대추조청

곶감뿐 아니라 홍시나 단감도 조청을 만들 수 있다. 곶감은 먼저 채 썰어 분쇄기에 갈아 가루로 만들고, 홍시는 체에 거른다. 단감은 편으로 썰어 말려 가루를 만들거나 바닥이 두꺼운 냄비에 물을 조금 붓고 쪄 분쇄기에 갈아 쓴다. 대추는 씨를 발라내고 채 썰어 분쇄기에 간다. 한과나 음식 만들 때 넣으면 아주 어울린다. 빵에 잼처럼 발라 먹는다.

재료 멥쌀 600g, 곶감 100g, 대추 100g, 엿기름가루 100g, 물 600g

① 쌀을 깨끗이 씻어 4시간 이상 담그고 체에 밭쳐 30분 정도 물을 뺀다.
② 엿기름가루를 따뜻한 물로 2시간 이상 불린다. 분량의 물에서 덜어 쓴다.
③ 고두밥을 짓는다. 밥이 다 되면 주걱으로 잘 펴 식힌다.
④ 곶감과 대추는 꼭지를 따고 씨를 빼서 채 썰어 분쇄기에 간다.
⑤ 큰 그릇에 밥을 담고 분쇄한 곶감과 대추, 분량의 찬물을 섞어 식힌다. 불린 엿기름을 섞어 50℃ 정도로 식힌다.
⑥ 밥솥에 넣어 보온 상태에서 8시간 당화한다.
⑦ 웃물이 말갛게 되고 밥풀 몇 개가 물 위에 뜨면 밥을 문질러본다.
⑧ 면이나 삼베로 된 주머니에 넣고 짜서 곶감대추조청물을 받는다.
⑨ 센불에 올려 끓이다가 끓기 시작하면 불을 줄여 원하는 농도가 될 때까지 가열한다. 가끔씩 저어준다.

배유자조청

배와 유자의 향을 살리기 위해 멥쌀을 베이스로 쓴다. 배의 껍질 또한 폴리페놀 같은 좋은 성분이 많으니 같이 갈아 즙을 낸다. 배와 유자즙을 체에 걸러 양이 어느 정도인지 파악하고 부족하면 물로 보충한다. 배의 12%는 탄수화물과 당분이므로 당화할 때 넣는다.

재료 멥쌀 500g, 배 400g, 유자 50g, 엿기름가루 100g, 물 500g

① 쌀을 깨끗이 씻어 4시간 이상 담그고 체에 밭쳐 30분 정도 물을 뺀다.
② 엿기름가루를 따뜻한 물로 2시간 이상 불린다. 분량의 물에서 덜어 쓴다.
③ 고두밥을 짓는다. 밥이 다 되면 주걱으로 잘 펴 식힌다.
③ 배와 유자는 씻어 껍질까지 갈아 즙만 따로 받아 양을 측정한다.
④ 큰 그릇에 밥을 담고 배즙과 유자즙을 붓고 부족한 물의 분량만큼 물을 넣어 식힌다. 불린 엿기름을 섞어 50℃ 정도가 되게 한다.
⑤ 밥솥에 넣어 보온 상태에서 8시간 당화한다.
⑥ 웃물이 말갛게 되고 밥풀 몇 개가 물 위에 뜨면 밥을 문질러본다.
⑦ 면이나 삼베로 된 주머니에 넣고 짜서 배유자조청물을 받는다.
⑧ 센불에 올려 끓이다가 끓기 시작하면 불을 줄여 원하는 농도까지 가열한다. 가끔씩 저어준다.

칡조청

칡은 구하기도 어렵고 막상 구했다 해도 손질이 어려우니, 시중에서 판매하는 생즙을 쓴다. 늙은 호박을 같이 넣으면 숙취 해소에 더욱 좋은 조청이 된다. 칡즙의 색이 진하기 때문에 완성된 조청은 검은빛에 가깝고 맛도 달콤씁쓸하다. 따뜻한 물에 타서 마신다.

재료 찹쌀 1kg, 칡즙 500g, 늙은 호박 500g, 엿기름가루 200g, 물 1kg

① 찹쌀을 깨끗이 씻어 4시간 이상 담그고 체에 밭쳐 30분 정도 물을 뺀다.
② 엿기름가루를 따뜻한 물로 2시간 이상 불린다. 분량의 물에서 덜어 쓴다.
③ 늙은 호박을 잘라 씨를 빼고 푹 삶아 분쇄기로 간다.
④ 찹쌀은 찌거나 고두밥을 짓는다. 밥이 다 되면 주걱으로 잘 펴 식힌다.
⑤ 큰 그릇에 밥을 담고 호박과 칡즙을 넣고 식힌다. 불린 엿기름을 섞어 50℃ 정도로 맞춘다.
⑥ 밥솥에 넣어 보온 상태에서 8시간 당화한다.
⑦ 윗물이 말갛게 되고 밥풀 몇 개가 물 위에 뜨면 밥을 문질러본다. 영혼이 빠져나간 듯, 미끈거리지 않고 한 줄로 뭉쳐지면 다 된 것이다.
⑧ 면이나 삼베로 된 주머니에 넣고 짜서 칡조청물을 받는다.
⑨ 센불에 올려 끓이다가 끓기 시작하면 불을 줄여 원하는 농도가 될 때까지 가열한다. 가끔씩 저어준다.

조실부모한 어린 손주를 위해, 가슴으로 쓴 조리서 〈반찬등속〉

밀양 손씨

1841년 충북 증평에서 탄생,
강귀흠(1835~1897)과 혼인
1909년 사망, 1913년 사후, 생전에
기록했던 〈반찬등속〉이 손자
강규형에 의해 편찬

※ 밀양 손씨에 대해 알려진 것은
많지 않습니다.
이 글은 증손자 고강광희와 집안
어른들을 인터뷰해 작성했습니다.

"아버님께 글을 올립니다. 아버님 지난번에 다녀가신 후에 소식이 없어 궁금하게 생각합니다. 몸은 편안하시고 수신댁도 그동안에 태평하시옵니까. 복을 받기를 소망합니다. 일간에 왕림하시기를 엎드려 바라옵니다." 〈반찬등속〉 서간문 중

밀양 손씨는 1841년 충북 증평의 명문가에서 탄생했습니다. 당시 증평은 손씨 집성촌으로, 지금의 오창 지역을 중심으로 형성되어 있었습니다. 증평의 손씨 집안에서 알려진 사람으로는 3·1 만세 운동을 주도했던 민족 대표 33인 중 한 분인 손병희가 있습니다.

밀양 손씨는 어려서부터 총명하였다고 합니다. 당시 양반가의 여성들은 평균적으로 한글 교육만 받았지만 밀양 손씨는 한문을 익혀 소학까지 읽고 쓸 줄 알았습니다. 그래서 손주 강규형을 서당에 보내지 않고 직접 가르쳤다고 합니다.

눈이 닿는 곳이 모두 집안의 땅

밀양 손씨가 강귀흠과 혼인한 시기는 그녀가 열여덟 살 되는 해인 1859년입니다. 진주 강씨 족보에 의하면 아들 하나 딸 하나 두었는데, 혼인한 지 3년째인 스물한 살에 아들 강수영을 봅니다.

증손자 강광희의 이야기에 의하면, 밀양 손씨가 살아 있을 당시 강씨 집안은 아주 부유했습니다. 동네 산에 올라가 보이는 땅이 모두 일가 소유였다고 합니다.

지금 지도를 보고 추측해봅니다. 상신 마을 뒤쪽으로 천둥산이 있고, 동남쪽에는 명심산, 남서쪽으로는 부모산이 자리합니다. 그중 가장 높은 부모산은 232.2m입니다. 그 지류인 천둥산은 우리나라에 흔한 뒷동산으로, 어린아이들도 쉽게 올라갈 수 있는 높이입니다. 저희도 초등학교 시절, 여름방학에는 식물과 곤충 채집, 겨울방학에는 썰매를 타러 놀러 가곤 했습니다. 그 산 정상에 올라 서서 마을 쪽을 보면 앞쪽으로 미호천이 흐르고 그 사이에 논이 펼쳐져 있습니다. 밀양 손씨 살아생전 눈에 보이는 땅이 다 집안 땅이었다하니 그 일대를 말하는 것으로 보입니다.

당시의 부를 설명하는 또 하나의 이야기가 전해져 내려옵니다. 소가 많아 같은 동네는 물론 이웃 동네 농가에까지 위탁해서 키웠다고 합니다. 매해 봄이 되면 밀양 손씨의 남편 강귀흠은 코뚜레를 우마차에 싣고 위탁 농가를 방문했습니다. 어른 소들은 새 코뚜레로 갈아 주고, 새로 태어난 송아지에게는 첫 코뚜레를 뚫어줍니다. 매해 그렇게 소의 마릿수를 확인했습니다. 당시 코뚜레가 우마차에 가득할 정도였다고 하니 소가 얼마나 많았던 것일까요.

상신동 진주 강씨 집안

잠시 아주 재미없는 이야기를 하겠습니다. 진주 강씨의 시조는 고구려 강이식 장군입니다. 공식적인 문헌상 확인할 수 있는 인물로는 고구려 강감찬 장군으로 거슬러 올라갑니다. 조선시대로 오면 강희안, 강희맹, 강항, 강세황으로 이어집니다.

청주로 이주한 첫 진주 강씨는 박사공파 강계용으로, 그는 과거 급제하고 국자감 박사까지 했던 인물입니다. 그 후 진주 강씨 박사공파는 이조판서까지 배출합니다. 상신 지역으로 이주해 정착한 이는 현령이었던 강희명입니다. 밀양 손씨의 남편 강귀흠은 그의 13대손입니다.

상신 이주 후 진주 강씨 집안은 역사에 기록될 만한 큰 인물은 배출하지 못했습니다. 강귀흠은 의령원 수봉관이었습니다. 수봉관은 왕이나 왕가의 묘지를 지키는 종9품의 품계로, 참봉이라 불립니다. 지금으로 치면 문화재 관리청에 속한 지방 공무원으로 보입니다. 의령원은 조선 제21대 왕인 영조의 손자인 의소세손(그 유명한 사도세자의 장남으로 3세에 사망)의 묘로, 사적 200호 서삼릉에 있습니다. 1949년에 서울 서대문구 북아현동에서 경기도 고양시로 옮겼습니다.

청주에서 2013년에 발간한 〈반찬등속〉에는 남편 강귀흠의 직책이 수봉관이었기 때문에 왕가 음식에 대해 잘 알고 있었을 거라고 추정합니다. 〈반찬등속〉 음식 중에서 왕가 음식의 흔적이 몇 가지 보이기는 합니다. 궁중 깍두기인 송송이처럼 아주 작게 자른 깍독이라든지, 궁중에서 썼다는 중박계나 백편이 등장합니다. 공식적으로 박계, 즉 소박계와 중박계, 대박계는 조선 왕가에서 고배상에 올리기 위해 만드는 조과였습니다. 백편 역시 왕가에서 만들던 떡이라 합니다.

개인적인 견해로는 1913년 당시 상신동 강씨 집안은 명문대가라기보다는 조선 후기의 평범한 부농이었다고 생각합니다. 물론 보이는 땅이 다 집안 땅이고, 우마차에 코뚜레가 가득할 정도로 소를 많이 가진 것이 평범하다면 말이죠. 역사적으로 조선 후기에는 농업 자본이 축적되어 많은 부농이 출현합니다.

집안에 복과 기쁜 일이 생기고 자손도 많이 보기를

밀양 손씨는 일남일녀를 두었습니다. 아들 강수영은 김씨와 혼인하여 슬하에 아들 둘 딸 하나를 둡니다. 열아홉에 장자 강지형을, 스물넷에 딸 강청자를, 서른한 살에 막내 아들 강규형이 태어납니다.

그러나 강수영은 막내 아들 강규형이 세 살이 되던 해 사망합니다. 기록이 남아 있지는 않지만 부인 김씨도 비슷한 시기에 사망했다 합니다. 3년 후 할아버지 강귀흠도 사망합니다. 이미 성년이 된 첫째와 둘째는 결혼하여 일가를 이뤘지만 여섯 살이었던 강규형은 할머니 밀양 손씨의 손에서 자랍니다. 당시 관습에 따라 재산은 장자 강지형에게 대부분 상속됩니다. 그것이 밀양 손씨가 〈반찬등속〉을 기록할 무렵의 상황입니다.

계산해보면 〈반찬등속〉은 남편 강귀흠이 사망한 해인 1897년과 밀양 손씨가 사망한 해인 1909년 사이에 쓰인 것으로 보입니다. 조실부모한 어린 손주, 재산도 많이 물려줄 수 없는 상황. 밀양 손씨는 집안의 대소사에 필요한 많은 것들을 어린 손주를 앞혀놓고 기록합니다. 매일 먹는 음식, 식재료가 나지 않는 겨울이나 다음 해를 위해 식재료를 저장하는 법. 의례에 필요한 떡이나 술, 때로는 맛나게 먹는 법까지 기록으로 남깁니다. 조리법 사이에는 그 외의 식재료와 음식, 가구 이름까지 기록합니다.

그리고 마지막에 손주를 향한 간절한 바람을 씁니다. 복희다남(福囍多男), '집안에 복과 기쁜 일이 생기고 아들을 많이 낳기를'이라고. 조실부모한 어린 손주를 향해 할머니가 기원하는 최대의 축복이자 기도일 겁니다.

우리나라 고조리서 중 여성들이 쓴 조리서들은 집안에서 내려온 조리법을 며느리나 딸, 넓게는 집안의 여자들에게 전수하기 위해 집필되었습니다. 〈반찬등속〉 역시 집안에서 내려온 조리법을 후손들에게 전해주기 위해 썼다는 점에서는 다른 고조리서와 같습니다. 다만 상대가 손주였을 뿐입니다.

그냥 생각해봅니다. 세 살에 부모를 잃은 손주. 재산이 많다고 해도 대부분은 장자에게 물려줘야 하는 상황. 손씨 당신 역시 점점 나이를 먹고 기력이 약해집니다. 그런 상황에서 밀양 손씨는 손주를 앞혀놓고 집필을 시작합니다. 그러니 이 책의 한구절 한구절은 절절한 할머니의 사랑 아니었을까요.

할머니의 글은 밀양 손씨의 사망 4년 후인 1913년 손자 강규형에 의해 한 권의 책으로 편찬됩니다. 할머니 밀양 손씨가 친정아버지에게 보낸 편지 한 통과 강규형 본인이 쓴 편지 두 통과 함께 말이죠.

"삼가 편지를 올립니다. 요즈음 글을 읽는 몸이 편안하시며, 선생님께서도 또한 안녕하십니까. 우러러 멀리서 그립고 또 빕니다. 저는 할아버님을 모시는 일이 전날과 같으니 무슨 말씀을 올리겠습니까. 아뢰올 말씀은 지난번에 약속하신 일은 어느 지경에 이르렀습니까. 형께서는 아무쪼록 잘 봐주시고 조만간에 인편이 있으면 가부간에 소식을 전해주시겠습니까. 나머지는 이만 줄입니다."

〈반찬등속〉의 서간문 중

편저자 강규형과 그의 형제들

성인이 된 강규형은 혼인 후 만주로 갑니다. 셋째 딸 강정례가 태어나기 직전이라 하니 1930년 전후로 보입니다. 집안 사람들은 이때 재산의 대부분을 정리해 독립자금으로 기탁하기 위해 가져갔다고 알고 있습니다.

몇 년이 지나 강규형은 만주에서 돌아옵니다. 돌아가신 할머니 말씀에 따르면 귀국할 때 태극기를 가져와 집의 이불 안에 숨겨 두었다고 합니다. 이후 그는 마을 일에 전념합니다. 상신의 제방과 마을 길을 닦는 데 주도적인 역할을 합니다. 인근 마을 문암동 윤상하, 원평동 정을성과 함께 상신의 옆 마을인 원평동에 개량 서당을 설립합니다. 이 학교는 40년 일제에 의해 폐교됩니다. 이후에는 내곡 초등학교 설립과 운영에 적극적으로 관여해 1965년 9월 10일, 학교에 공덕비가 세워졌습니다. 앞면에는 '기성회장 강규형 공적비', 뒷면에는 '개교 이래 20여 년간 학교 건설을 위하여 온갖 정열을 다하시어 학교 할아버지의 칭호를 받으신 분이시다'라고 새겨져 있습니다.

마을 학교에 남은 돈을 다 쏟아부었으니 아들 강광희가 결혼할 무렵에는 가세가 완전히 기울었습니다. 한동안 여름마다 강규형 부부는 무심천과 미호천이 만나는 까치내에 가서 국수와 약주, 인절미 등을 만들어 상춘객에게 팔았습니다. 집안의 약주와 인절미는 유명해서 인근에서 찾아오는 사람들이 많았습니다. 다만 이때도 번 돈 전액을 내곡 초등학교에 기탁해 살림에는 전혀 도움이 되지 않았다고 합니다.

손녀 강청자는 청주로 출가해 이남이녀를 둡니다. 남편은 유명한 한학자로 이후 후손들은 청주 시내에서 큰 포목점과 미원 양조장을 운영했습니다. 손녀 강청자는 뛰어난 음식 솜씨로 유명했으며 양조장의 술로 빚은 증편은 소문이 자자했다 합니다.

〈반찬등속〉저자 밀양 손씨의 세 손주. 뒤쪽이 편저자 강규형이다.

1965년 청주 내곡 초등학교에 세워진 강규형 공적비.

참고문헌

단행본

〈계절과 식탁〉 유계완, 삼화출판사, 1976
〈궁중음식〉 황혜성, 동아일보사, 1971
〈규곤오람·음식방문·주방문·술 빚는 법·감저경작설·월여농가〉 농촌진흥청, 진한 M&B, 2014
〈규합총서〉 빙허각 이씨 지음, 정양완 편역, 보진재, 2008 개정판
〈도문대작〉 1600년대 도문대작 식재료, 윤숙자 엮음, 백산출판사, 2017
〈동국세시기〉 홍석모 지음, 정승모 역해, 풀빛, 2009
〈명물기략〉 박재연·구사회·이재홍 주, 학고재, 2015
〈부인필지〉 미상, 이효지·한복려 등 편역, 교문사, 2010
〈사이언스 쿠킹〉 스튜어트 페리몬드 지음, 김은지 옮김, DK, 2018
〈산가요록〉 전순의 지음, 한복려 엮음, 궁중음식연구원, 2019
〈세계의 가정요리전집〉 하선정, 한림출판사, 1975
〈수운잡방〉 김유 지음, 김채식 옮김, 글항아리, 2022
〈시의전서〉 이효지편역, 신광출판사, 2016
〈언문후생록〉 미상, 19세기 초
〈엿, 조청: 대한민국식품명인 제32호 강봉석〉 김지향, 한국농수산식품유통공사, 2021
〈요록〉 윤숙자·윤윤영, 질시루, 2008
〈우리떡 우리한과〉 박순애·김병문·김영숙, 인디콤, 2017
〈우리말 조리어 사전〉 윤숙경 편저, 신광출판사, 1996
〈음식과 요리〉 해럴드 맥기 지음, 이희건 옮김, 이데아, 2017
〈음식디미방주해〉 백두현 역주, 글누림, 2006
〈음식법 찬법, 할머니가 출가하는 손녀를 위해서 쓴 책〉 윤서석·조후종·임희수·윤덕인, 아쉐뜨아인스미디어, 2008
〈이조궁정요리통고〉 한희순·황혜성·이혜경, 학총사, 1957
〈임원십육지 정조지〉 서유구 지음, 이효지 등 편역, 교문사, 2012
〈잡지: 가가호호요리책〉 한복려, 나녹, 2016
〈전통저장음식〉 전희정·정희순, 교문사, 2009
〈전통한과〉 최순자, 한국외식정보, 1998
〈전통향토음식용어사전〉 농촌진흥청, 교문사, 2010
〈조선상식문답〉 최남선, 기파랑, 2011
〈조선상식 풍속편〉 최남선, 동명사, 1948
〈조선무쌍신식요리제법〉 이용기, 영창서관, 2024

280.

〈조선요리법〉 조자호 지음, 정양완 편역, 책미래, 2014
〈조선요리제법〉 초판·2판·3판·7판·8판, 방신영, 열화당 외, 1917~1939
〈조청선생 요리 비법〉 송희자·송희경, 한살림, 2022
〈주식방문〉 이효지, 정길자·한복려·김현숙 등 편역, 교문사, 2017
〈증보산림경제〉 유중림 지음, 윤숙자 편역, 지구문화사, 2005
〈파티스리의 기본〉 스테판 라고르스 지음, 김옥진 옮김, 도림북스, 2020
〈하우베이킹웍스〉 파울라 피고니 지음, 윤현정 옮김, 터닝포인트, 2022
〈한국음식대관〉 제3권 떡·과정·음청, 강인희 등, 한림출판사, 2000
〈한국 의식주생활 사전, 식생활 편〉 국립민속박물관, 국립민속박물관, 2018
〈한국민속종합조사보고서 향토음식 편〉 문화공보부, 민속원, 1984
〈한국요리〉 황혜성·윤서석 등, 학원사, 1969
〈한국요리〉 한정혜, 대광서림, 1974
〈한국요리〉 윤서석, 수학사, 1975
〈한국요리〉 왕준련, 선문출판사, 1976
〈한국요리〉 하숙정, 혜선문화사, 1979
〈한국의 떡과 과즐〉 강인희, 대한교과서, 1997
〈한국의 맛〉 강인희, 대한교과서, 1987
〈한국의 병과류 30선〉 황혜성, 삼성출판사, 1982
〈한국의 요리〉 정순자, 동화출판사, 1975
〈한국의 음식 용어〉 윤서석, 민음사, 1991
〈한국의 전래음식〉 한국전래음식연구회, 비매품, 2016
〈한국의 전통병과〉 정길자·박영미·장소영 등, 교문사, 2010
〈한국의 전통향토음식 4, 충청북도〉 농촌진흥청, 교문사, 2008

논문
'1910년 청주 지역의 식문화: 반찬등속을 중심으로' 권선영, 고려대학교, 2008
'감가루를 첨가한 매작과의 관능적 특성' 이희애·고봉경, 한국조리과학회지 18권 2호, 2002
'감미료가 생강정과의 품질 특성에 미치는 영향' 이명민·이현정·조정석·최지영 등,
한국식품서장유통학회지 24권 3호, 2017
'계란 기포가 쌀약과의 텍스처에 미치는 영향' 곽은진, 경희대학교 대학원, 1992
'곶감을 첨가한 조청의 품질 특성' 고은별, 대구한의대학교, 2017
'구운 다식의 문헌적 고찰 및 녹차 첨가 구운 다식의 품질' 윤민영, 숙명여자대학교, 2019

'기능성 당류인 알룰로오스 첨가 약과의 품질 특성' 김필화, 숙명여자대학교, 2018
'다식의 유래와 조리과학적 특성에 대한 문헌적 고찰' 이귀주·정현미,
한국식생활문화학회지 14권 4호, 1999
'당 종류가 다른 결착제 시럽이 깨엿강정의 관능적 특성 및 기호도에 미치는 영향' 박진숙·이경애,
한국식품조리과학회, 2018
'당침 시간을 달리한 인삼 정과의 품질 특성' 백진경·김준희·윤숙자, 한국식품조리과학회, 2006
'당화력이 강한 맥아 제조 및 맥아 침수 시간, 쌀의 종류와 취반 방법에 따른 식혜의 비교 연구' 조순옥,
대한가정학회지 21권 3호, 1983
'당화원을 달리한 엿의 성분 변화' 김미리, 서울여자대학교, 1991
'들깨 엿강정의 품질 특성 및 저장 중 변화' 김혜경·신현희, 한국식품조리과학회, 2003
'매생이를 활용한 전통 한과류의 품질 특성에 대한 연구' 황현주, 초당대학교, 2017
'미강유가 사용된 구운 약과 및 튀긴 약과의 품질 특성 연구' 장소영, 중앙대학교, 2007
'생강정과의 문헌적 고찰 및 대체 당류를 첨가한 생강정과 품질 특성' 김현숙, 숙명대학교, 2018
'석류의 항산화능 및 석류 추출물 첨가 매작과 개발' 진소연, 숙명여자대학교, 2007
'설탕 대체 올리고당 첨가 으뜸 도라지 정과의 이화학적 품질 특성 및 항산화성' 김은지·백승현·이복이·
최현진·김미리, 한국식품조리과학회, 2017
'소금으로 팽화시킨 유과바탕 및 쌀엿강정용 팽화쌀의 저장 중 품질 변화' 임경려·이경희·곽은정 등,
한국식품조리과학회 20권 5호, 2004
'쌀겨를 첨가한 조청의 제조 및 이를 활용한 전통 다식 개발' 최정희, 대구가톨릭대학교, 2016
'쌀을 이용한 약과의 조리과학적 연구' 김주희, 경희대학교, 1991
'쑥첨가 매작과의 저장 과정 중 황산화 활성 및 품실특성 변화' 김경희·김수정·윤미향 등,
한국식품영양과학회, 2011
'연근정과의 재료 및 조리방법에 관한 연구' 조신호·강유경·이효지, 한국영양식량학회지 13권 1호, 1984
'오미자 첨가 연근정과의 제조와 저장 중 품질 변화' 권후자·최미애·박찬성, 한국식품저장유통학회, 2010
'유과 반죽의 콩물 농도 및 인큐베이션 타임이 아밀라제의 활성과 유과 특성에 미치는 영향' 조미나,
연세대학교, 1999
'유과 제조의 최적 조건 확립을 위한 연구' 임영희, 단국대학교, 1994
'유과의 조리법 표준화 및 찹쌀의 수침 기전에 관한 연구' 전형주, 연세대학교, 1993
'유과의 품질에 미치는 제조 공정과 기능성 대체 재료의 영향' 이미혜, 가톨릭대학교, 2016
'유지류와 주류의 종류가 약과의 품질 및 저장성에 미치는 영향' 김소원, 동덕여자대학교, 2002
'유탕처리된 쌀엿강정용 팽화쌀의 품질' 김명애, 동덕여자대학교, 2001

'이조의 절병과 다식 문양 연구' 남철균, 홍익대학교, 1972

'〈이씨음식법〉의 조리에 관한 분석적 고찰' 김성미·이성우, 한국 식문화 저널 5권 2호, 1990

'인삼정과 제조 과정에 따른 품질학적 특성' 이가순·김관후·김현호·송미란·김미리, 한국식품영양과학회지 38권 5호, 2009

'인삼정과의 제조에 있어 당 종류에 따른 품질학적 특성' 송미란·김미리 등, 충남대학교, 2010

'전북지방 약과에 관한 연구' 차경옥, 전북대학교, 2004

'전통 약과 제조 방법 및 튀김유에 관한 연구' 윤미화, 창원대학교, 1999

'전통 유과의 제조 방법 조사 연구' 신동화·최웅, 한국영양학회 8권 3호, 1993

'전통 제조 공정 분석을 통한 조청의 당화 공정 개선' 박송환, 공주대학교 대학원, 2009

'제조 방법과 감미료 종류를 달리한 인삼 정과의 품질 특성' 조은희, 경기대학교, 2014

'제조 방법을 달리한 당근 정과의 품질 특성' 김현아·이경희, 동아시아식생활학회, 2014

'조선시대 다식류의 종류 및 조리방법에 대한 문헌적 고찰' 오순덕, 한국식생활문화학회지 26권, 2011

'조선시대 후기의 조리서인 〈음식법〉의 해설 1, 2, 3' 윤서석·조후종, 한국식문화저널 8권 2호, 1993

'조선후기 사회경제적 변동이 식생활에 미친 영향' 김희선, 이화여자대학교 대학원, 1986

'조청의 전통 제조 공정 분석을 통한 품질 특성' 양혜진·손지혜·이양순·류기형, 한국산업식품공학회, 2009

'집청시럽의 종류가 매작과의 관능적 특성에 미치는 영향' 신경은, 한국조리학회, 2021

'찹쌀가루 첨가 약과의 관능적 묘사 분석 및 소비자 기호도 조사' 박진숙, 순천향대학교, 2015

'찹쌀가루 첨가한 약과의 특성' 이효순, 단국대학교, 1992

'천마추출액을 이용한 찹쌀죽 조청의 다양한 황산화 활성 및 품질 특성' 이기원·김두연·이미영, 동아시아식생활학회, 2015

'튀김유 종류에 따른 약과의 품질 특성' 이경미, 전주대학교 대학원, 2018

'호박고구마 처리 방법에 따른 조청의 품질 특성' 조윤정, 공주대학교 대학원, 2017

'호화 시 찌는 방법에 따른 쌀엿강정용 팽화쌀의 품질' 김명애, 생활과학연구 8권, 2003

'흰깨엿강정 만드는 법에 관한 연구' 조재홍·조신호·이효지, 한양대학교 가정학과, 1993

그 외

'최초의 한글조리서 최씨음식법' 행복이 가득한집, 2015, 12월

궁중병과연구원 한과 고조리서 자료 1~6권

반찬등속, 할머니 말씀대로 한과 하는 이야기

반찬등속

초판 1쇄 2024년 5월 6일

글과 요리	강신혜
사진	최해성 haesung-99@hanmail.net
디자인	LOOKBOOK
일러스트	최정미

펴낸곳	청주부엌
펴낸이	강신혜
출판등록	제2022-000103호
주소	서울시 서초구 바우뫼로 91
전화	070-4400-4656
이메일	chongjukitchen@gmail.com
사이트	www.banchandeungsok.co.kr

ISBN 979-11-979207-2-1

ⓒ2024, 강신혜

이 책은 저작권법에 따라 보호를 받는 저작물이므로 무단 전재와 복제를 금지합니다. 이 책 내용의 전부 또는 일부를 이용하려면 반드시 저작권자와 청주부엌의 허락을 받아야 합니다.

제본 및 인쇄가 잘못되었거나 파손된 책은 구입하신 곳에서 교환해 드립니다.